KB210843

추천사

한국교회의 성장이 정체된 상황에서 코로나19로 인한 비대면의 여파는 우리 교회를 더 어렵게 만들고 있다. 이런 상황에서 문을 닫는 교회가 늘어만 가고 있는 슬픈 소식을 자주 접하고 있다. 이에 더하여 신학대학과 신학대학원 입학 지원율이 저조한 일은 일찍이 예고된 일이었지만 대학들과 한국교회는 이에 대한 일을 사전에 대비하지 못한 결과 오늘 미래 목회자 수급에 큰 차질을 빚고 있다. 이러한 어려운 상황에서 새로운 희망을 전하는 귀한 두 분 저자를 만났다. 두 저자는 목회와 선교 현장에서 다시 한번 복음의 능력과 강력한 성령의 역사가 나타나기를 간절히 소망하면서 교회 성장과 선교 방안을 본서에 담았다. 이 책은 한국교회의 영적 성숙과 더불어 양적 성장에도 크게 이바지할 것으로 여겨 기쁜 마음으로 추천한다.

김상식 (성결대학교 총장)

팬데믹 이후, 한국교회와 신학교를 걱정하고 염려하는 목소리가 크다. 긍정보다는 부정이 압도적이다. 그러나 문제 제기는 다수인 데 비해, 대안은 적고 빈약하다. 원인을 분석하고 그에 대한 충실한 대안을 연구하는 과정이 지난하기 때문이다. 반면 본서는 팬데믹 시대를 맞이한 한국교회가 지난 여러 가지 핵심적인 과제에 충실하고 성실하게 답변한다. 오랜 기간의 연구와 현장의 목소리와 맞닿아 참신한 대안이 제시되고 있다. 좋은 사례와 구체적인 실행 방안까지 현존하는 분야별 저서를 샅샅이 분석하여 제시하였다. 무엇보다 교회마다 답이 없다고 손을 놓고 있는 문제들을 회피하지 않고 정면 승부를 거는 용기에 박수를 보낸다. 본서는 포스트 팬데믹 시대, 건강한 목회를 꿈꾸는 지도자와 좋은 교회를 세우려는 모든 성도들에게 충실한 내비게이션 역할을 해내리라 확신한다.

김관성 (행신침례교회 담임목사)

포스트 팬데믹 시대, 목회와 선교는 오늘의 어려운 상황 속에서 사역하는 모든 그리스도인들에게 필요한 학문적인 목회학과 선교학 자료들을 제공한다. 여기에 인용된 다양한 자료들은 각 분야에 저명한 학자들의 주장들을 소개한다는 점에서 학문적으로 탁월하다. 본서의 주요 내용으로 디아코니아를 위한 필요한 자료들, 효과적인 이미지전도 전략, 제자훈련을 통한 선교전략, 그리고 셀 목회를 위한 다양한 지침들, 미디어 선교사역과 다음 세대를 위한 교육 선교, 그리고 가정사역의 중요성, 건강한 목회자를 위한 목회학을 제시한다. 포스트 팬데믹 시대를 사역하는 모든 분들에게 적극적으로 일독을 추천한다.

김성욱 (총신대학교 통합대학원 원장, 선교학 교수)

포스트 팬데믹 시대, 목회와 선교 출판을 통해 한국 교회와 한국 사회에 하나님의 울림이 전해지길 소망한다. 특별히 미디어 활용과 디아코니아에 대한 관심이 높아진 시대이기에 어떻게 하면 목회와 선교를 하나님 뜻 가운데 세워갈 수 있는지 좋은 로드맵이 될 것이다.

김양선 (CBS기독교방송 부장)

포스트 팬데믹 시대 어떻게 목회해야 할까? 여러 가지 대안을 말할 수 있다. 포스트 팬데믹 시대를 살기에 어느 정도 나갈 방향에 대한 안목이 생겼을 것이다. 그러나 좀 더 간절함이 우리에게 필요하다. 세상에서 성도들이 포스트 팬데믹 때 2~3배 더 땀, 눈물, 피를 쏟고 있다. 목회자도, 선교사도 더 고군분투해야 한다. 주역에 이런 말이 있다. "궁즉변변즉통통즉구"(窮則變 變則通 通則久). "궁하면 변해야 하고, 변하면 통하고, 통하면 오래 간다." 앞으로 영적 지도자는 더 궁해야 한다. 그러면서 시대가 바뀌므로 변해야 한다. 그렇게 환골탈태하면, 세상과 성도들과 통하고, 오래 지속 할 수 있다. 강자가 살아남는 것이 아니라, 살아남은 자, 오래 지속하는 자가 강자다. 무엇보다 영적 지도자는 자신이 갈 길을 명확히 알아야 한다. 브라이언 트레이시는 책『목표 그 성취의 기술』에서 명확히 갈 길을 안 자와 그렇지 않은 자의 결과 어떻게 다른지 말한다. 1979년 하버드에서 경영대학원 졸업생들에게 미래의 목표가 무엇이냐고 물었다. 그때 기록한 것을 보여준 사람은 3%, 말로 한 사람은 13%, 목표가 없었던 사람이 84%였다. 그런데 10년 뒤 대답했던 사람들을 역추적해 보니, 말로 목표를 말한 13% 사람들은 목표가 없던 84% 사람들보다 2배 더 수입을 가지고 있었다. 목표를 기록했던 사람들 3%는 나머지 97% 사람들의 수입의 10배를 벌었다. 그렇다면 국내외 영적 지도자라면, 포스트 팬데믹 시대 어떤 목회와 목양을 해야 할지 선명한 청사진이 필요하다. 바로 이 책『포스트 팬데믹 시대, 목회와 선교』가 그런 그림을 보여주고 있다. 이 책을 통해 추구하는 목회와 목양이 어떤 장단점을 가진지 알고, 나아가면 좋겠다. 포스트 팬데믹 시대 어떤 생존을 넘어 풍성하고, 단 열매를 맺을지 고민하는 목회자, 선교사, 교회 직분자들에게 이 책을 추천한다.

김영한 (Next세대Ministry 대표, 품는교회 담임목사)

코로나 이후 기독교 사역에 대해 구체적인 전망과 대처 방안을 내놓은『포스트 팬데믹 시대, 목회와 선교』를 한국 목회자와 선교사들에게 적극적으로 추천한다. 이 책은 코로나 이후의 목회와 선교뿐 아니라, 빠른 속도로 세속화되고 있는 한국 사회에서 사역을 어떻게 할 것인가에 대한 혜안들을 제공하고 있다. 특별히 저자들은 이론과 함께 현장의 상황에 대한 경험과 이해와 판단이 남다르기 때문에 이 책의 메시지의 울림이 더욱 크다. 한국 목회자와 선교사들에게 이 책을 강력히 추천한다.

김한성 (아신대학교 선교학 교수)

새로운 시대가 왔다. 다들 말한다. 이제 새로운 방식의 목회를 찾아야 한다고 말이다. 그럼 새로운 방식의 목회와 선교는 무엇인가? 만약 그런 것을 기대하고 이 책을 들었다면 매우 실망할 것이다. 이에 대한 답을 찾으려고 책을 읽어 나갔지만, 내 생각은 무참히 깨졌다. 팬데믹 이전 시대든, 이후 시대든, 앞으로 예상하지 못할 어떤 시대가 도래할지라도 그 모든 시대를 관통하여 붙들어야 할 것은 결국 소명과 사명이다. 저자는 왜 책에서 별로 흥미롭지 않은 주제인 목회자의 정의에 대해서 나열했을까? 팬데믹 시대의 목회와 선교는 소명과 사명이라는 짙은 정체성을 가지고 있는 자가 돌파할 수 있다는 의도로 여겨진다. 이 책은 목회자의 스피릿을 넘어서 다양한 사례들을 소개한다. 그러나 중요한 건 프로그램에 집중하지 말고, 어떤 마음이 저 프로그램을 가동하게 만들었는지를 보아야 한다. 결국 본질이며, 진리이다. 포스트 팬데믹 시대에 하나님의 사람으로 부름받은 사람들이 바르게 사역하고 있는지 점검하고 싶은 분들에게 이 책을 강력히 추천한다.

정현민 (복음안에새교회 담임목사, 두레아띠청소년캠프단체 대표)

코로나 상황으로 목회의 모든 부분이 막혀 있다. 어디를 봐도 뚫고 나갈 방법이 없어 보이는 것이 현실이다. 이러한 때에 이 책이 참으로 귀하다. 목회의 다양한 부분을 돌아보고 살펴볼 수 있도록 해주기 때문이다. 주변이 막히며 하늘을 보라고 하듯이 이 책은 목회의 본질에서부터 시작해서 현실까지 이어주고 있다. 지금 우리가 닥친 현실에 임시적으로 방법을 제시해 주는 책이 아니라 오늘까지 이어지는 목회의 전 방향을 한 번 생각해 볼 수 있도록 만들어 준다. 특히 선교와 교회 성장, 그리고 미래에 대한 관점을 포함하여 우리로 성경에서부터 역사로, 그리고 현재에 이르기까지 목회의 다양한 부분들을 돌아볼 수 있도록 해 준다. 특히 현재의 사례는 아주 풍부하다. 각 파트마다 다양한 사례들을 제시하고 있다. 그런데 그 사례들이 그냥 소개가 아니라 비판적 시각까지 보여주고 있다. 즉 그 교회와 사역에서 취할 것과 버릴 것 같이 알 수 있도록 해준다. 이 책을 보면 사역에 방향과 미래를 볼 수 있을 것이다.

조성돈 (실천신학대학원대학교 목회사회학 교수)

본서는 코로나 사태로 흔들렸던 한국교회를 향한 건강한 목회 회복과 방안을 제시한다. 저자는 진정한 섬김의 표본을 보이신 예수 그리스도를 따라 교회의 디아코니아 실천을 선교적 교회의 방향성으로 제시하고 있고, 시대의 흐름을 따라 새로운 이미지 전도 패러다임을 제시한다. 또한 본서는 참된 제자를 세우는 선교 훈련 방안과 소그룹 목회 대안을 선교적 측면의 셀 목회 방안으로 제시하고 있다. AI와 메타버스 시대에 교회가 어떻게 미디어를 통한 신앙교육을 활성화해야 하는가와 함께 다음세대 신앙교육 방안을 제시하고 있다. 모든 공동체의 모체인 가정이 안정화되고 변화되기 위한 방안으로 현 시대에 맞는 가정사역의 기능과 역할을 재해석하고 있다. 본서는 개인과 공동체가 파편화되고 있는 나노 사회 속에서, 한국교회가 나아가야 할 목회와 선교의 참된 방향을 제시하고 있다.

황병준 (호서대학교 기독교학과 교수, 전 한국실천신학회 회장)

포스트 팬데믹 시대, 목회와 선교

포스트 팬데믹 시대,
목회와 선교

민장배 이수환 지음

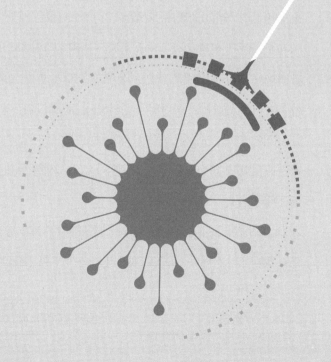

Vaccine

드림북

서 문

코로나19 장기화로 인한 포스트 팬데믹(세계적 대유행)으로 목회 환경
과 선교 현황은 어두운 터널에 갇힌 것으로 보인다. 대부분 MZ세대(MZ
Generation)[1]는 이미 디지털 환경에 익숙하여 트렌드에 민감하며 많은 시
간을 보내고 있기에 진리보다 오늘의 삶이 더 중요한 것으로 여겨 디지
털 선교는 매우 중요한 주제로 부상하고 있다. 이런 상황에서 영적 사역
을 준비하는 목회자들과 후보생들, 그리스도인들은 세상 속에서 복음을
드러내는 삶과 사역이 결코 쉬운 일이 아니다. 그럼에도 불구하고 오히
려 복음은 변하지 않을 뿐만 아니라 희망을 갖게 한다. 어려운 환경 속에
서 더욱더 역사하시는 하나님을 신뢰하여 그리스도인은 다시 한번 용기
를 내어야 한다. 애굽의 고통이 극에 달하자 이스라엘 백성들은 하나님
께 부르짖었고, 하나님은 언약을 기억하시고 모세를 통해 대역사를 이루
셨기 때문이다.

포스트 팬데믹 시대, 목회와 선교를 연구하여 저서가 출간된 것은 전적
으로 하나님의 은혜다. 포스트 팬데믹 가운데 교회의 사역이 크게 위축되

---

1 MZ세대는 1980년부터 1994년생까지를 일컫는 밀레니얼(M) 세대와 1995년부터 2004년 출생자
  를 뜻하는 Z세대를 합쳐 일컫는 말이다. 통계청에 따르면 MZ세대는 2019년 기준 약 1,700만 명
  으로 국내 인구의 약 34%를 차지한다.

었고, 존립마저 위협받고 있는 상황에서 목회와 선교를 모색하여 정리해 보았다. 저자의 한계적인 지식을 통해 포스트 팬데믹 시대에 한국 교회를 위한 종교 중심에서 하나님 중심으로의 전환으로 다시 목회를, 일반적인 목회가 아닌 진정한 목회와 선교적 방향을 기술한다는 것은 너무도 가슴 벅찬 작업이었다. 이 책은 한국실천신학회 「신학과 실천」의 학술지 저널에 기고한 연구물들을 다시 갈무리하여 완성한 것이다. 지난 10년 동안 함께 연구하며 복음의 동역자로 이 책을 함께 내놓게 된 것도 큰 기쁨이라고 생각한다. 출간을 마다하지 않고 이 책을 소중하게 생각해 주신 도서출판 드림북 민상기 대표님에게 깊은 감사를 표하고 싶다.

2022년 3월
수리산 기슭 성결대학교 기념관 연구실에서
민장배 박사
이수환 박사

목차

제1장

디아코니아를 통한
선교적 교회 성장

제1장
디아코니아를 통한 선교적 교회 성장

들어가는 말

　현재 한국 사회는 복지 문제로 매우 시끄럽다. 사실상 선진국이 되기 위해서는 복지 수급자에게 인간다운 삶을 최소한 유지하는데 필요한 것을 정부가 제공해야 한다. 하지만 한국 사회는 아직 복지에 대한 일차적 책임이 가족에게 있다. 가족의 윤리의식에 복지의 근거를 두는 한 많은 허점(虛點)과 사각지대(死角地帶)가 생기기 마련이다. 이러한 문제에 한국 교회는 적극적으로 개입하여 섬긴다면 선교의 기회는 항상 열려 있다고 하겠다. 한국에는 매년 수백 개의 교회가 세워지고 또한 없어진다. 1990년 이후, 거듭 침체하고 있는 한국 교회는 그 해결의 길을 디아코니아에서 찾고 있다. 그것은 그동안 한국 교회가 나눔과 섬김의 사명을 다하지 못했다는 비판을 받아왔기 때문이다. 예수님이 이웃을 위해 섬기며 살아왔듯이 교회도 더 이상 자신만을 위해 존재해서는 안 된다. 그래서 많은 교회는 여러 분야에서 디아코니아를 실천하며 예수님을 따르는 힘든 길을 가고 있다. 사업가는 이윤추구를 위해 업종을 바꿀 수는 있겠지만 교회는 양적 성장의 도구로 봉사하는 것이 아니다. 그것은 하나님의 선교이자 동시에 교회의 본질이 선교이기 때문이다.[1] 이러한 선교 신학적 (Missiological) 정당성을 한국 사회 속에서 실천하는 선교를 해야 진정한 섬김이며, 예수님을 따르는 디아코니아가 될 것이다.

현재 한국 교회의 고무적인 사항에 대하여 《한국갤럽조사》에 의하면, "종교별 종교의 사회적 영향력 변화 평가"에서 기독교가 과거에 비해 그 영향력이 증가했다는 것이다. 2014년 기준으로 보면, 기독교 59%, 불교 50%, 가톨릭 48%, 그리고 비종교는 40%라고 응답하였다. 즉 지금 기독교가 다른 종교에 비해 사회에 많은 영향력을 주고 있다.[2] 이처럼 건강한 교회와 행복한 사회를 만들어 하나님과 사람에게 감동을 주는 것이 디아코니아다.[3] 원래 디아코니아의 모체는 기독교이다. 그러나 사회학자들과 일반디아코니아학자들은 터무니없는 주장이라고 할 수 있겠지만, 교회는 미시적으로는 인간을 하나님 형상(Imago Dei)으로 회복시키고, 거시적으로는 이 땅에 하나님 나라(The Kingdom of God)를 확장시키는 것을 목적으로 한다.[4] 본래 교회 성장은 근본적으로 하나님을 기쁘시게 하여 참된 선교적 교회 성장을 궁극적 목표로 삼고 있으며, 이러한 목표를 성취하기

---

1 김은수, 『사회복지와 선교』 (서울: 대한기독교서회, 2014), 5.
2 한국갤럽조사연구소, 『한국인의 종교』 (서울: 한국갤럽조사연구소, 2015), 91.
3 전석재·박현식, 『21세기 복지와 선교』 (서울: 도서출판 대서, 2008), 245-246.
4 박창우, "기독교 사회복지의 목적에 관한 소고", 「신학과 실천」 30 (2012): 437.

위해 교회 성장의 다양한 현상과 요인을 분석하고 이해하는 데 있다.[5] 이는 교회의 선교적 방향에 있어서 새로운 패러다임을 요구하고 있다. 따라서 선교적 교회 성장에는 디아코니아를 위해 다양한 프로그램이 제공되어야 한다. 교회의 궁극적인 목적은 세상을 구원하는 것이고, 하나님의 뜻은 이 땅에 하나님 나라를 재현시키는 것이라고 한다면, 선교적 교회 성장의 사명은 21세기 디아코니아라고 할 수 있다.[6]

그래서 20세기 미국을 대표하는 신학자 라인홀드 니버(Reinhold Niebuhr, 1892~1971)는 교회의 복지선교, 즉 디아코니아에 대하여 말하기를, "기독교는 디아코니아(사회복지)의 어머니다"라고 하였다.[7] 강남대학교 사회복지학 교수인 이준우는 교회의 디아코니아를 통한 회복에 대하여 말하기를, "예수 그리스도를 믿고 따르는 사람들이 하나님의 말씀대로, 하나님의 정신으로 이 세상에서 하나님의 뜻을 실현하기 위해 살아가고자 함께 예배하고 교제하며 선교와 봉사를 실천하는 공동체가 교회이다. 바로 이 교회의 본질을 잃어버리면 교회는 더 이상 교회가 아니다"라고 하였다.[8]

사회는 인간의 존엄성과 윤리적인 가치관을 상실하였다. 무엇보다 사회를 정화하고 변혁시켜야 할 교회가 그 책임과 의무를 온전히 감당하지 못하고 있다.[9] 교회의 본질에 대한 언급은 특별하게 비쳐질지 모르지만 이러한 진지한 접근이 이루어져야 진정으로 교회를 섬기는 신학이 나

---

5 최동규, "교회성장학의 학문적 특성과 실천신학적 평가", 「신학과 실천」 36 (2013): 44.
6 전석재·박현식, 『21세기 복지와 선교』, 245-246.
7 정광현, 『기독교 사회복지의 이해』 (서울: 양서원, 2005), 399.
8 이준우, 『디아코니아와 복지목회』 (서울: 나남, 2014), 22.
9 이정서, "현대사회의 동향과 사회디아코니아의 과제", 「복음과 선교」 13 (2010): 235.

오고, 교회를 하나님의 은혜로 풍성하게 채울 수 있다고 본다. 한국 교회의 관심은 여전히 온통 교회의 생존과 성장을 위한 기능적 방법론에만 집중되고 있다.[10] 따라서 초대 교회부터 지금까지 신앙의 원점이라고 할 수 있는 "네 이웃을 네 몸과 같이 사랑하라"라는 기독교 최고의 명제 속에서 디아코니아를 통한 선교적 교회 성장에 대하여 살펴보고자 한다.

1. 디아코니아의 개념 이해

디아코니아란 하나님 나라의 틀 안에서 최후 승리를 하나님 손에 맡기고 하나님 나라에 비추어 고난과 역경을 겪으면서도 하나님이 바라시는 삶을 살아가게 지원하는 선교적 교회(Missional Church) 공동체로서 실제적인 활동을 말한다. 디아코니아는 예수님처럼 십자가의 고난과 죽음을 당하면서도 죽음을 이기고 최후에 부활하여 다시는 죽음이 없다는 선언에 따라 인내하는 선교활동이다. 또한 이러한 기쁨과 즐거움을 성취하고 나아가 이웃과 더불어 살아가는 기틀을 마련하며 그들의 복지가 보장되는 삶을 살도록 뒷받침하는 선교사역이기도 하다. 디아코니아의 진정한 모습을 보여주신 분은 바로 예수님이시며, 예수님처럼 살기 위해 노력하는 그리스도인들이야말로 디아코니아를 실천하는 삶인 것이다.[11] 디아코니아는 복음을 선포하기 위하여 하나님으로부터 부름 받은 구속된 사람들

---

10 이준우, 『디아코니아와 복지목회』, 26-27.
11 이준우, 『디아코니아와 복지목회』, 119-120.

이 모든 사람을 위한 하나님 나라의 공의를 이루고 고아와 과부, 그리고 가난한 자를 섬기기 위하여 행하는 선교적 활동이다.

디아코니아가 일반사회복지 실천과 구분되는 몇 가지 특징을 다음과 같이 살펴볼 수 있다.[12] 첫째, 디아코니아는 구속함을 받은 성도에 의하여 실천하는 활동이다. 일반사회복지는 누구나 할 수 있으나 디아코니아는 오직 하나님의 구속적 은혜로 구원받은 사람만이 할 수 있다. 둘째, 디아코니아는 복음을 선포한 후, 선포된 복음의 완성을 위한 독특한 돌봄(care)의 사명을 위하여 하나님 나라의 부름을 받은 결과로서 나타난 활동이다. 디아코니아는 박애주의(Philanthropism), 또는 인간주의(Humanism) 동기의 결과로서가 아니라 하나님의 부르심과 말씀에 대한 순종의 결과로서 나타나는 것이다. 이러한 디아코니아의 동기는 지속적인 소명에 있다. 셋째, 디아코니아는 그 대상이 모든 자들과 가난한 자, 그리고 디아코니아를 필요로 하는 사람으로 설정할 수 있다. 넷째, 디아코니아는 그 내용이 하나님 나라의 공의를 이루기 위해 도움을 필요로 하는 모든 이들을 정성껏 섬기는 활동이라고 할 수 있다. 이에 예수 그리스도의 디아코니아와 초대 교회의 디아코니아, 그리고 사도 바울의 디아코니아에 대하여 살펴보고자 한다.

---

12 이준우, 『디아코니아와 복지목회』, 120-121.

1) 예수 그리스도의 디아코니아

예수님은 대부분 가난한 자들에게 집중하는 디아코니아를 하셨다. 누가복음 4장 18절에서 19절에 의하면, 예수님의 실제적인 디아코니아의 사역 내용과 함께 그가 세상에 오신 궁극적인 목적에 대해서 명확하게 기록하고 있다. 디아코니아는 예수님이 선포한 하나님 나라를 목표로 하여 예수 그리스도에 근거 해 그의 뒤를 따라 사랑과 정의, 그리고 평화를 실천하는 것이다. 누가복음 6장 20절에 의하면, 예수님이 선포한 하나님 나라가 무엇보다 가난한 자의 것이라고 하였다. 그래서 디아코니아는 가난한 자의 관점에서 진지하게 다루어야 한다. 다시 말해, 가난한 자와 병든 자, 그리고 멸시받는 자와 억눌린 자, 착취당하는 자와 소외된 자의 편에서 일함으로 인해 하나님 나라를 이루어 가야 할 것이다. 그리스도의 성육신(Incarnation)은 이러한 디아코니아의 정신을 뒷받침해 주고 있다(요 10:10; 고후 8:9).13

선교적 교회의 우선적 과제인 디아코니아는 가난한 자들이며, 이들에 대한 디아코니아의 신학적 정당성은 약한 자나 가난한 자, 그리고 핍박받는 자 모두가 하나님의 형상(Image of God)으로서 인간다운 복된 삶을 누릴 수 있도록 가르쳐 주신 예수 그리스도에게 두는 것이다.14 예수님의 디아코니아가 이처럼 하나님의 사랑을 이 땅에 실현하고 인간을 전체적으로 구원하는 행위를 말하는 포괄적인 것이라고 한다면, 이것은 곧 선교의

---

13 김은수, 『사회복지와 선교』, 33.
14 김은수, 『사회복지와 선교』, 33.

내용과 일치한다. 모든 선교활동은 말씀의 전파로 시작되는 것은 분명하다. 그러나 선교는 단순히 말씀의 전파만을 의미하는 것이 아니다. 예수님의 디아코니아는 항상 말씀의 전파와 함께 봉사적 행위와 구원에 있었다. 예수님의 디아코니아 핵심에는 하나님 나라가 있었다. 하나님 나라가 도래하게 될 때 가난한 자가 해방되고, 병든 자가 고침을 받고, 버림받은 자가 용기를 얻고 기쁨을 얻는 구원의 역사와 회복의 역사가 일어난다는 것이다.[15]

장로회신학대학교 선교학 교수였던 서정운은 디아코니아의 관점에 대하여 말하기를, "교회가 사회적 책임을 수행하는 것은 전도에서 필수 불가결하며, 그것은 전도를 위한 수단에 그치는 것이 아니라 그 자체로서 선교적 의미를 가지며, 독자적인 역할을 하는 것으로 이해해야 한다"라고 하였다.[16] 이러한 디아코니아는 선교를 수행하는 데 있어서 결코 복음 전도만이 해결책이 아님을 분명히 밝히고 있다. 하나님 나라를 회복하려는 도구로서의 선교는 말씀의 선포인 말씀의 봉사와 말씀의 실천인 디아코니아라는 두 개의 축으로 그 기능을 감당하게 되는 것이다.[17]

2) 초대 교회의 디아코니아

가난한 자와 억압된 자, 그리고 사회로부터 버림받은 자에 대한 예수

---

15 이삼열, "사회봉사의 신학과 실천과제", 『사회봉사의 신학과 실천』 (서울: 한울, 1992), 16.
16 서정운, "사회선교에 대한 선교신학적 이해", 『현대교회와 사회봉사』 (서울: 대한예수교장로회 총회 출판국, 1991), 95.
17 최무열, 『한국교회와 사회복지』 (서울: 나눔의집 출판사, 2008), 22-24.

그리스도의 디아코니아는 초대 교회에서 더욱 조직적으로 형성되고 발전되었다. 초대 교회 부활공동체의 오순절 성도의 교제로 확산되었는데, 성령에 충만하여 사랑과 모든 것을 나누어 그리스도의 공동체로서의 구조로 형성되었다. 사도행전 6장에 의하면, 초대 교회는 구제를 전담하는 일곱 집사를 택하고 있다. 이것은 예루살렘 교회의 상당수를 차지하고 있는 헬라 소수민들을 돌볼 필요성을 느낀 나머지 놀랍게도 일곱 집사 모두를 그리스 이름을 가진 소수민들이었다. 교회는 차별을 받았던 소수의 과부들과 필요로 하는 자들을 위하여 그들의 기금과 프로그램을 전면적으로 전환하였다. 성령을 선물로 받은 후, 초대 교회의 제자 수는 하루에 3천명이나 더해 갔던 것이다.[18]

그래서 사도행전 2장 41절에서 47절에 의하면, 그들은 모여서 사도의 가르침을 받아 서로 교제하며 기도하기를 힘썼고, 그리고 재산과 소유를 팔아 각 사람의 필요에 따라 나눠주었다. 사도행전 6장 7절에 의하면, 결과적으로 하나님의 말씀은 왕성하게 펼쳐졌고, 예루살렘에서 그리스도를 따르는 제자의 수도 엄청나게 증가하였다. 이처럼 초대교회는 디아코니아를 통해 지역사회를 예수 그리스도안에서의 형제와 자매로 인식했을 뿐만 아니라 사회적으로 필요가 있는 사람들을 도우면서 강력한 하나님의 말씀을 선포하였다.[19] 이러한 초대 교회의 디아코니아는 그리스도의 사역과 함께 현대교회 사역과도 결코 분리하여 생각할 수 없는 것이다.

---

18 최무열, 『한국교회와 사회복지』, 76.
19 최무열, 『한국교회와 사회복지』, 76-77.

3) 사도 바울의 디아코니아

예수 그리스도와 초대 교회의 디아코니아는 사도 바울에 의하여 더욱 분명하게 확장되었다. 사도 바울은 단순히 하나님의 은혜와 구원, 그리고 하나님의 자녀로서의 순결 등을 강조한 것으로 나타나지만, 오히려 그는 연보(헌금) 사용을 구체화하는 실제적인 코이노니아(koinonia)라는 단어를 사용하고 있어 오늘날 디아코니아를 엿볼 수 있다.[20] 고린도전서 16장 1절에서 2절과 고린도후서 8장 2절에 의하면, 사도 바울은 성도들과 함께 결코 아주 작고 성의 없는 헌금을 한 것이 아니라 그들은 심각한 재정적인 어려움에 봉착했음에도 불구하고 능력을 초월하여 헌금했던 것으로 나타났다. 이러한 사도 바울의 디아코니아를 통해 교회 공동체의 구성원들은 함께 어우러져 연대감을 형성하도록 교회는 선교해야 한다. 여기서 사도 바울은 디아코니아를 숫자적 개념의 성장이 아니라 장성한 분량까지 성숙해야 하는 내적인 성숙을 진정한 의미의 선교적 교회 성장이라고 보았던 것이다.

3. 존 웨슬리의 디아코니아와 프로그램

디아코니아에 대한 존 웨슬리(John Wesley, 1703~1791)의 신학적 동기는 하나님의 사랑에 의해서 촉발된 이웃 사랑(neighbors love)이다. 웨슬리는 가

---

20 최무열, 『한국교회와 사회복지』, 77.

난한 자들을 이웃 사랑의 우선적인 대상으로 간주하였다. 웨슬리는 공동체에 가난한 자들이 찾아올 때까지 그들을 기다리지 말고 그들을 찾아갈 것을 말했다. 웨슬리의 선교활동 가운데 빼놓을 수 없는 것은 가난한 자와 소외된 자를 위한 디아코니아이다. 웨슬리는 가정과 공장, 강제 노역장, 그리고 병원과 교도소를 수없이 방문하면서 그들의 비참함을 보고, 그들의 곤경과 가난을 경감시키고자 노력하였고, 또한 그들의 자립을 유도하였던 것이다.[21] 따라서 당시 웨슬리가 시도한 주목할 만한 다음과 같은 디아코니아와 프로그램들은 현대교회에 디아코니아를 통한 선교적 교회 성장에 대한 연구에 시사해 주는 바가 크다고 하겠다.

1) 구제기금

웨슬리는 가난한 자들을 돕기 위해 성도들로 하여금 정기적인 모금운동을 하게 하였다. 정기적인 모금은 가난한 자들을 돕기 위한 성도들 사이에 최초이자 가장 광범위하게 퍼져 있던 방법이었다. 당시 대다수의 성도들은 부유한 자들이 아니었고, 모금을 위해 여행을 다녔다. 모금된 금액은 세심한 논의를 거쳐 필요한 가난한 자들에게 배분되었다. 그들은 가난한 자들의 고통을 누구보다도 잘 알고 있었으며, 전도 대상도 주로 가난한 자들이었다. 그들은 가난한 자를 돕기 위하여 정기적으로 모금하였다. 이것이 발전하여 나중에는 구제기금(Relief Fund)을 설립하여 영국 국내는 물론 국가의 가난한 자들과 전쟁과 기근, 그리고 재난을 만난 자

---

21 김영선, "존 웨슬리의 사회복지 목회", 「한국개혁신학」 19 (2006).

들까지 도왔던 것이다.[22]

이것을 그들은 중요한 디아코니아로 생각했으며, 그들을 구원하는 것이 하나님이 내린 특별한 사명이라고 생각하였다. 구제기금을 내는 것이 신앙생활의 한 부분이 되었다. 이런 디아코니아는 학교와 병원을 비롯한 여러 사회기관들을 설립하는데 발전하게 되었다. 이렇게 마련한 구제기금은 인종과 종교, 그리고 정치, 문화를 초월하여 인류 평화와 구원을 위해 쓰였다. 또한 세계의 모든 재난 사태에 즉각적으로 지원하는 데 사용되기도 하였다.[23] 웨슬리의 구제기금을 통한 디아코니아는 선교적 교회 성장에서뿐만 아니라 선교 현장에서도 가난한 자를 도움으로써 선교적 교회 성장의 사명을 다하는 일일 것이다. 구세군은 웨슬리의 정신을 이어받아 현재까지 정기적으로 모금을 통한 사랑을 실천하고 있어 개신교단 가운데 가장 신뢰받고 있다.

2) 빈민은행

웨슬리 당시에 가난한 자들은 갑자기 돈이 필요할 때 고리 대금업자에게 돈을 빌려 불행한 일을 당하였다. 그래서 웨슬리는 빈민은행을 설립하여 가난한 자들과 형편이 어려운 자들에게 무이자로 빌려주어 고리 대금업자들에게 가는 것을 막고, 고리 대금업자들의 횡포에 의해 감옥에 가는 것을 막았다. 1746년, 웨슬리는 20파운드를 마련하여 처음에는 20실링

---

22 김영선, 『존 웨슬리와 감리교 신학』 (서울: 대한기독교서회, 2002), 391.
23 이수환, 『한국교회와 선교신학』 (용인: 도서출판 목양, 2013), 122.

을 빌리게 하고 원금은 3달러에 거쳐 매주 한 번씩 나누어 갚도록 하였으며, 3개월 동안 무이자로 대출하였다. 그로부터 20년 후에는 기금이 120 파운드가 마련되어 일시에 5파운드까지 빌려줄 수 있을 정도로 발전하였고, 웨슬리는 이를 통하여 전혀 이득을 추구하지 않았다.[24] 웨슬리의 빈민은행을 통한 디아코니아는 오늘날 선교적 교회 성장에서 뿐만 아니라 선교 현장에서도 이웃 사랑의 공동체인 교회를 통해 소외되고 가난한 이들을 위한 더욱 효율적인 제도와 조직을 확립할 수 있을 것이다.

3) 사회복지사업

웨슬리는 런던에 "구빈원"(The Poor House)을 세워 가난한 과부들을 돌보았는데, 이것이 출발점이 되어 1766년에는 "과부의 집"을 세워 전쟁미망인을 위한 과부들을 돌보았다. 그리고 가난한 과부들만이 아니라 혼자 된 남자 노인들을 돌보는 집, 그리고 집 없는 사람들을 위하여 숙소와 식사를 겸한 안식처인 "나그네 동무회"(The Strangers Friendly Society)를 설립하였다.[25] 오늘날에도 교회는 적합한 사회복지사업을 개발하여 디아코니아를 육성시켜야 할 것이다.

그래서 라인홀드 니버(Reinhold Niebuhr)는 교회가 사회사업을 낳은 어머니였으나 교회가 서로 돕고 일치하지 못해 사회복지사업을 세속화 사회로 넘겨주고 말았다고 지적하였다.[26] 따라서 웨슬리의 사회복지사업을

---

24 John Wesley, *The Letters of John Wesley* (London: Epworth Press, 1931), 309-310.
25 김영선, 『존 웨슬리와 감리교 신학』, 393-394.
26 김은수, "장애인 복지와 선교과제", 「선교신학」 13 (2006): 97.

통한 디아코니아는 선교적 교회 성장에서뿐만 아니라 선교 현장에서도 복음 전도와 함께 디아코니아로 사회 문제 해결을 감당해야 한다. 교회는 하나님의 형상을 회복하기 위한 지역사회 내에서 사랑을 실천하는 선교적 교회 성장의 사명을 잘 감당해야 할 것이다. 그래서 사회복지사업은 곧 디아코니아로 접목될 수 있는 하나님 형상을 회복하기 위한 출발점이 될 것이다.

4) 의료팀 조직

웨슬리는 신도회를 통하여 가난한 자들에게 현금, 의류, 생활필수품, 연탄은 물론 의약품도 나누어 주었다. 웨슬리는 가난하여 의료적 혜택을 보지 못하는 자들을 위하여 1745년『가난한 사람들의 사용을 위한 처방전 모음』(A Collection of Recepts for the Use of the Poor)이란 소책자를 출판하여 63가지의 질병에 대한 치료약을 소개하였고, 1747년에는『원초적인 약품: 질병치료의 쉽고 자연적인 방법』(Primitive Physic: An Easy and Natural Method of Curing Most Diseases)을 출판하여 243종의 다양한 종류의 질병에 대하여 모두 725가지의 치료법과 약을 소개하였다.[27] 또한 의사와 약제사, 그리고 약국의 협조를 얻어 가난한 자들을 위한 진료소를 설립하기도 하였다.[28]

웨슬리는 의료팀을 조직하여 의료 혜택을 받을 수 없는 브리스톨 광산

---

27 A. Wesley Hill, *John Wesley Among the Physicians* (London: Epworth Press, 1958).
28 Leslie F. Church, *More About the Early Methodist People* (London: Epworth Press, 1949), 34-43.

촌에서 무상으로 약을 주었다. 이러한 무상 의료 활동은 영국 역사상 웨슬리가 처음으로 실천한 디아코니아 운동이었다. 그 후, 런던의 파운더리(Foundery)와 브리스톨(Bristol)에 진료소를 개설하여 가난한 자들에게 디아코니아를 통해 의료 혜택을 주었던 것이다.[29] 웨슬리의 의료팀 조직을 통한 디아코니아는 선교적 교회 성장에서 뿐만 아니라 선교 현장에서도 육체적이고 정신적 및 사회적 안녕을 위한 목적으로 매우 유익한 선교의 도구로서 선교지의 병원건립과 관리, 현지 의료인들과의 협력 사역, 대체 의학의 선교지 활용, 현지의 질병 예방기관에 참여 하는 등 치유로 인해 인간의 삶에 중요한 변화를 가져올 것이다.[30]

5) 교도소 활동

웨슬리는 재소자를 위한 활동과 교도소 개혁운동을 일으켰다. 그는 옥스퍼드대학교(Oxford University) 시절부터 신성클럽(Holy Club)을 조직하여 정기적으로 교도소를 방문하여 그들에게 설교와 상담, 그리고 읽기와 쓰기를 가르쳤다. 그리고 억울한 재판을 위하여 변호사를 중재하였고, 직업도 알선했으며, 경제적으로도 지원하였다.[31] 웨슬리의 교도소 활동을 통한 디아코니아는 현대사회에서의 경제적 불균형과 사회 윤리 도덕의 타

---

29 김영선, 『존 웨슬리와 감리교 신학』, 395.

30 조귀삼, 『전략이 있는 선교』 (안양: 세계로미디어, 2014), 343-353.

31 김영선, 『존 웨슬리와 감리교 신학』, 396. 1778년 연회의 공식적인 결의를 통하여 교도소에서의 봉사활동은 모든 감리교 설교자들의 의무로 규정되었다. Wellman J. Warner, *The Wesleyan Movement in the Industrial Revolution* (New York: Russell & Russel, 1930), 237.

락 현상으로 인해 범죄자들이 갈수록 증가하는 현실을 볼 때 멈출 수 없는 시급한 선교적 과제이며, 갇힌 자에 대한 사랑과 관심의 돌봄은 선교적 교회 성장에 핵심을 이루는 일이 될 것이다.

6) 교육사업

웨슬리는 파운더리(Foundery)에 서점을 내어 재정의 근원을 삼았으며, 교회에 빈민학교를 세워 어려운 가정의 자녀교육도 하였다. 웨슬리는 1784년에 순회 전도자들의 자녀를 위하여 킹스우드(Kingswood)에 학교를 세웠다.[32] 같은 해, 런던에도 학교를 세워 교사와 목사, 그리고 유능한 평신도들로 하여금 읽기, 쓰기, 계산법 및 기독교 신앙에 대한 수업을 하게 하였고, 아울러 주일학교도 운영하였다. 그래서 1786년에 2만 명의 어린이가 정기적으로 주일학교에서 교육을 받았다.[33] 그리고 웨슬리는 광부들의 자녀들을 위한 학교도 세웠다. 웨슬리는 뉴캐슬(Newcastle)에서 교회에 부설기관으로 고아원을 세워 운영하였다.[34]

웨슬리의 교육목표는 지고하신 하나님의 영광(Glory of God)을 위하여 교회와 국가에 쓰임 받는 사람을 양육하는 데 있었다.[35] 이러한 웨슬리의 디아코니아 운동은 교회에서 설교만 진행된 것이 아니라 고아원과 노동자의 휴게실, 그리고 수양소로 활용되었다. 이것이 오늘의 복지회관을 겸

---

32 조종남, "웨슬리의 선교운동의 특징," 「웨슬리 관련 자료집」 4 (2003): 821-822.

33 김영선, 『존 웨슬리와 감리교 신학』, 396.

34 조종남, 『웨슬리의 선교운동의 특징』, 821-822.

35 Alfred H. Body, 『존 웨슬리와 교육』, 장종철·주신자 역 (서울: 기독교대한감리회 교육국, 1989), 112.

한 디아코니아 사역인 것이다. 웨슬리의 교육사업을 통한 디아코니아는 선교적 교회 성장뿐만 아니라 문화적으로 열악한 나라인 아프리카와 후 진국이 몰려있는 아시아권에서 구제기금 사업, 사회복지사업, 병원설립, 경제적 지원 등은 탁월한 선교의 열매가 될 것이다.

4. 디아코니아를 통한 선교적 교회 성장에 대한 사례

한국 교회는 초기부터 디아코니아와 함께 교회사역을 시작하였다. 이 러한 디아코니아 분야의 노력은 한국사회의 교육기관과 의료기관, 그리 고 사회복지 기관 등을 발전시키는 초석이 되었다.[36] 실제로 인간이 행 복한 사회를 이루어 가는 데 있어서 풍성한 삶을 누리고 참된 평안을 누 릴 수 있는 것은 디아코니아가 필연적이다. 그래서 디아코니아를 통한 선 교적 교회 성장의 실천은 어떤 프로그램으로 봉사를 실천하는 것을 말하 지 않고 이웃들과 함께 자체적으로 봉사하며 선교하는 것이다.[37] 디아 코니아를 통한 선교적 사명을 감당하는 교회는 수없이 많다. 교회가 디 아코니아를 감당하는 사례로는 아동복지(child welfare), 청소년복지(youth welfare), 노인복지(senior welfare), 장애인 복지(handicapped welfare), 교정복지 (correction welfare), 다문화 복지(multicultural welfare) 등으로 나눌 수 있다. 따

---

36 안치범, "지역교회의 사회사업 실천과 교회성장에 관한 연구: 안양, 군포, 의왕을 중심으로", 「신 학과 실천」 46 (2015): 622.

37 최영현, "이머징 교회 운동과 성령의 관계: 미하엘 벨커의 성령론을 중심으로", 「영산신학저널」 30 (2014): 181.

라서 현대사회에서 사람들이 만족할 수 있는 삶과 건강을 누릴 수 있도록 제도적인 기능을 수행함에 있어 디아코니아를 통해 지역을 선교하는 교회와 선교 기관들로 영락교회 영락보린원, 여의도순복음교회 엘림복지타운, 군포제일교회 성민원, 아가페 소망교도소, NGO 굿피플에 대하여 살펴보고자 한다.

1) 영락교회 영락보린원

영락교회 영락보린원은 1939년 5월 10일 한경직 목사가 창립하여 오늘에 이르고 있는 아동복지 선교 기관이다. 서울 용산구 후암동에 소재하고 있으며, 만 3세부터 18세까지 대상으로 고아와 무의탁 아동, 그리고 결손가정 아동을 보호하고 있다. 그리스도의 정신과 성서의 교훈으로 지도하여 건전한 사회인으로 성장하도록 육성하고 있다.[38] 주요 사업으로는 상담프로그램, 인지 발달프로그램, 정서 발달프로그램, 사회성 발달프로그램, 가족 지원프로그램, 지역사회프로그램, 건강발달프로그램, 퇴소 자립 지원프로그램 등이 있다.[39] 이러한 아동 디아코니아를 통한 선교적 교회 성장은 복음의 수용성이 강한 세계관을 지닌 아동들에게 신앙의 아름다운 추억을 만들어 줌과 동시에 하나님의 말씀으로 양육하여 그들을 통해 하나님 나라를 이루고자 하는 선교의 도구가 되는 것이다.

---

38 영락보린원, "영락보린원 소개: 비전과 미션", http://www.borinwon.or.kr/intro/intro02.php.

39 김은수, 『사회복지와 선교』, 217-272. 영락교회는 영락보린원, 영락어린이집과 합실어린이집, 영락에니아집(중증장애인 요양시설), 영락경로원, 영락노인요양원, 영락재가노인복지상담소, 영락모자원 등의 8개 시설을 운영하고 있다.

2) 여의도순복음교회 엘림복지타운

여의도순복음교회는 이웃 주민들의 복지를 위해 서울특별시와 손잡고 엘림복지회를 1985년에 조용기 목사가 설립하여 노인복지사업과 청소년 직업전문학교를 전문적으로 운영하고 있다. 직업전문학교는 1년 과정으로 1988년부터 시작되었다. 이러한 과정을 통해 훈련받은 젊은이들은 각종 자격증을 취득하였으며, 국제기능경기대회에서 우수한 성적을 받기도 하였으며, 특히 다문화 이주민과 탈북민을 훈련시키고 있다. 최근 동남아에서 기술을 배우려고 엘림복지타운 직업전문학교의 문을 두드리고 있다. 이처럼 직업전문학교를 졸업한 많은 사람들은 취업을 통해 가정을 이루고 행복한 삶을 설계하고 있다. 그리고 무의탁 노인들을 위한 기관을 서울특별시로부터 위탁을 받아 복지기관으로서 경로당과 요양원을 운영하고 있다.

노인과 청소년들에게 진로를 탐색하게 하여 직업을 선택하게 만드는 작업은 참으로 귀한 일이다. 특히 다문화 청소년들이 한국 사회가 갖는 경쟁 체제를 이해하고 자신의 직업을 통해서 삶의 자리를 확보하게 되는 것은, 장래가 보장되는 중요한 선택이 된다.[40] 특히 여의도순복음교회의 역동적인 디아코니아는 성령의 사역으로 보고 사회적인 약자들과 소외된 자들의 필요를 채워 구제하고 있다.[41] 이러한 노인과 청소년, 그리고 다문화 디아코니아를 통한 선교적 교회성 장은 먼저 목회자가 설교와 교육

---

40 조귀삼, "다문화 청소년을 위한 디아코니아 연구", 「복음과 선교」 27 (2014): 171.
41 소태영, "신앙공동체 교육모형에 기초한 순복음교회 평신도 교육과정 개발", 「영산신학저널」 35 (2015): 282.

을 통해 성경 속의 다문화 가정의 양육 및 성공사례들을 제시하고 그들을 정서적으로도 지지하는 것이다.[42] 그리고 오늘날 디아코니아로서 신체적 혹은 정신적 장애가 있어 자립할 수 없는 사람에 대해서 생활에 불편이 없도록 노인과 청소년이든지 즐겁고 인간답게 살 수 있도록 도와야 할 것이다.

3) 군포제일교회 성민원

현대사회에서의 인구 고령화 문제는 세계 대부분의 국가에서 나타나고 있는 현상이다. 특히 한국의 경우, 산업화 이후 급속한 의료기술의 발전과 건강에 대한 관심의 증가로 인해 고령화 현상은 다른 나라에 비해 빠르게 진행되고 있다. 이와 같이 노인 문제가 사회문제로 대두되고 있어 개인적이고 사회적인 문제를 최소화하기 위해서는 국가와 사회의 구성원 전체가 노인복지(elderly welfare) 차원에서 충분한 연구와 준비가 이루어져야 한다.[43] 노인복지란 사회복지 실천에 의한 분야로서 노인의 복리적인 상태를 유지하도록 하는 사회적 활동을 말한다. 구체적으로 노인복지의 영역은 노인이 인간다운 생활을 영위하면서 자기가 속한 가족과 사회에 적응하고 통합될 수 있도록, 필요한 자원과 서비스를 제공하는데 관련된 공적 및 사회적 차원에서의 조직적 제반 활동을 포함한다.[44] 한국은 인구

---

42 박진우, "다문화이주여성을 위한 디아코니아 연구: 다문화이주여성 면담사례 중심으로", 「복음과 선교」 35 (2016): 182.

43 민장배 · 송진영, "고령사회에 따른 교회의 노인복지 선교에 관한 연구", 「신학과 실천」 49 (2016): 602.

44 노윤식, "노인 복지의 활동이론과 교환이론의 선교적 적용", 「복음과 선교」 10 (2008): 249.

고령화에 따른 노인 문제에 대한 대책들로서 공공 주보와 사회보험, 그리고 사회서비스 등을 시행하고는 있으나 증가하는 노인 문제를 해결하기에는 아직 충분하지 못하며 미미한 수준에 그치고 있다. 또한 현대사회의 가족 형태의 변화로 인해 가족 내에서 노인 문제를 해결할 수 없는 상황에서 노인 문제를 사회적, 제도적으로 이해하고 실제로 해결할 수 있는 여러 가지 방안을 모색하고 확립하는 것은 매우 시급한 과제이다.

군포제일교회는 군포시에 위치한 교회로 권태진 목사는 노인복지를 전문화하기 위해 1998년 사단법인 성민원을 설립하였다. 이 교회는 노인에 대한 특별한 관심을 가지고 1986년부터 노인대학을 설립하여 운영하고 있다. 특히 복지법인 성민원은 거동이 불편하여 외출할 수 없는 저소득층 노인과 자택 보호 노인들을 방문하여 복지 서비스를 제공하고 있으며, 독거노인 및 맞벌이 부부 가정의 노인들을 일일동안 시설에 데려와 각종 프로그램을 활용하는 제일주간 보호센터를 운영하고 있다. 군포제일교회는 한때 정부로부터 복지센터를 위탁받아서 지역의 노인복지뿐만 아니라 장애인 복지, 청소년복지, 아동복지, 학교, 부녀, 산업복지에도 힘썼다. 그리고 복지사업 외에도 선교와 구제, 그리고 전도, 교육에도 중점을 두고 성도들의 내실을 기하고 있다. 권태진 목사는 1980년대 이미 대학원에서 사회복지를 전공하여 목회에 적용하였다. 성민원은 소위 지역 주민과 더불어 호흡하는 교회로 자리 잡고 있으며, 자연스럽게 교회가 성장하는 모습을 보여주고 있다.[45]

이러한 디아코니아를 통한 선교적 교회 성장은 종교와 사회적 기능을

---

45 조귀삼, 『전략이 있는 선교』, 362-363.

갖고 있으며, 하나님의 명령에 대한 실천으로 가난한 자와 약한 자, 그리고 연약한 자를 섬기는 공동체로 사회적 약자에게 손을 펼치는 예수님의 가르침으로 교회의 본질적 사명을 감당해야 할 것이다.[46]

4) 아가페 소망교도소

한국 교회는 갇힌 자들에게 대한 마음의 빗장을 풀지 못하고, 디아코니아에 있어서 뒷전에 처지는 경우가 많았다. 하지만 최근에 교도소 선교의 중요성을 깨닫고 위문과 방문 활동뿐만 아니라 2010년 12월 1일부터 적극적으로 아가페 소망교도소가 개소 등 기독교 단체들이 교도소 선교에 많은 관심을 가지게 되었다.[47] 경기도 여주시 북내면 외룡리에 위치한 아가페 소망교도소의 인성교육은 강도가 세기로 유명하다. 입소 후 8개월 동안 꼬박 인성교육만 받는다. 첫째, 오리엔테이션(입소 전 격려)과 MBTI(성격 유형 검사) 과정이다. 이것은 재소자 유형 파악, 새로운 다짐을 적어 타임캡슐에 묻는 과정이다. 둘째, 기초 인성교육 과정이다. 이것은 허브, 파프리카, 고추 등 씨 뿌리고 키우기, 음악치료 과정이다. 셋째, 집중 인성교육이다. 이것은 주로 피해자를 이해하고 인간성을 회복하기 위한 명상, 상담 등 교육과 성경 낭독하는 과정이다. 넷째, 출소 전 적응 교육과정이다. 이것은 타임캡슐 열고 다짐 돌아보기, 멘토 지정, 출소 전 격려, 출소 2주 후 안부 전화 과정이다. 그리고 교육 중에는 각종 작업도 열

---

46 민장배 · 송진영, "고령사회에 따른 교회의 노인복지 선교에 관한 연구", 606.
47 최종인, "도시교회의 특수선교 전략에 관한 연구", (박사학위논문: 서울신학대학교 신학전문대학원, 2004): 132.

외며, 교육과정마다 민간인 자원봉사자와 함께하도록 해 사회 적응도를 높이고 있다. 수용인원은 300명으로 출소자 228명인데 재범율은 2.6%라고 한다.[48]

이러한 교도소 디아코니아를 통한 선교적 교회 성장은 재소자들에 대한 교정과 교화인데, 교정 직원들만의 노력으로는 힘들며 교정과 교회의 목적을 효율적으로 달성하기 위해서 교인들의 교정 시설 교정에 대한 의식 변혁과 함께 적극적인 봉사와 사랑 나눔이 절실히 필요할 것이다.[49]

5) NGO 굿피플

교회에서뿐만 아니라 많은 기독교 NGO단체 가운데 굿피플(Goodpeople)은 '한국선한사마리아'가 모체로서 1999년 창립되어 코소보에 긴급구호 요원을 파견하였다. 그리고 터기 지진 피해 지역을 긴급 구호했을 뿐만 아니라 의료 봉사를 실시하였고, 비료와 옥수수 종자로 대북지원, 경기도 연천 홍수 피해 지역에 긴급구호 활동을 펼쳐 법인 명칭을 선한 사람들로 변경하였다.[50] 이처럼 국내외적으로 다양한 구호와 봉사활동을 통해 굿피플은 2007년 1월 28일 UN의 경제사회이사회(Economic and Social Council) 산하 NGO에 등록하여 세계적인 국제기구로 발전함에 따라 국제기구들과 파트너십을 통해 폭넓은 구호 활동을 전개하게 되었다.[51]

---

48 중앙일보 2013년 8월 27일자.

49 최종인, "도시교회의 특수선교 전략에 관한 연구", 135.

50 이영훈, 『성령과 함께한 기독교대한하나님의성회 60년사』 (서울: 도서출판 하늘창, 2013), 440.

51 조용기, 『위대한 소명 희망목회 50년』 (서울: 여의도순복음교회, 2008), 291.

오늘날 상실의 시대를 살아가면서 영적, 육적, 정신적 혼란을 겪고 있는 현대인에게 인간 존엄성의 회복과 더불어 윤리, 도덕, 가치관의 확립을 통해 기독교적 가치를 지닌 디아코니아가 더욱 절실해 지고 있다. NGO와 교회는 기독교 세계관에 근거하여 사회 문제를 해결함으로서 사회 안에서 하나님 나라 건설이라는 대의를 이루어야 한다.[52] 이러한 NGO 디아코니아를 통한 선교적 교회 성장은 선교전략의 측면에서 적극적으로 활용하여 인종과 종교를 뛰어 넘어 다양한 문화나 국가들 속에서 복음이 뿌리내리도록 하기 위해 NGO의 활용은 하나님이 쓰시는 효과적인 선교의 도구가 되어야 할 것이다.[53]

나가는 말

디아코니아는 단순한 사회봉사활동이 아니라 예수 그리스도께서 실천하신 섬김이다. 그러므로 디아코니아는 선택이 아니라 필수이다. 디아코니아는 곧바로 지역사회로 이어지기 때문에 지역사회에서 교회가 왜 존재해야 하는가에 대한 이유가 분명해질 수 있다.[54] 그래서 전석재와 박현식은 디아코니아를 통한 선교적 교회 성장에 있어서 미래 목회 패러다임 전환에 대하여 말하기를, "첫째, 양을 넘어서 질로 가야 한다. 둘째, 크기를 넘어서 건강해야 한다. 셋째, 활동을 넘어서 의미에 초점을 맞춰야 한다.

---

52 이정서, "현대사회의 동향과 사회디아코니아의 과제", 256.
53 조귀삼, 『전략이 있는 선교』, 244-253
54 김은수, 『사회복지와 선교』, 356.

넷째, 이데올로기를 넘어서 관계로 초점을 맞춰야 한다. 다섯째, 신뢰의 환경으로의 교회가 되어야 한다"라고 하였다.[55] 지역교회가 디아코니아를 단독으로 실행하는 데에는 한계가 있기 때문에 지역교회와 연합의 네트워크로 전환이 요구된다. 지역교회가 감당할 수 있는 역할과 연합적인 역할로 구분 해 볼 수 있는데, 지역교회는 인적 자원과 물적 자원을 활용하여 디아코니아에 참여할 수 있으며, 지역교회들의 연합적 연계를 통해 디아코니아를 할 수 있다. 그리고 정부기구와 단체, 그리고 교회가 협력(partnership)하여 디아코니아를 이루어 가야 한다.[56]

교회는 사람이 세운 집단이 아니라 하나님께서 세우셨고, 예수 그리스도가 교회의 머리가 되시기에 하나님의 생명력 안에서 계속해서 자라가는 특성을 갖고 있다.[57] 그래서 디아코니아를 통한 선교적 교회 성장을 위한 실제 사례의 목회 패러다임(ministry paradigm) 전환을 통해 교회는 사명감을 가지고 지역사회의 소외된 사람들에게 관심을 가지고 나가야 한다. 디아코니아를 위한 교회의 헌신은 지역사회의 공동체 속에 녹아내릴 때 딱딱한 이웃들의 마음이 열려 복음을 받아들일 것이다. 첨단 과학기술 시대에 교회는 더욱 심한 메마름과 갈증을 경험하는 사람들에게 영성을 제공해 주어야 한다. 그리고 평신도 훈련과 개발을 통하여 교회와 목회의 동역자로 세우며, 세상을 향해 복음을 들고 나가는 선교적 교회를

---

55 전석재 · 박현식, 『21세기 복지와 선교』, 150-152. Michael Slaughter, & Warren Bird, *Unlearning Church* (Loveland: Group Publishing, 2002), 71-84.
56 한성흠, "한국교회의 노인복지와 선교적 실천", 「복음과 선교」 18 (2012): 280.
57 김한옥, "전통적인 교회성장학과 자연적 교회성장학의 신학적 패러다임 연구", 「신학과 실천」 15 (2008): 149.

세워 나가야 할 것이다.[58] 또한 교회의 디아코니아는 복음의 실천이라는 대명제와 함께 한국 교회가 나아갈 방향으로써 절실히 요구된다.[59] 따라서 디아코니아를 통한 선교적 교회 성장은 오늘날 심각한 전도의 위기 속에서 사회적 관심에 대한 기독교 교단들과의 협력으로 디아코니아 활동에 참여하게 하고, 지역사회와 함께 교회의 본질적인 사명을 감당하게 하고, 아직도 사각지대에 놓여 있는 디아코니아에 눈을 돌려 바람직한 선교적 교회 성장의 모델로 자리 잡아야 할 것이다.

---

58 전석재 · 박현식, 『21세기 복지와 선교』, 160.

59 민장배 · 송진영, "고령사회에 따른 교회의 노인복지 선교에 관한 연구", 621.

참고문헌

김은수. 『사회복지와 선교』. 서울: 대한기독교서회, 2014.

김은수. "장애인 복지와 선교과제". 「선교신학」 13 (2006): 99-123.

김영선. 『존 웨슬리와 감리교 신학』. 서울: 대한기독교서회, 2002.

김영선. "존 웨슬리의 사회복지 목회". 「한국개혁신학」 19 (2006): 81-101.

김한옥. "전통적인 교회성장학과 자연적 교회성장학의 신학적 패러다임 연구". 「신학과 실천」 15 (2008): 149.

노윤식. "노인 복지의 활동이론과 교환이론의 선교적 적용". 「복음과 선교」 10 (2008): 247-263.

민장배 · 송진영. "고령사회에 따른 교회의 노인복지 선교에 관한 연구". 「신학과 실천」 49 (2016): 601-625.

박진우. "다문화이주여성을 위한 디아코니아 연구: 다문화이주여성 면담사례 중심으로". 「복음과 선교」 35 (2016): 153-191.

박창우. "기독교 사회복지의 목적에 관한 소고". 「신학과 실천」 30 (2012): 433-452.

서정운. "사회선교에 대한 선교신학적 이해". 『현대교회와 사회봉사』. 서울: 대한예수교장로회총회출판국, 1991.

소태영. "신앙공동체 교육모형에 기초한 순복음교회 평신도 교육과정 개발". 「영산신학저널」 35 (2015): 259-296.

안치범. "지역교회의 사회사업 실천과 교회성장에 관한 연구: 안양, 군포, 의왕을 중심으로". 「신학과 실천」 46 (2015): 621-684.

영락보린원. "영락보린원 소개: 비전과 미션". http://www.borinwon.or.kr/intro/intro02.php.

이삼열. "사회봉사의 신학과 실천과제". 『사회봉사의 신학과 실천』. 서울: 한울, 1992.

이수환. 『한국교회와 선교신학』. 용인: 도서출판 목양, 2013.

이영훈. 『성령과 함께한 기독교대한하나님의성회 60년사』. 서울: 도서출판 하늘창, 2013.

이정서. "현대사회의 동향과 사회디아코니아의 과제". 「복음과 선교」 13 (2010): 235-262.

이준우. 『디아코니아와 복지목회』. 서울: 나남, 2014.

전석재 · 박현식. 『21세기 복지와 선교』. 서울: 도서출판 대서, 2008.

정광현. 『기독교 사회복지의 이해』. 서울: 양서원, 2005.

중앙일보 2013년 8월 27일자.

조귀삼. "다문화 청소년을 위한 디아코니아 연구". 「복음과 선교」 27 (2014): 143-183.

조귀삼. 『전략이 있는 선교』. 안양: 세계로미디어, 2014.

조용기. 『위대한 소명 희망목회 50년』. 서울: 여의도순복음교회, 2008.

조종남. "웨슬리의 선교운동의 특징". 『웨슬리 관련 자료집』 4집. 2003.

최동규. "교회성장학의 학문적 특성과 실천신학적 평가". 「신학과 실천」 36 (2013): 39-64.

최영현. "이머징 교회 운동과 성령의 관계: 미하엘 벨커의 성령론을 중심으로". 「영산신학저널」 30 (2014): 153-190.

최무열. 『한국교회와 사회복지』. 서울: 나눔의집 출판사, 2008.

최종인. "도시교회의 특수선교 전략에 관한 연구". 박사학위논문: 서울신학대학교 신학전문대학원, 2004.

한국갤럽조사연구소. 『한국인의 종교』. 서울: 한국갤럽조사연구소, 2015.

한성흠. "한국교회의 노인복지와 선교적 실천". 「복음과 선교」 18 (2012): 255-284.

Body, Alfred H. 『존 웨슬리와 교육』. 장종철 · 주신자 역. 서울: 기독교대한감리회 교육국, 1989.

Church, Leslie F. *More About the Early Methodist People*. London: Epworth Press, 1949.

Hill, A. Wesley. *John Wesley Among the Physicians*. London: Epworth Press, 1958.

Slaughter, Michael, & Bird, Warren. *Unlearning Church*. Loveland: Group Publishing, 2002.

Warner, Wellman J. *The Wesleyan Movement in the Industrial Revolution*. New York: Russell & Russel, 1930.

Wesley, John. *The Letters of John Wesley*. London: Epworth Press, 1931.

제 2 장

이미지 전도를 통한
선교적 교회 성장

MISSION

제2장
이미지 전도를 통한 선교적 교회 성장

들어가는 말

한국 교회는 초기 성도들의 헌신과 희생정신을 계승하지 못하고 양적 성장을 추구해 왔다. 그 결과 급성장에 대한 쓰라림을 고통스럽게 경험하고 있다.[1] 이러한 현상은 비기독교인들로부터 부정적 이미지를 갖도록 했다. 그 가운데 비기독교인들의 기독교에 대한 반감은 전통적 양적 성장을 위한 경쟁적 전도 방식에 머물러 비기독교인들의 마음의 문을 닫게 했다. 대형 교회 경우 유명한 담임목사 설교로 인한 수평 이동, 성도들의 다양한 인맥에 힘입은 전도 등으로 형편이 그나마 낳은 편이다. 하지만 이러한 이유로 인해 중소형교회의 입지는 점차 전도에 어려움을 겪고 있

---

1 실천신학대학원대학교, 『하나님 나라를 목회하라』 (서울: 도서출판 드림북, 2019), 5.

다. 한국 교회는 차별화된 전도 방법을 통해 기독교에 대한 긍정적인 이미지(positive image)를 회복하고 한국 교회 제2의 도약을 이루어야 할 것이다.[2]

최근 실시된 한국 교회에 대한 《신앙 의식 조사보고서》에 따르면, 비기독교인들에게 여러 가지 종교 가운데 "한국에서 제일 싫어하는 종교가 무엇인가?"라는 질문에 기독교라고 답했다. 그 이유를 한국 교회의 경쟁적 전도 방식 때문이라고 했다. 그러므로 21세기 전도 방법으로는 예수 그리스도의 순(筍)과 같이 부드러운 이미지를 사용하면 한국 교회의 극성스러운 전도에 좋은 대안이 될 것이다. 전도는 하지 않으면 안 되며, 결코 포기할 수 없다. 21세기 이미지 전도는 조용하면서도 매력 있는 아름다운 전도이다. 가슴의 뜨거운 감격과 영혼들에 대한 불타는 애정을 가지고 예수님의 지상명령(Great Commission)에 철저히 순종하고 복종하는 전도는 무례하거나 침략적인 수단과 방법으로 모색해서는 안 될 것이다.[3] 따라서 한국 교회는 변화된 전도 대상자들의 환경을 고려하여 다양한 노력을 해야 할 것이다. 본장에서는 신뢰가 형성되지 않은 상태에서 무례하게 다가가는 전도 방식보다는 복음을 이미지화로 전하여 선교적 교회 성장에 대한 전략을 제시하고자 한다.

---

2 교회성장연구소 편집부, 『이미지로 전도하는 꿈의교회』 (서울: 교회성장연구소, 2010), 6-9.

3 이동원, 『거룩과 회복의 비전』 (서울: 나침반 출판사, 2000), 135-154.

1. 이미지 전도의 개념 이해

기독교의 복음 전파는 천국을 보여주는 것이 아니고 천국 이미지를 보여주는 것이다. 기독교가 비 실체라는 것이 아니라 이미지는 실제이기보다 감각에 근거하여 갖게 된 인상일 수 있다.[4] 이미지 전도는 핵심적으로 사람을 그의 창조자에게 소개하는 것이다. 신약성경에서 교회의 최대 사명은 전도였으며, 전도 없이는 지상명령은 이루어질 수 없다. 예수님이 모범을 보여주신 이미지 전도는 긍정적인 결과를 가져온다. 예수님은 당시 소외되고 어려움을 겪고 있는 병든 자, 상처받은 자, 주린 자, 고통당하는 자 등에게 직접 찾아가서서 그들의 문제를 해결해 주시며 하나님 나라에 대한 이미지를 심어주셨다.

이미지의 성경적 기원으로는 창세기 1장 27절에 의하면, 하나님께서 인간을 창조하시는 과정에서 표현되었는데, "하나님이 가라사대 우리의 형상을 따라 우리의 모양대로 우리가 사람을 만들고 그로 바다의 고기와 공중의 새와 육축과 온 땅과 땅에 기는 모든 것을 다스리게 하자 하시고"라고 하였다. 하나님은 사람을 창조하실 때 하나님의 형상(God's image)대로 창조하셨음을 말씀하신다.[5] 칼빈신학교(Calvin Theological Seminary) 조직신학 교수였던 루이스 벌코프(Louis Berkhof, 1873~1957)는 형상과 모양을 서로 다른 인간 본질을 의미한다고 믿었는데, 그러한 이미지에 대하여 말하

---

4 전요섭 · 유우열, "긍정적 이미지 수립을 통한 효과적 전도전략 방안", 「복음과 실천」 11 (2006): 149, 146-173.

5 조윤옥, "대학 신입생의 배경변인에 따른 하나님 이미지와 자기개념 명료성의 상관성 연구", 「신학과 실천」 31 (2012): 314.

기를, "형상이란 인간으로 인해 하나님을 닮게 하는 사람 안에 있는 이성이나 개성과 같은 자연적인 특성을 의미하며, 모양이란 구원받은 사람을 신과 같이 되게 하는 초자연적인 은혜 곧 영적인 면을 의미한다"라고 하였다.[6] 이처럼 이미지란 하나님의 통치하심과 함께 모든 피조물을 사람에게 위탁하여 관리하도록 하는 청지기적 위임으로서 의미하는 것이다. 또한 이미지 전도는 복음을 잘 모르는 사람들의 성향을 이해하려는 노력이 필요한 것이다. 그래서 풀러신학교(Fuller Theological Seminary) 선교학 교수인 찰스 크래프트(Charles H. Kraft)는 전도를 위한 수신자 지향적인 의사소통을 보이는데, 이미지 전도에 대하여 말하기를, "하나님은 인간의 문화를 그가 인간들과 상호작용하시는 환경을 사용하신다"라고 하였다.[7] 따라서 이미지 전도를 위한 수신자의 입장에서의 예수 그리스도의 이미지 전도와 초대 교회의 이미지 전도, 그리고 한국 교회의 이미지 전도에 대하여 살펴보고자 한다.

1) 예수 그리스도의 이미지 전도

예수님은 부활하시고 승천하시면서 모든 그리스도인들에게 지상명령을 주셨다(마 28:19-20). 그리고 복음을 전하는 자들에게 하나님은 성령을 주시며 복음을 받는 사람에게는 한없는 기쁨을 주셨다.[8] 그러나 문제는 전도의 방법과 과정이다. 예수님이 모범을 보여 주신대로 전도하면 이미

---

6 Louis Berkhof, *Systematic Theology* (London: Banner of Truth Trust, 1958), 202.
7 Charles H. Kraft, 『기독교와 문화』, 임윤택 · 김석환 역 (서울: CLC, 2006), 291.
8 John R. W. Stott, *The Gospel & The End of Time* (Downers Grove: IVP, 1993), 34.

지 전도는 긍정적인 결과를 가져온다. 전도는 병든 자를 고치며, 상처받은 자들에게 쉼을 주며, 굶주린 자들을 먹이며, 고통당하는 자들과 함께하며, 죽은 자를 살리며, 거저 받았으니 거저 주는 것이다.

이러한 예수 그리스도의 이미지 전도는 복음서에서 다양하게 드러나고 있다. 예수님은 사마리아 여인에게 "네게 물 좀 달라 하는 이가 누구인 줄 알았더라면 네가 그에게 구하였을 것이요 그가 생수를 네게 주었으리라"고 하셨다(요 4:10). 또한 "나는 생명의 떡"이라고 하셨으며(요 6:35), 자신을 죽이려는 유대인들을 향해서는 "누구든지 목마르거든 내게로 와서 마시라 나를 믿는 자는 성경에 이름과 같이 그 배에서 생수의 강이 흘러나오리라"고 하셨다(요 7:37-38). 빌립과의 대화에서는 "예수께서 이르시되 빌립아 내가 이렇게 오래 너희와 함께 있으되 네가 나를 알지 못하느냐 나를 본 자는 아버지를 보았거늘 어찌하여 아버지를 보이라 하느냐"고 하셨다(요 14:9). 마지막 유월절 식사를 앞두고 예수께서 "일어나 겉옷을 벗고 수건을 허리에 두르시고 대야에 물을 떠서 제자들의 발을 씻으시고 수건으로" 닦아 주셨다(요 13:4-5).[9] 바울도 예수님을 "그는 보이지 아니하는 하나님의 형상이시요 모든 피조물보다 먼저 나신 이시니"라고 하였다(골 1:15).

예수님은 육신의 떡이 필요한 자에게도 적극적인 관심을 갖고 굶주림의 문제를 해결하셨다(요 6:1-13). 첫째, 전도 대상자들을 찾아가셨다. 예수님이 찾아가신 전도 대상자들은 소외되고, 고통 중에 있는 자들이 대부분이었다. 둘째, 전도 대상자들을 영접하시고 교제하셨다. 예수님은

---

9 전요섭·유우열, "긍정적 이미지 수립을 통한 효과적 전도전략 방안", 153.

열두 제자들과 함께 3년 이상을 동거하며 복음을 전하셨다. 세리와 죄인의 집에 유하셨으며, 소경과 나병 환자 등을 만나주셨다. 셋째, 제자들을 파송하셨다. 그러므로 예수님이 하신 이미지 전도는 복음의 내용뿐 아니라 전도 대상자를 만나 그들의 세계관을 이해하고, 그들의 필요에 귀 기울이시며 하나님의 사랑을 전파하셨다. 이처럼 전도의 내용도 중요하지만 전도자의 이미지도 또한 중요하다. 예수님이 행하신 사역은 당시 대부분의 사람들에게 좋은 이미지를 형성케 하였다. 그 결과, 마가복음 10장 46-52절에서 "그들이 여리고에 이르렀더니 예수께서 제자들과 허다한 무리와 함께 여리고에서 나가실 때에 디매오의 아들인 맹인 거지 바디매오가 길 가에 앉았다가" 예수시라는 소문을 듣고 믿음으로 구하였다. 이처럼 예수 그리스도의 이미지 전도는 전도의 정체성이라는 사실을 분명하게 드러내 주었다.

2) 초대 교회의 이미지 전도

사도행전 2장 42-47절에서 초대 교회는 예수님의 가르침을 따라 실천하는 공동체였다. 초대 교회는 흩어지는 교회로 지역사회에서 구제와 선교를 감당했다. 그 결과 사도행전 2장 47절에서 "온 백성에게 칭송을 받으니 주께서 구원받은 사람을 날마다 더하게 하시니라"라고 하였다. 독일 튀빙겐대학교(University of Tübingen) 신학 교수였던 한스 큉(Hans Küng, 1928~2021)은 "교회는 지역사회에 대한 봉사 없이 달리 사도들의 증언인 성경의 증언에 충실할 수 없다"라고 하였다.[10] 이와 같은 선한 행실의 모습이 전도 과정에서 이루어져야 하는 이미지 전도다. 이미지 전도는 전도자의 언행의 모범과 성령의 역사하심을 통해서 비기독교인의 마음을 변화시킴으로 이루어지는 인간의 내면을 바꾸는 작업이다.[11]

교회는 어떻게 하면 지역사회에 필요한 기관이 될 수 있는가? 교회는 이 질문을 끊임없이 하며 비기독교인들에게 다가가기 위해 노력해야 한다. 이러한 노력은 비기독교인의 눈높이에 맞는 전략으로 복음을 전하기 위한 접촉점(point of contact) 마련의 계기가 된다. 교회가 비기독교인들에게 감동을 주기 위해서는 복음을 잘 모르는 사람들의 성향을 이해하려는 노력이 필요하다. 이것이 바로 이미지 전도다.[12] 따라서 초대교회를 통한 이미지 전도가 중요한 이유는 기독교 신앙의 여부를 결정하는 데 요인이 되기 때문이다. 초대 교회는 예수의 모범을 닮아 믿는 사람이 다 함께 있어 모든 물건을 서로 통용하고 필요를 따라 나눠 주고의 말씀을 실천하였다(행 2:44-45). 그 결과 날마다 전도 받는 자들이 증가하였다.

3) 한국 교회의 이미지 전도

한국 교회 선교 초기에 대부분 사람은 기독교에 대한 편견을 심하게 드러냈다. 기독교인이 제사를 지내지 않아 불효한다고 생각하거나, 서양

---

10 Hans Küng, *On Being a Christian* (New York: Doubleday, 1976), 206.

11 유우열, "중고등학생의 기독교에 대한 이미지 분석", (박사학위논문: 성결대학교 신학전문대학원, 2006), 71.

12 교회성장연구소 편집부, 『이미지로 전도하는 꿈의교회』, 70-71.

종교이기 때문에 동양인에게 맞지 않는다는 편견을 가졌다.[13] 그러나 외국 선교사들로부터 전달받은 새로운 문화의 영향을 받아 개화당(開化黨)이란 이미지와 새로운 문물을 접하기 위해 사람들은 교회에 나오기 시작했다. 이것은 일제시대를 겪으며 애국당(愛國黨)으로 변신하였고, 한국전쟁 이후, 교회 이미지는 구호보급소(救護補給所)란 이미지가 매우 강하였다. 이후 1970-80년대, 민주화를 향한 한국 교회 움직임은 시민들의 자유와 인권을 침해하던 권위주의적 폭력에 기독교 정신으로 대항하여 사회적 평화를 도모했던 이미지를 드러냈다고 할 수 있다. 한국사회의 민주화를 위해 움직였던 많은 사람들 속에 한국 교회를 포함시켰다. 하지만 한국 교회의 이미지는 단순히 역사적 평화운동을 기념하는 데에서 그치지 않는다. 한국 교회에 대한 의문을 제시하고 동시에 억압받던 민중의 편에 섰던 교회를 도우시는 하나님의 이미지를 통해 앞으로 한국 교회가 한국사회에서 나아가야 할 길에 대한 요구를 표현하였다.[14]

　　그러나 최근 한국 교회 목회자와 그리스도인들이 다양한 사건에 연루되어 부정적인 이미지로 추락하고 있다. 이와 같은 상황에서 한국 교회는 이미지 전도 전략을 통해 지역사회를 섬기고 건강한 교회로 성장하는 선교적 교회(Missional Church)로 전환되어야 할 것이다.

---

13 한국기독교역사연구소, 『한국 기독교의 역사 I 』 (서울: 기독교문사, 1997), 73-83.
14 한국문화신학회, 『평화의 신학』 (서울: 도서출판 동연, 2019), 314-315.

2. 이미지 전도의 선교적 패러다임 변화

한국 교회는 명목상의 그리스도인이 증가하며, 기독교를 향한 신뢰도
가 추락하는 원인 가운데 하나는 한국 교회가 실천하고 있는 전도에 문
제점이 있다.[15] 이러한 문제점을 극복하기 위해 교회는 이미지 전도를 위
해 선교적 교회 이미지, 선교적 목회자 이미지, 선교적 평신도 이미지, 선
교적 전도 이미지로 변화되어야 한다.

1) 선교적 교회 이미지 변화

선교적 교회 이미지는 세상에 대한 전적인 책임 의식 속에서 하나님 나
라를 실현해 나가는 데 있다. 교회는 세상을 향해 스스로를 폐쇄하는 것
이 아니라 세상의 모든 문제들을 신앙의 관점에서 해결하는 노력을 기울
여야 한다.[16] 선교적 교회의 본질과 사명의 이미지는 삼위일체 하나님의
본질과 선교적 활동에 근거한다. 선교적 교회의 사명은 예수 그리스도 안
에서 타락한 세상을 향해 손을 뻗고, 성령의 능력으로 이방인과 원수 되
었던 자들을 하나님의 새로운 공동체, 변치 않는 공동체로 인도하시는
삼위 하나님의 화해시키는 사랑에 동참시키는 것이다.[17] 그러나 비기독
교인들이 바라보고 있는 선교적 교회 이미지는 대단히 폐쇄적이라고 느낀

---

15 김남식, "21세기 한국교회 성장을 위한 전도 패러다임에 대한 성서적, 역사적, 실천적 연구", 「신
　학과 실천」 59 (2018): 676-677.

16 실천신학대학원대학교, 『하나님 나라를 목회하라』, 518.

17 Darrell L. Guder, 『증인으로의 부르심』, 허성식 역 (서울: 새물결플러스, 2016), 67.

다. 따라서 선교적 교회 이미지는 비기독교인들에게 하나님의 차별 없는 사랑을 보여줌으로써 긍정적인 이미지 변화를 이끌어야 한다.[18] 선교적 교회는 모든 나라 사람들을 그 구성원으로 포함하는 의미에서 보편적이다.[19] 그래서 존 웨슬리(John Wesley)는 한 몸으로서 선교적 교회 이미지에 대하여 "한 가정, 한 교회, 한 도시, 한 지방, 한 국가의 기독교 모임을 포함할 뿐만 아니라 여기 주어진 특성에 응답하는 지구 표면 위의 모든 사람들이다"라고 하였다.[20] 따라서 선교적 교회 이미지는 지역사회와 구별된 문턱이 높은 교회가 아니라 누구든지 포용할 수 있는 열린 유기체로서 호흡하는 공동체를 지향해야 한다.[21] 선교적 교회 이미지 변화는 예수 그리스도의 유일성을 유지해야 하며 동시에 하나님의 선교(Missio Dei)를 위해 세상에서 열려 있는 보편적인 선교 패러다임을 유지해야 할 것이다.

2) 선교적 목회자 이미지 변화

선교적 목회자 이미지 변화는 곧 기독교 이미지이기 때문에 여러 가지 긍정적인 이미지를 보여준다. 그것은 선교적 목회자 이미지가 기독교 이미지에 있어서 가장 중요한 요소가 되기 때문이다. 성경에 나타난 선교적 목회자 이미지는 예수 그리스도로부터 찾아볼 수 있다. 요한복음 10장 11절에서 예수님은 자신을 '선한 목자'(Good Shepherd)라고 불렀다. 베드로

---

18 민장배, "다문화 사회에서 교회 역할", 「신학과 실천」 59 (2019): 352.

19 R. C. Sproul, *Essential Truths of the Christian Faith* (Wheaton: Tyndale, 1992), 217.

20 Steve Harper, *John Wesley's Message for Today* (Michigan: Francis Asbury, 1983), 117-127.

21 황병준, "이머징 교회 운동 패러다임에 관한 연구", 「신학과 실천」 38 (2014): 257.

전서 5장 4절에서 베드로는 예수님을 '목자장'(Chief Shepherd)이라고 불렀다. 오늘날 이미지 전도에 있어서 가장 시급한 것은 선교적 목회자 이미지로 개선되어야 함이 요구된다.

목회자는 말씀의 사명과 함께 청취의 사명까지 함께 부여받았다. 그런데 다른 사람이 할 말을 이미 다 알고 있다는 듯이 귀를 반쯤만 열어 놓고 듣는 경우가 있다. 이런 경우 인내심을 가지고 주의 깊게 들어주지 않는데, 그것은 형제를 무시하는 태도이다. 우리가 아주 사소한 것에서 형제의 말에 귀를 기울이지 않는다면, 하나님께서 우리에게 위탁하신 가장 위대한 들음의 섬김, 즉 형제의 죄 고백을 들어주는 섬김을 수행할 수 없음은 그리 놀랄 일도 아니다. 오늘날 하나님 없는 세상에서도 어떤 사람의 말을 진지하게 들어주기만 해도 그 사람이 도움을 받을 수 있다는 사실을 알고 있다.[22]

최근 선교적 교회 운동의 다른 변화는 목회자 이미지 패러다임 변화이다. 이러한 교회 운동 안에 목회자의 가치 인식이 확산되고, 공동체 속에서 리더의 위치와 역할, 그리고 그 중요성이 강조되고 있다.[23] 그러나 비기독교인들에게 목회자 이미지는 CEO, 정치평론가, 언론인 등으로 형성될 정도가 되었다. 그러므로 목회자는 성경으로 돌아가 하나님이 말씀하신 선교적 목회자 이미지가 과연 무엇인지 진지하게 성찰해야 한다.[24] 선교적 목회자 이미지 변화는 성경적 리더십(Biblical Leadership)을 회복하는 데 있기 때문에 하나님을 기쁘시게 하고 비기독교인들에게까지도 신뢰받게

---

22 Dietrich Bonhoeffer, 『성도의 공동생활』, 정현숙 역 (서울: 복있는사람, 2017), 162-163.
23 황병준, "이머징 교회 운동 패러다임에 관한 연구", 251.
24 진재혁, 『세상 중심에 서는 영성 리더십』 (서울: 도서출판 두란노, 2017), 39-40.

될 수 있다.

3) 선교적 평신도 이미지 변화

선교적 평신도 이미지 변화는 이데올로기를 넘어서 선교적인 신뢰의 관계로 초점을 맞춰야 한다.[25] 선교적 평신도 이미지는 구약성경에서 "하나님의 백성"의 모습으로 잘 나타난다(창 12:1-3; 출 19:5-6; 삿 43:20-21). 성경 전체에서 한결같이 하나님의 백성들은 그들 고유의 소명이 있으며, 특별히 선교적 평신도 역할이 분명하게 제시되어 있다. 이러한 하나님의 백성으로서 그들이 가지는 지위는 오늘날 평신도들을 일깨우는데 귀중한 교훈이 아닐 수 없다. 다양한 이유로 인해 하나님 백성들이 이국땅으로 흩어지는 모습을 기록하고 있기 때문이다. 신약성경에서 선교적 평신도 이미지는 두 구절을 중심으로 나타나 있다(엡 4:11-12; 벧전 2:9-10). 여기에서 하나님의 백성인 선교적 평신도는 그가 지니고 있는 정체성이 무엇이며, 그들의 역할이 무엇인지를 드러내고 있다. 선교하시는 하나님(Missio Dei)은 땅의 모든 민족 구원을 위해 선교적 평신도들을 선택하시고 부르셨다는 사실을 볼 수 있다.[26] 선교적 평신도 이미지 변화는 오늘날 다문화, 도시화, 이주 현상이 편만한 상황에서도 동일하게 적용되어야 할 것이다.[27]

---

25 이수환, "복지선교를 통한 선교적 교회성장에 대한 연구", 「신학과 실천」 58 (2018): 720.

26 김성욱, 「현대 평신도 전문인선교」 (서울: 프라미스키퍼스, 2010), 48-50.

27 최형근, "로잔운동과 디아스포라 선교", 「ACTS신학저널」 34 (2017): 481.

4) 선교적 전도 이미지 변화

선교적 전도 이미지 변화는 사람들이 죽을 때 단순히 하나님 나라에 가는 방법에 대한 정보를 주는 것 이상이다. 그것은 예수 그리스도가 왕이시고 모든 만물을 그분의 평화롭고 의로운 통치 아래 두며, 이 땅의 모든 이가 그분의 통치를 인정하고 복종하도록 부르시는 좋은 소식의 선포이다. 이것은 분명히 길모퉁이에서 행인들을 붙잡고 이야기하는 것과 그들에게 영접 기도를 하도록 하는 것 이상의 의미가 있다.[28] 미국 남부감리교대학교(Southern Methodist Unviersity) 조직신학 교수인 윌리암 아브라함(William Abraham)은 존 웨슬리(John Wesley)의 선교적 전도 이미지에 대하여, "웨슬리는 그리스도인의 삶을 집에 들어가는 과정으로 설명할 때 전도에 대한 흥미로운 이미지를 언급했다. 집 자체는 성결을 의미하고 전심으로 하나님을 사랑하는 것이며, 이웃을 내 몸과 같이 사랑하기 위해 오는 곳이다. 집에 들어가기 위해서는 회개와 믿음이라는 현관을 지나야 한다. 전도에서 내가 제시하고자 하는 것은 바로 이 현관을 재건해야 한다는 것이고 이를 견고하게 하여 앞서 언급한 그리스도인이 되는 과정의 기본적인 측면들을 포함해야 한다고 보는 것이다"라고 하였다.[29]

이처럼 선교적 전도 이미지 변화는 복음을 증거하고 각성을 일으키며, 순간적인 회심을 유발했다 하여도 회심자가 성도가 되어 성숙하기까지 선교적 전도의 범위가 기존의 추론되고 실천되어왔던 개념보다는 훨씬 넓

---

28 Michael Frost, 『성육신적인 교회』, 최형근 역 (서울: 새물결플러스, 2016), 240.
29 William Abraham, 『전도의 논리』, 김남석 역 (군산: CESI 한국전도학연구소, 2018), 132.

고 깊다는 것을 알 수 있다.[30] 따라서 선교적 전도 이미지 변화는 이성적으로만 복음을 전하는 것이 아니라 기독교 신앙에서 하나님을 이미지화함으로 비기독교인들에게 공감을 끌어내는 방법이다. 이를 위해 이슬비전도 편지를 통한 방안을 적극적으로 검토할 필요가 있다. 이슬비 전도편지는 다양한 계층 전도 대상자에게 마음의 문을 열고 복음을 받아들이도록 예쁜 엽서를 보내는 방법이다. 전도 대상자가 결정되면 예쁜 엽서에복음의 내용과 일치하는 글을 써서 7주간 보내며 중간에 전화로 확인하는 방법이다.[31] 엽서에 그림과 시를 통해 복음을 전하는 전도 방법은 이미지 전도로 현대인들에게 비기독교인들로 하여금 예수님과 인격적인 만남을 갖게 할 수 있다.

3. 이미지 전도를 통한 선교적 교회 성장에 대한 사례

기독교 이미지 전도는 비기독교인들을 즐겁게 하는 것이 아니라 구원하는 것이다.[32] 전도는 기독교의 중심이며, 교회는 전도하는 기지요, 그리스도인은 전도하는 병사들이다.[33] 따라서 이미지 전도 마인드는 끊임없이 사람들과 접촉점을 최대한 많이 만들어 좀 더 다양한 사람들이 교회로발걸음을 옮기게 하는 것이기에 이를 통해 이미지 전도를 통한 선교적 교

---

30 김선일, "신학적 실천으로서의 복음전도", 「신학과 실천」 23 (2010): 7.
31 여운학, 『이슬비 전도학교 학생지침 및 강의안』 (서울: 규장문화사, 1992), 56-57.
32 Reinhard Bonnke, *Evangelism by Fire* (Laguna Hills: Reinhard Bonnke Ministries, 1995), 81.
33 김만홍, 『훼밀리코스 전도폭발』 (서울: 가족사랑, 2001), 3.

회 성장에 대한 사례에 대하여 살펴보고자 한다.

1) 꿈의교회 이미지 전도

꿈의교회(김학중 목사) 이미지 전도 사례는 레포츠센터, 작은 동물원, 쉼터, 전철역 무료 양심 우산 비치, 택시데이, 안산 좋은 신문 등으로 지역사회에 필요한 교회로 성장하고 있다.[34]

첫째, 레포츠센터이다. 꿈의교회 초기부터 선교적 원칙으로 문화적 접근을 추구해 왔다. 특히 안산 지역의 문화적 취약 분야에 집중하고 지방자치단체가 감당하기 어려운 행사들을 교회가 주최하여 시민들에게 개방함으로써 정서 함양에 도움을 주고 있다. 많은 교회들이 문화 사역을 한다고 나섰으나 대부분이 그 교회의 교인들을 위한 것으로 끝나는 경우가 많다. 불신자를 대상으로 하더라도 총동원 전도 주일 정도에 그치는 것이 보통이다. 그러나 꿈의교회는 1년 열두 달 모든 문화 행사를 지역 주민에게 개방하고 있다. 음악회, 연주회, 연극, 영화, 세미나, 전시회 등을 개방하여 문화 활동 중심지로 자리매김하고 있다. 현재 영어, 일본어, 중국어 등 어학 분야, 플루트, 바이올린, 색소폰 등 음악 분야, 풍선 아트, 스텐실, 리본 아트, 꽃꽂이 등 특기 적성 분야를 비롯한 다양한 영역에 최고의 강사진을 구성하여 수준 높은 교육을 제공함으로써 교양과 지성을 쌓을 수 있는 평생 교육의 장으로 기능하고 있으며, 1천여 명의 지역 주민이 등록하여 문화적 혜택을 누리고 있다.

---

[34] 교회성장연구소 편집부, 『이미지로 전도하는 꿈의교회』, 71-115.

둘째, 작은 동물원이다. 꿈의교회는 작은 동물원을 만들어 누구나 즐길 수 있는 놀이의 장으로도 교회를 개방하고 있다. 교회에 대해 거부감과 불신감을 가진 사람들로 자연스럽게 접근할 수 있도록 했다.

셋째, 쉼터이다. 쉴 만한 장소가 부족한 곳을 찾아 쉼터를 조성함으로써 휴식과 만남의 공간을 제공하고 있다. 쉼터에 마련된 벤치는 단순한 형태의 의자가 아니라 매우 독창적인 장식으로 꾸며져 특별한 장소에 온 듯한 느낌을 갖게 한다.

넷째, 전철역 무료 양심 우산 비치이다. 꿈의교회는 갑작스럽게 소나기를 피하는 데 유용하게 쓰도록 무료 양심 우산을 전철역에 비치하였다. 누군가 꿈의교회라고 표기되어있는 노란 우산을 쓰고 거리를 활보할 때 그것이 지역 주민과 호흡하는 움직이는 문화의 간판 역할을 하는 것이다.

다섯째, 택시데이이다. 택시데이는 꿈의교회만의 독특한 전도 행사로 지역 내의 택시 기사들을 섬기는 날이다. 전교인이 교회에 택시를 타고 오는 날로 정하여 기사들에게 따뜻한 차와 교회 소개지, 그리고 책을 선물하면서 간접적인 전도를 하고, 그들을 통해 기독교의 긍정적인 이미지도 변하는 계기를 마련하는 것이다.

여섯째, 안산 좋은 신문이다. 안산 좋은 신문은 생활, 지역, 건강, 문화 등 여러 읽을거리를 제공하면서 교회의 소식을 마지막에 실어 복음을 전하는 효과가 있다. 매월 꿈의교회에서 발행하는 불신자에게 호감을 주는 이 신문을 모든 전철역에 비치하여 전철을 기다리면서 읽을 수 있도록 준비해 놓았다. 불신자들이 좋아하는 내용이라 부담 없이 읽을 수 있으며 한편으로는 교회에 대해 긍정적인 이미지를 갖게 하고 있다. 꿈의교회 이미지 전도는 개교회가 전도하고자 하는 긍정적인 측면이 있으나 택시테이 사례의 경우는 물량주의 공세로 인해 건강한 작은교회들에게 전도할 기회를 막을 뿐만 아니라 전도를 위축하게 만들 수 있다.

2) 거룩한빛광성교회 이미지 전도

거룩한빛광성교회(곽승현 목사) 이미지 전도 사례는 해피월드복지재단, 노아스쿨, 천사가게, 광성해비타트, 광성평생교육원, 문화예술공연, 장터 사회적협동조합 등 사랑과 나눔으로 함께 다음과 같이 성장하고 있다.[35]

첫째, 해비월드복지재단이다. 해피월드복지재단 안에는 해피뱅크, 해피천사운동본부, 새꿈터 지역아동센터, 파주시노인복지관(설립 주체: 파주시), 파주문산종합사회복지관(설립 주체: 파주시), 덕양노인종합복지관(설립 주체: 고양시)으로 복지 문화를 통해 하나님의 사랑과 예수님의 은혜로 구원받은 성도들이 형제와 이웃을 섬기며 세상에 거룩한 영향력을 미치는 방법이다.

둘째, 노아 스쿨이다. 노아 스쿨은 만 60세 이상의 어르신을 대상으로 평생 학습 교육을 통해 노년을 아름답게 보낼 수 있도록 운영한다, 어르신들로 하여금 여가활동 강화와 심신의 건강, 그리고 봉사자로 자아 통합을 꾀할 수 있도록 기회를 제공한다.

---

35 김한수, "교회+복지시설+문화센터?… 소외이웃 긴급 구호 배움터 운영", 「조선일보」 (2017년 04월 13일).

셋째, 천사 가게이다. 천사 가게는 성도들이 기증한 물품을 정성껏 손질하여 판매하는 방식으로 운영되고 있다. 기증한 물품의 판매수익금은 전액 어려운 이웃들에게 사랑으로 전달되고 있다. 성도들의 작은 정성이 모여서 이웃에게 큰 기쁨으로 사랑을 전달한다.

넷째, 광성해비타트이다. 광성해비타트는 초 종파적, 초 종교적으로 일산과 파주지역 내 열악한 주택의 집수리를 위해 만들어졌다. 매년 봉사대원을 모집하고 매회 20-30명이 참여하는데 회원 중에서 아빠와 자녀가 함께하는 경우도 있어 가족애도 다지고 봉사의 기쁨도 함께 누린다.

다섯째, 광성평생교육원이다. 광성평생교육원에는 봄 학기 133개 강좌에 500명이 등록한다. 일명 문화센터인데 등록자 중 동네 주민 비율이 70-80%를 차지하고 있다. '교회 문턱을 낮추자', '교회 공간을 지역 주민들과 나누자'라는 취지에서 문을 연 배움터는 주민들의 일상 속 공간으로 자연스럽게 자리매김하였다.

여섯째, 문화예술공연이다. 문화예술공연은 월 1회 실시하고 있으며, 관객 중 교회 외부인의 비율이 50%로 자연스러운 선교활동을 펼치고 있다. 문화예술공연은 관람료를 받는다.

일곱째, 장터사회적협동조합이다. 장터사회적협동조합은 농촌 교회를 지원하고 조합원들에게 저렴하고 건강한 유기농 사과, 양파즙, 감자 등 먹거리를 조달하며 장애인과 새터민의 일자리를 창출하기 위해 출범하였다. 장애인과 새터민에서 한자씩 따서 장터로 이름했다. 또한 장애인이 직원으로 있는 우리밀 제과제빵업체인 '꾸오레'를 인수해 경영하고 있으며, 친환경 매장인 장터매장과 몰리브향기 카페를 운영하고 있다.

거룩한빛광성교회가 지역사회를 위해 실천하고 활동 가운데 천사 가게와 장터사회적협동조합은 교회를 기업으로 여기는 이미지를 확산할 우려와 수평적 이동성장을 초래할 수 있다. 이를 극복하기 위해 지역에 위치한 다른 교회들과 함께하는 방안을 모색할 필요가 있다.

3) 새로남교회 이미지 전도

새로남교회(오정호 목사) 이미지 전도 사례는 새로남 카페, 새로남기독학교(Saeronam Christian School) 등 대전 중부권에서 다음과 같이 건강하게 성장하는 교회로 주목받고 있다.

첫째, 새로남카페이다. 새로남교회는 카페 운영을 통해 사회적 기부활동을 펼쳐왔다. 지원대상은 취약계층지원(쪽방촌, 장애인, 연탄은행, 복지관, 저소득층 의료비&생계비, 사회복지시설 등), 장학금지원(초중고 결식학생 급식비, 불우 대학생 장학금, WOW농구대회 장학금 등), 어르신지원(6.25 한국전쟁 참전용사, 수의제작, 경로당, 홀로어르신), 지역사회지원(개인 및 단체, 사회복지공동모금, 푸른대전가꾸기, 결핵협회, 환우돕기), 북한지원(유진벨 북한 결핵 퇴치, 수재 피해 지원, 어린이 돕기), 해외 지원(월드비전, 태국 태풍, 중국 지진, 시리아 난민, 해외 재난지역) 사업에 기부하였다.

둘째, 새로남기독학교이다. 기독학교는 초등과정과 중등 과정으로 탁월한 다음 세대를 일으키는 교육 공동체이다. 특히 목적은 성경적 가치관 위에 가정, 교회, 학교가 하나 된 통합교육을 실천하여, 세상을 변화시키는 탁월한 섬김의 리더를 세우는 것이다.

이처럼 새로남교회는 소통하는 공동체로서 수익금을 지역사회 청소년과 장애인, 불우 이웃들에게 지원하고, 교육 선교를 통해 이미지 전도를 실천하고 있다. 새로남 카페를 통한 이미지 전도의 사례 경우는 대형 교회만이 할 수 있는 물량주의 전도 방식에 그칠 수 있다. 하지만 사회적 기부활동 가운데 작은 교회 살리기 운동의 일환으로서 이미지 전도를 전개하는 모색이 필요하겠다.

4) 평화교회 이미지 전도

평화교회(최종인 목사) 이미지 전도 사례는 지역 병원 선교, 경찰 선교와 군 선교, 교도소 선교, 외국인 근로자 선교, 길거리농구대회 개최, 실버 대학 등 도시를 중심으로 다음과 같이 선교적 교회로서 성장하고 있다.[36]

첫째, 지역 병원 선교이다. 지역 병원에서 예배를 도우며, 환자와 보호자들을 대상으로 도서 봉사를 시행하고 있다. 또한 병원에서 매주 미용 봉사를 통해 일반적으로 1회 평균 25명 내외의 환자들이 도움을 받는다.

둘째, 경찰 선교와 군 선교이다. 경찰관들은 불규칙은 근무과 이동으로 정상적인 신앙생활을 하기가 어렵다. 사실 경찰 선교는 교회 내에서 소외된 영역이다. 교회가 위치한 구로경찰서와 서울지방경찰청에서 정기적인 신우회 예배와 다과를 대접하여 불신자들에게도 호감을 주고 좋은 이미지를 주고 있다. 부활절과 성탄절에는 경찰서 내부와 외부를 장식하

---

36 최종인, "도시교회의 특수선교 전략에 관한 연구: 평화교회를 중심으로", (박사학위논문: 서울신학대학교 신학전문대학원, 2004): 127-151.

여 근무자뿐만 아니라 민원인들에게 이미지 전도를 통해 복음의 수단으로 삼기도 한다. 그리고 적극적인 군 선교는 매달 정기적인 부대 방문과 함께 수도권 일대 부천, 파주, 연천, 비봉, 양지, 전곡에서 멀리 부안의 군 부대까지 방문하여 예배를 드린다. 특히 입대하는 청년들을 대상으로 군 복음화후원회와 연합하여 선교한다.

셋째, 교도소 선교이다. 매달 선교헌금으로 영등포교도소 신우회를 지원한다. 그곳에서 직접 일하는 직원들이 교정대상자들과 직접 접촉하는 기회가 많으므로 간접 지원하는 것이다. 교도소 내에서는 교정 예배를 드리고 찬양, 기도, 말씀, 위문품 전달, 위문 행사를 지향하고 2년에서 3년까지 서신 교류와 성경 공부를 통해 세상에 대하여 불신과 닫혀있는 마음을 열어 출소 이후의 생활에도 건실한 삶을 살도록 선교적 도전을 준다.

넷째, 외국인 근로자 선교이다. 주일예배 때 영어로 동시 표기하며, 동시통역하여 설교와 예배순서를 이해하게 한다. 영어 성경과 찬송, 그리고 영문으로 된 교회 안내장을 비치하여 필요한 사람에게 나눠준다. 그리고 절기 때는 외국인 근로자들에게 쌀과 생활용품을 지원한다. 다섯째, 길거리 농구대회 개최이다. 이 대회 개최는 청소년들이 있는 곳에 가서 그들을 만나는 좋은 이미지 전도이다.

여섯째, 실버 대학이다. 실버 대학은 지역주민과 유대관계의 수단으로 활용하고 있다. 실버 대학 150명 가운데 10명 정도 평화교회 성도이고 나머지는 믿지 않는 주민들이다. 이들 중 매년 30-40명 정도가 교회에 등록하는 것으로 나타났다. 봄과 가을 각각 12주 과정인 실버 대학은 매주 화요일 열리며 프로그램으로는 담임목사 말씀, 특강, 식사와 교제, 생활교육 등으로 구성되어 있다. 구로구에 재정 지원을 하고 지역주민들과 고척근린시장 상인들은 부식을 제공해 경제적 어려움도 겪지 않고 있다.

이처럼 평화교회는 교회에서 실천하는 프로그램이 지역사회와 서로 분리된 사업이 아니라는 것을 비기독교인들에게까지 이미지 전도를 실천하고 있다[37]. 특히 평화교회 군복음화의 사례 경우는 개교회주의를 벗어나 군 복무 중인 군인들이 복무를 마치고 지역교회에 연결하는 이미지 전도라 할 수 있겠다.

4. 이미지 전도 실천방안

이미지 전도 사례를 통한 전도 방법은 주로 중대형교회가 실천하는 방안을 교회 홈페이지와 담임 목회자들의 발표 자료를 근거로 고찰하였다. 본 장에서는 이미지 전도를 통한 선교적 교회성장 방안을 제안하려고 한다.

1) 목회자의 전도 패러다임 변화

서울신학대학교 전도학 교수인 하도균은 교회가 효과적인 복음 전도를 위해 목회자의 목회 철학의 중요성을 주장했다. 교회의 프로그램과

---

37 김가용, "지역사회선교의 기회와 도전", 「신학과 실천」 58 (2018): 593.

목회 방향이 목회자의 목회 철학에서 드러나기 때문이다.[38] 그러므로 이미지 전도를 통해 선교적 교회 성장을 위해서는 목회자가 먼저 전도에 대한 패러다임이 변해야 한다. 목회자가 먼저 이미지 전도에 대한 목회 철학이 성경으로 재정립되어 지속적으로 지역사회 복음화를 펼쳐나가야 하기 때문이다. 즉 효과적인 이미지 전도를 위해 목회자가 먼저 예수 그리스도와 같이 선한 목자의 이미지를 형성해야 한다. 기존의 목회자들이 양적 성장을 목적으로 교회에 등록된 신자를 전도한 것으로 인정하고 시상하는 목회 철학에서 변화를 추구해야 한다. 기존의 전도 방식을 신자는 물론 비기독교인들까지도 비즈니스 정신으로 오해하기도 했기 때문이다. 목회자가 전도에 대한 패러다임이 선한 목자 철학으로 변화되면 교회 교육과 재정 지원 등이 선한 이미지 회복을 위해 계획되고 실천되어야 선교적 교회 성장이 가능하기 때문이다.

2) 지역사회에 필요한 교회

교회는 지역사회에 존재하고 그 지역사회 주민들을 구원하기 위해 설립되었다. 그러므로 목회자는 지역사회에 대한 연구가 필요하다. 지역사회의 다양한 단체, 행정기관, 사회복지기관 등을 통해 지역사회에서 교회 역할이 무엇인지를 파악해야 한다. 하도균은 전도 대상자들에 대한 연구 없이 복음을 전하는 것은 무모한 행동일 수 있다고 주장했

---

[38] 하도균, "다문화 사회 속에서 효율적인 다문화 교회 정착과 복음전도를 위한 연구", 「신학과 실천」 52 (2016): 699-701.

다.[39] 교회가 지역사회에 대한 연구를 통해 교회 역할을 찾아내어 꿈의 교회, 거룩한빛광성교회, 새로남교회, 평화교회가 추구하는 지역사회 주민들에게 필요한 역할을 감당하여 교회에 대한 이미지를 개선될 때 선교적 교회 성장을 이룰 수 있기 때문이다.

3) 지역사회 내 교회와 연합

교회가 지역사회로부터 이미지 개선을 통해 효과적인 복음 전도를 하기 위해서는 지역사회 내에 있는 교회와 연합해야 한다. 교회는 거룩성과 공동체성을 분명하게 드러내야 한다. 지역에 이웃하고 있는 교회들이 연합하는 자체가 지역사회에 기독교에 대한 좋은 이미지를 형성하게 하기 때문이다. 특히 사례에서 나타난 이미지 전도 방법은 개교회 별로 하기보다는 지역사회 내에 존재하는 교회가 연합할 때 효과적인 이미지 개선을 통한 전도 방법임이 입증되었기 때문이다. 교회가 연합으로 지역사회에 필요한 프로그램을 운영할 때 교회의 공동체성이 분명하게 드러나게 된다. 고령화 사회, 다문화 사회가 된 한국 상황에서 교회가 연합하여 이미지 개선을 통한 전도는 피할 수 없는 방안이라고 할 수 있다. 또한 지역사회 내 교회가 연합하여 이미지 개선을 통한 전도 전략을 세우게 되면 중소형교회도 함께 참여하여 선교적 교회 성장을 이룰 수 있다.

---

39 하도균, "다문화 사회 속에서 효율적인 다문화 교회 정착과 복음전도를 위한 연구", 703-704.

4) 그리스도인들의 변화된 삶을 통해

예수님은 제자들에게 세상의 소금과 빛이라고 하시며 너희 빛이 비치게 하여 너희 착한 행실을 보고 하늘에 계신 아버지께 영광을 돌리게 하라고 하셨다(마 5:13-16). 초대 교회 모든 그리스도인들이 온 백성에게 칭송을 받아 주께서 구원받는 사람을 날마다 더하게 하시는 체험을 했다. 사도행전 10장 22절에서 "백부장 고넬료는 의인이요 하나님을 경외하는 자라 유대 온 족속이 칭찬하더니 저가 거룩한 천사의 지시를 받아...."라고 하였다. 백부장의 하인은 자신의 주인을 의인이라고 표현했다. 이는 백부장이 어떻게 살았는지를 보여주는 증거라고 할 수 있다. 디다케(διδαχή)의 생명의 길과 죽음의 길은 주의 죽으심과 부활하신 내용과 함께 하나님을 사랑하고 이웃 사랑을 실천하는 복음의 이미지를 드러내는 삶을 제시하고 있다.[40]

교회는 성도들이 변화된 삶을 드러낼 때 이미지가 개선되고 하나님 나라를 위해 쓰임 받게 된다. 기독교는 그리스도인들이 진리 안에서 행하는 모습을 세상에 보여줄 때 가장 강력하고도 객관적인 진리로 복음을 전하는 일이 된다.[41] 그러므로 그리스도인들이 교회 내에서 교제하는 데 그치지 않고 삶의 현장에서 강도 만난 자와 같은 이웃들에게 사마리아 사람과 같이 사랑을 베푸는 삶을 실천하도록 해야 한다. 그리

---

40 ΔΙΔΧΗ, ΤΩΝ ΔΩΔΕΚΑ ΑΠΟΣΤΟΑΩΝ, 『디다케: 열두 사도들의 가르침』, 정양모 역 (칠곡: 분도출판사, 1998), 19-48.

41 하도균·이경선, "다종교사회에서 복음주의 기독교의 전도전략: 세속화와 탈세속화 이론을 근거로", 「신학과 실천」 56 (2017): 646.

스도인들은 지극히 작은 자에게 사랑을 지속적으로 실천하는 삶을 살아야 한다. 이처럼 그리스도인들이 삶의 현장에서 사랑의 섬김을 통해 복음 전도의 문을 열게 하여[42] 복음을 전할 때 선교적 교회 성장이 가능하기 때문이다.

나가는 말

지금까지 이미지 전도를 통한 선교적 교회 성장에 대해 고찰한 후 이미지 전도를 통한 선교적 교회 성장 전략을 제안하였다. 각 시대마다 하나님은 그 시대적 상황과 문화에 맞는 전도 방법으로 그 역할을 감당하게 하셨다. 그러므로 하나님은 앞으로도 수많은 전도 방법을 통해 선교적 교회로 세우실 것이며, 이에 하나님의 이미지를 전달하는 연구는 계속될 것이다.[43] 그러나 전통적인 전도 방식은 전도자들이 비기독교인들에게 인격적 관심과 사랑보다는 교회로 데려가려고 하는 이미지를 갖게 했기 때문에 기독교와 전도에 대한 부정적 인식이 확대된 것으로 여겨진다.[44] 한국교회가 전도를 강조하는 것도 양적인 성장만을 위한 것은 아닌지 점검해야 한다.

---

42 하도균, "교회 공동체성 회복을 통한 효과적인 복음전도에 관한 연구", 「신학과 실천」 36 (2013): 583.

43 황병준·안병찬, "크래독(Fred B. Craddock)의 귀납적 설교와 라우리(Eugene Lowry)의 내러티브 설교를 활용한 설교의 플롯 구성과 메시지의 이미지화 연구", 「신학과 실천」 63 (2019): 151.

44 John R. W. Stott, 『존 스토트의 복음 전도』, 김성녀 역 (서울: IVP, 2001), 22.

교회는 쉽게 사람을 모으는 전통적인 방법보다는 이미지 전도를 통해 비기독교인들에게 복음을 전해야 한다. 이미지 전도가 중요한 것은 전도가 비기독교인에 대한 인격적 관심과 사랑으로 복음을 전해야 하기 때문이다. 또한 교회가 속한 지역사회에서 기독교에 대한 이미지 고양을 위해 지역사회에 필요한 공동체가 되어야 한다. 그것은 긍정적으로 인식된 교회 이미지를 통해 비기독교인들로 하여금 복음에 더 가까이 접근하게 만드는 장치가 되기 때문이다. 이미지 전도를 통해 선교적 교회로 성장하기 위해서는 목회자의 성경적 목회 철학이 중요하다. 목회자가 성경적 목회 철학을 갖게 되면 자신부터 선한 목자 이미지를 추구하게 되기 때문이다. 더 나아가 교회는 지역사회에 필요한 프로그램과 예산이 집행될 것이며, 지역교회와 연합은 물론 평신도들까지 삶의 현장에서 선한 행실을 드러내어 교회에 대한 이미지를 개선하게 되어 성장하는 교회가 될 것이다. 끝으로 기독교 이미지 개선을 위한 방안과 교회 이미지 개선을 위한 방안, 그리고 전도 이미지 개선을 위한 방안이 더 연구되기를 기대해 본다.

참고문헌

교회성장연구소 편집부. 『이미지로 전도하는 꿈의교회』. 서울: 교회성장연구소, 2010.

김기용. "지역사회선교의 기회와 도전". 「신학과 실천」 58 (2018): 575-599.

김남식. "21세기 한국교회 성장을 위한 전도 패러다임에 대한 성서적, 역사적, 실천적 연구". 「신학과 실천」 59 (2018): 675-699.

김만홍. 『훼밀리코스 전도폭발』. 서울: 가족사랑, 2001.

김선일. "신학적 실천으로서의 복음전도". 「신학과 실천」 23 (2010): 5-30.

김성욱. 『현대 평신도 전문인선교』. 서울: 프라미스키퍼스, 2010.

교회성장연구소 편집부. 『이미지로 전도하는 꿈의교회』. 서울: 교회성장연구소, 2010.

민장배. "다문화 사회에서 교회 역할". 「신학과 실천」 59 (2019): 339-362.

실천신학대학원대학교. 『하나님 나라를 목회하라』. 서울: 도서출판 드림북, 2019.

이동원. 『거룩과 회복의 비전』. 서울: 나침반 출판사, 2000.

이수환. "복지선교를 통한 선교적 교회성장에 대한 연구". 「신학과 실천」 58 (2018): 703-725.

유우열. "중고등학생의 기독교에 대한 이미지 분석". 박사학위논문: 성결대학교 신학전문대학원, 2006.

전요섭·유우열. "긍정적 이미지 수립을 통한 효과적 전도전략 방안". 「복음과 실천」 11 (2006): 146-173.

진재혁. 『세상 중심에 서는 영성 리더십』. 서울: 도서출판 두란노, 2017.

김한수. "교회+복지시설+문화센터?… 소외이웃 긴급 구호 배움터 운영". 「조선일보」 2017년 04월 13일.

조윤옥. "대학 신입생의 배경변인에 따른 하나님 이미지와 자기개념 명료성의 상관성 연구". 「신학과 실천」 31 (2012): 309-342.

최종인. "도시교회의 특수선교 전략에 관한 연구: 평화교회를 중심으로". 박사학위논문: 서울신학대학교 신학전문대학원, 2004.

최형근. "로잔운동과 디아스포라 선교". 「ACTS신학저널」 34 (2017): 465-496.

하도균. "교회 공동체성 회복을 통한 효과적인 복음전도에 관한 연구". 「신학과 실천」 36 (2013): 561-588.

하도균. "다문화 사회 속에서 효율적인 다문화 교회 정착과 복음전도를 위한 연구". 「신학과 실천」 52 (2016): 681-710.

하도균·이경선. "다종교사회에서 복음주의 기독교의 전도전략: 세속화와 탈세속화 이론을 근거로". 「신학과 실천」 56 (2017): 625-653.

한국기독교역사연구소. 『한국 기독교의 역사 Ⅰ』. 서울: 기독교문사, 1997.

한국문화신학회. 『평화의 신학』. 서울: 도서출판 동연, 2019.

황병준. "이머징 교회 운동 패러다임에 관한 연구". 「신학과 실천」 38 (2014): 227-260.

황병준・안병찬. "크래독(Fred B. Craddock)의 귀납적 설교와 라우리(Eugene Lowry)의 내러티브 설교를 활용한 설교의 플롯 구성과 메시지의 이미지화 연구". 「신학과 실천」 63 (2019): 127-155.

Abraham, William. 『전도의 논리』. 김남식 역. 군산: CESI 한국전도학연구소, 2018.

Berkhof, Louis. *Systematic Theology*. London: Banner of Truth Trust, 1958.

Bonnke, Reinhard. *Evangelism by Fire*. Laguna Hills: Reinhard Bonnke Ministries, 1995.

Boorsten, Daniel J. 『이미지와 환상』. 정태철 역. 서울: 사계절, 2004.

Frost, Michael. 『성육신적인 교회』. 최형근 역. 서울: 새물결플러스, 2016.

Guder, Darrell L. 『증인으로의 부르심』. 허성식 역. 서울: 새물결플러스, 2016.

Harper, Steve. *John Wesley's Message for Today*. Michigan: Francis Asbury, 1983.

Köng, Hans. *On Being a Christian*. New York: Doubleday, 1976.

Sproul, R. C. *Essential Truths of the Christian Faith*. Wheaton: Tyndale, 1992.

Stott, John R. W. 『존 스토트의 복음 전도』. 김성녀 역. 서울: IVP, 2001.

Stott, John R. W. *The Gospel & The End of Time*. Downers Grove: IVP, 1993.

ΤΩΝ ΔΩΔΕΚΑ ΑΠΟΣΤΟΑΩΝ, ΔΙΔΧΗ. 『디다케: 열두 사도들의 가르침』. 정양모 역. 칠곡: 분도출판사, 1998.

제 3 장

제자훈련을 통한
선교 방안 연구

제3장
제자훈련을 통한 선교 방안 연구

들어가는 말

제자훈련(discipleship training)은 1970년대부터 시작하여 1990년대까지 교회 내에 프로그램으로서 평신도 지도자를 양산할 뿐만 아니라 교회 체질을 유기적인 것으로 개선하여 신앙과 인격이 함께 성장해 가는 그리스도인을 세우기 위해 시행되었다.[1] 한 사람이 예수 그리스를 믿도록 하는 것은 쉬운 일이 아니며, 예수 그리스도의 심장을 가지고 세상의 거친 파도에 맞서 복음의 깃발을 들고, 하나님 나라(kingdom of God)를 확장해 나아가는 거룩한 예수 그리스도의 제자로 성장하는 것은 더욱 힘든 일이 아닐 수 없다. 그럼에도 불구하고 보편적으로 교회는 예수님으로부터 '가서 제자를 삼으라'(Go and Make disciples)라는 명령을 받았다. 그래서 교회가 성장하는

---

1 성민경, "제자훈련을 위한 역량모델링 및 평가 설문도구 개발에 관한 연구", 「신학과 실천」 51 (2016): 501.

데 있어서 지속적인 제자훈련에 그 본질을 두고 있다. 제자훈련은 교회 성장에 대한 필요성을 깨닫게 한다. 교회 성장을 이해하는데 있어서 제자훈련은 매우 중요한 선교적 주제(the missionary motif)이다. 그래서 초대 교회 (in the early church)에서 제자훈련은 예수님이 모든 제자와 모든 교회에게 명령하신 지상명령(至上命令)에 기초하고 있다. 제자훈련은 예수님의 마지막 남긴 말씀인 지상명령에 함축된 내용이다. 이러한 제자훈련의 내용은 교육(education)에서만 국한되지 않고 전도(evangelism)와 예배(worship), 그리고 봉사(service), 선교(mission)에도 속한다.

영국 옥스퍼드대학교(University of Oxford) 과학과 종교 교수인 알리스터 맥그래스(Alister E. McGrath, 1953~)는 이러한 제자훈련의 핵심에 대하여 주장하기를, "우리가 생각하고 행동하는 것을 포함하여 가능한 모든 영역에서 예수 그리스도를 따르려는 의식적이고 의지적인 결단이다. 또한 단순히 기독교에 대한 정보를 축복하기보다 지혜를 추구하여 믿음 안에서 자라가는 것이다"라고 하였다.[2] 이러한 제자훈련은 교회의 본질적 기능으로 선택해야 할 교회 교육의 한 프로그램이 아니다. 제자훈련은 하나의 조각이 아니라 교회의 중심에 놓여 있는 전체이거나 핵심이다. 따라서 목회의 도구가 아니라 뿌리 깊은 교회론(Ecclesiology)에서 나온 성경적 철학으로서 잃어버린 한 영혼을 주님의 제자로 삼는 비전을 갖도록 제자훈련을 통한 선교 방안 연구에 있어서 제자훈련의 개념 이해와 제자훈련의 선교 방안의 변화와 제자훈련을 통한 선교 방안 사례, 제자훈련 실천방안

---

2 Alister E. McGrath. *Mere Discipleship* (London: Society for Promoting Christian Knowledge, 2018), 1.

을 제안하고자 한다.

1. 제자훈련의 개념 이해

사전에 따르면, 제자(弟子)라는 용어는 '지식이나 덕을 갖춘 사람으로부터 가르침을 받는 사람', '예수의 가르침을 받아 그의 뒤를 따르는 사람'이라는 뜻이다. 제자는 영어의 '디사이플'(disciple)과 '디스플린'(discipline)이라는 어원이 같은 라틴어에서 나왔다. 제자는 '배우는 자', 혹은 '따르는 자'라는 말로 쓰인다.3 그러므로 제자와 배우는 자는 같은 개념의 말이다. 하지만 성경에 나타난 랍비, 즉 교사, 또는 선생과 제자와의 관계는 오늘날 지식을 전달하는 교사와 그러한 지식을 배우는 학생과의 관계와는 전혀 다른 개념이다.

그래서 영국 복음주의신학자 존 스토트(John R. W. Stott, 1921~2011)는 제자에 대하여 "예수님 택하신 열둘은 사도이기 전에 제자였고, 예수님의 공생애 3년 동안 이들은 제자로서 선생과 주님의 가르침 아래 있었다"라고 하였다.4 따라서 하나님 나라의 복음을 선포하기 위해서 제자들과 밀접한 관계를 맺고 있는 구약성경에서의 제자훈련과 신약성경에서의 제자훈련, 그리고 초대 교회의 제자훈련, 한국교회의 제자훈련에 대하여 살펴보고자 한다.

---

3 한국교회탐구센터 편집, 『한국교회 제자훈련 미래 전망 보고서』 (서울: IVP, 2016), 72-73.
4 John R. W. Stott, 『제자도』, 김명희 역 (서울: IVP, 2013), 16.

1) 구약성경에서의 제자훈련

구약성경에서 제자와 관련되는 용어를 찾기란 힘들다. 후에 일반적으로 유대교에서 사용되던 선생(先生)과 제자(弟子)의 관계에서 용어는 실제로 구약성경에는 잘 나타나 있지 않으며 각기 4번 나타난다. 히브리어 '탈미드'(תלמיד)라고 부르는 제자의 용어는 '배우다', '한 사람을 가르치는 의미'에서 비롯되었다.[5] 일반적으로 탈미드는 '입문 중에 있는 학자'를 지적하는 말로서 랍비들이 사용하였다.[6] 구약성경에서 제자를 지칭한 용어는 첫째, 역대상 25장 8절이다. "이 무리의 큰 자나 작은 자나 스승이나 제자(תלמיד)를 막론하고 다 같이 제비 뽑아 직임을 얻었으니". 영국 헐 대학교(University of Hull) 구약학 교수였던 로저 와이브레이(Roger N. Whybray, 1923~1998)는 역대상 25장 8절에 대하여 "이것은 숙련된 음악가들을 계속 보유하기 위해 음악적인 교육이 있었음에 틀림없다는 사실을 입증하는 것으로 그 교육은 아버지가 아들에게 전수하는 세습적인 개인 교수법으로서 정식 교육과는 비교 된다"라고 하였다.[7]

이처럼 제자는 가장 일반적인 의미로서 배우는 과정과 어떤 기술을 익히는 견습생을 의미한다. 둘째, 이사야 8장 16절이다. "너는 증거의 말씀을 싸매며 율법을 내 제자들 가운데에서 봉함하라". 이것은 한 무리의 제자들이 이사야 선지자 주변에 모였으며, 그들이 하나님의 말씀을 그로부

---

5 Francis Brown, S. R. Driver, & Charles A. Briggs, *A Hebrew and Lexcon of the Old Testament* (Oxford: Clarendon, 1974), 541.

6 Michael J. Wikins, 『제자도』, 이억부 역 (서울: 도서출판 은성, 1995), 59.

7 R. N. Whybray, *The Intellectual Tradition in the Old Testament* (Berlin: Walter de Gruyter, 1974), 37.

터 들었음을 나타낸다. 셋째, 이사야 50장 4절이다. "주 여호와께서 학자들의 혀를 내게 주사 나로 곤고한 자를 말로 어떻게 도와 줄 줄을 알게 하시고 아침마다 깨우치시되 나의 귀를 깨우치사 학자들 같이 알아듣게 하시도다". 이것은 이스라엘 중에 제자로 가르침을 받는 사람으로 인정할 수 있고 알려진 범주의 사람들을 제시한다. 그런데 이들을 말하며 가르치는 것을 주의 깊게 들으며 배울 수 있는 조건과 환경들을 가지고 있었다고 가정한다.[8] 넷째, 이사야 54장 13절이다. "네 모든 자녀는 여호와의 교훈을 받을 것이니 네 자녀에게는 큰 평안이 있을 것이며". 이것은 문맥으로 보아 가르침의 내용은 알 수는 없으나 하나님이 가르치신 시온의 아들들에 대한 예언적인 묘사는 그들이 하나님의 제자들이라고 말하는 것이 같은 의미임을 말해 준다. 이처럼 이사야 8장 16절, 50장 4절, 그리고 54장 13절에 등장하는 제자(תלמיד)가 '가르침을 받는' 혹은 '교훈을 받는'이라는 의미로 사용되었다. 따라서 구약성경에서의 제자훈련은 시대착오적으로 해석하지 않도록 극히 주의해야 하지만 이것을 신약성경의 빛에 비추어 보아야 더욱 완전한 이해에 이를 수 있을 것이다.[9]

2) 신약성경에서의 제자훈련

여러 세기 동안 제자훈련은 그리스도인의 삶의 본질을 표현하는 사상과 언어가 되어 왔다. 오늘날 제자훈련이라는 주제는 성경과 관련된 학

---

8 Michael J. Wikins, 『제자도』, 60.

9 Michael J. Wikins, 『제자도 신학』, 황영철 역 (서울: 국제제자훈련원, 2015), 72-87.

술서와 대중성을 띤 기독교 출판물에서 자주 등장하고 있다. 사람들은 보통 제자훈련을 그리스도를 따르는 것과 같은 말로 사용하고 있다.[10] 신약성경에서 헬라어로 '마쎄테스'($\mu\alpha\theta\eta\tau\acute{\eta}\varsigma$)는 제자로, 교사 밑에서 지도를 받아 배우는 사람인 학생, 교사에 대한 헌신적인 애착에 초점을 맞추는 추종자를 의미한다. 특히 사도행전에서는 항상 예수 그리스도의 가르침을 받은 추종자와 관련된다.[11] 이러한 제자에 대해 신약성경에서는 사복음서(the Fourth Gospel)에 233회와 사도행전(Acts)에서는 27회로 모두 259회 정도 사용되었다.

광의적인 의미로 사용하는데 혁신적인 역할을 한 사람은 누가였다. 사도행전에서는 예수를 믿는 사람이면 누구에게나 주저하지 않고 그 이름을 부르는 것을 볼 수 있다. 단지 두 가지 경우만 예외로 볼 수 있다(행 9:25, 19:1). 당시 성도들 가운데 상당수가 예수님을 목격한 일이 전혀 없었으나 제자로 불리고 있었다. 그래서 사도행전의 서두에서 개종한 성도들을 '믿는 자'와 '제자'라는 두 가지 이름으로 혼용하다가 얼마 후 없어지고 후자만 남게 된 것이다(행 2:44, 4:32). 그리고 조금 지나 이방인 선교가 본격화되어 안디옥에서 제자들이 세상으로부터 기독교인이라는 아름다운 별명을 얻게 되었다(행 11:26). 이것은 제자라는 이름 속에 살아 있는 능력을 그들의 인격과 삶을 통해 구현한 사람들에게만 돌려질 수 있었던 명예로운 호칭이었다.[12]

---

10 Richard N. Longenecker, 『신약성경에 나타난 제자도의 유형』, 박규태 역 (서울: 국제제자훈련원, 2008), 15.

11 Frederick W. Danker, 『신약성서 그리스어 사전』, 김한원 역 (서울: 새물결플러스, 2017), 351.

12 옥한흠, 『평신도를 깨운다』 (서울: 도서출판 국제제자훈련원, 2003), 129-131.

첫째, 제자는 보냄을 받은 자다. 예수님은 밤이 맞도록 기도하신 후 열두 명을 불러서 사도라는 이름을 주셨다(눅 6:12-13). 사도란 헬라어 '아포스텔로'($\alpha\pi o\sigma\tau\epsilon\lambda\lambda\omega$)로 '보낸다'라는 단어에서 왔다. 즉 '보냄을 받은 자'라는 뜻이다. 그래서 보냄을 받은 제자는 성경에서 오직 열두 사도에 국한 시키지 않는다. 초대교회의 제자는 예수님을 믿는 사람이면 누구에게나 주저하지 않고 부른다. 여기서 제자란 개인이 구세주로 믿고 일생에 걸쳐 주님을 배우며, 예수 그리스도의 주권(sovereignty) 아래서 살아가는 모든 기독교인을 의미하는 것이다.

둘째, 제자는 지상명령을 지키는 자다. 제자 삼는 사역은 모든 민족을 대상으로 삼는 보편적인 시각을 갖고 있다. 모든 민족이란 어떤 지리적인 범위를 말하는 것이 아니라 전 세계의 모든 사람을 가리키고 있다. 특히 예수 그리스도의 지상명령, 혹은 선교 명령임에도 분명히 "예루살렘으로부터 시작하여 모든 족속"이라고 말하고 있다(눅 24:47). 또한 "온 유대와 사마리아와 땅 끝까지"로 확대되고 있음을 볼 수 있다(행 1:8).[13] 그러므로 하나님의 분명한 제자훈련의 목적은 모든 인간에게 복음이 전해지는 것임을 알 수 있다. 예수님의 지상명령은 지금 우리가 이 땅에서 하늘에 속한 비전으로 살 것을 요청한다. 뿐만 아니라 이 명령의 위임은 명백하게 전체 교회에 주어진 의무이며, 삶의 방법으로 대체할 수 있는 다른 방법도 다른 선택도 없다. 신학대학을 다닐 때 반드시 선택해야 했던 필수과목처럼 예수님의 지상명령은 선택이 아니라 필수여야 한다. 이 지상명령은 그가 보내신 성령에 의하여 권능 가운데 성취됨을 보여 준 것이다.

---

13 Robert E. Coleman, 『위대한 지상명령』, 하정완 역 (서울: 도서출판 두란노, 1994), 20.

셋째, 제자는 하나님 나라를 건설하는 자다. 예수님께서 공생애 사역의 시작에서 하신 일은 천국 복음을 전파하신 것과 제자를 부르신 일이다. 예수님은 이 땅에 하나님 나라를 세우시기 위하여 오셨다. 하나님 나라는 그의 사역의 중심이었다. 그의 전파와 가르침, 그리고 사역의 중심은 하나님 나라였다(눅 4:43, 6:20, 7:28, 8:1, 8:10, 9:1, 9:11, 10:11, 11:2, 12:31, 13:18, 17:20-12, 18:24-30, 19:11, 22:29-30, 23:42; 행 1:3). 예수님은 제자들과 동행하심으로 후에 그들을 통해 하나님 나라의 복음을 증거 하게 하시고 그 나라를 건설하고자 한 것이다(행 1장).[14] 결과적으로 예루살렘으로부터 시작된 하나님 나라는 성령의 권능을 받은 제자들, 혹은 사도들이 고난 속에서도 담대히 주의 말씀을 전함으로써 그 영향력이 로마에까지 역동적으로 나타난 것이다.

넷째, 제자는 재생산하는 자다. 신약성경에서 사도들이나 초대교회 성도들은 자신들이 가는 곳마다 가르치고 양육하는 제자훈련을 하였다(행 8:4-5, 8:35, 11:19-20). 그것은 예수 그리스도의 지상명령에 가장 큰 강조점이 제자를 만드는 일이기 때문이다(행 13:49).[15] 영국 케임브리지대학교(University of Cambridge) 신약신학 교수였던 찰스 도드(Charles H. Dodd, 1884~1973)는 제자에 대하여 "주님을 따르는 제자들은 하나님께서 성자를 보내신 사랑, 성자께서 자신의 목숨을 버리기까지 보여주신 사랑, 서로 사랑하는 사랑 안에서, 제자 삼는 재생산의 사역을 해야 한다"라고 하였다.[16] 그래서 바울은 자신과 같은 그리스도의 제자를 낳는 사도였다(행

---

14 심상법, "한국교회 제자훈련의 성경적 평가와 전망",「신학지남」290 (2007): 193.
15 김승호,『사도행전』(서울: CLC, 2003), 38.
16 Charles H. Dodd, *The Interpretation of the Fourth Gospel* (Cambridge: Cambridge

11:26, 13:52, 14:20-21, 18:23, 19:8-10; 골 1:28-28; 살전 2:11-12).

사도의 중요한 사명은 성도를 제자훈련 시켜 그들로 인해 세상에서 효과적인 증인(witness)이 되도록 준비시키는 것이다(엡 4:11-12). 그리고 제자는 사도들의 가르침을 받고 서로 떡을 떼고 함께 기도하는 성도의 교제 앞에 자신을 헌신하는 것이다(행 2:42). 뿐만 아니라 사도행전 19장 10절에서 복음을 영접한 자들이 바로 다른 이들에게 복음을 전하여 또 다른 제자를 재생산하고 있음을 볼 수 있다.[17] 따라서 신약성경의 제자훈련이 중요한 이유는 하나님의 뜻이 이 땅에 이루어지도록 사람들을 예수 그리스도 안에서 온전한 자로 세우는 사역이며, 봉사자로 세우는 사역이며, 그리스도의 몸을 세우는 훈련 통해 나타나기 때문이다. 이러한 신약성경의 제자훈련은 기독교 교파를 초월하여 선교 방안을 연구하는 데 영향을 미치고 있는 것이다.

3) 초대 교회의 제자훈련

초대 교회 당시 성도들은 작은 그리스도라는 별명을 들었다. 이처럼 오늘날 성도들은 예수님의 제자가 되어야 한다. 제자훈련은 무엇보다 사람을 바꾸어 놓는 작업이다. 이러한 거룩한 작업을 통해 말씀과 성령의 감화를 받아 하나님의 사람으로 온전한 사람이 되게 하고, 온전한 삶을 살도록 해야 한다(딤후 3:17). 예수님은 세상에서 가르치고 전파하고 치료

University Press, 1980), 405.

17 김승호, 『사도행전』, 38-39.

하셨다. 제자훈련은 기독교인을 복음의 전파자로 하나님의 이름(the Name of God)이 거룩히 여김을 받을 수 있고, 하나님의 뜻이 이루어질 수 있도록 최선을 다하는 소명자(召命者)로 만드는 것이다.[18]

예수님의 제자훈련은 그 자신(himself)이 바로 선교 방안의 커리큘럼이셨다.[19] 초대 교회의 제자훈련은 다음과 같다. 첫째, 말씀에 헌신했다(행 2:42). 둘째, 서로에 대해 헌신했다(행 2:4, 42, 46). 셋째, 기도에 헌신했다(행 2:42). 넷째, 찬양과 경배에 헌신했다(행 2:43, 47). 다섯째, 복음 전파에 헌신했다(행 2:45-47). 따라서 초대 교회가 제자훈련을 통해 선교했음을 보여주고 있으며, 숫자적으로도 아주 분명하게 나타나고 있다. 열두 제자에서(행 1:12), 120명(행 1:15), 3,000명(행 2:47), 구원받는 사람이 날마다 더함(행 2:47), 남자의 수가 약 5,000명(행 4:4), 남녀의 큰 무리(행 5:14), 제자가 더 많아짐(행 6:1, 7), 수가 더 많아짐(행 9:31), 하나님의 말씀이 흥왕함(행 12:25), 금하는 사람이 없었다(행 28:31).

따라서 초대 교회의 제자훈련을 통한 선교 방안은 성경의 역사와 통계학적으로도 성장했음을 증거 해 주고 있어 특히 복음을 전파하는 목회자와 선교사가 사람들을 예수 그리스도의 제자로 만드는 중요한 목표를 갖게 된다. 이것은 오늘날 현대교회의 선교 방안에 있어 선교 핵심의 주제이다. 초대 교회는 제자훈련의 선교 방안을 중요한 사역으로 여겼다(행 5:42, 6:10, 7:4-5, 35, 11:19-20). 그리고 초대 교회는 사람들을 단지 기독교인으로 만드는 것으로 만족하지 않았으며, 예수 그리스도 안

---

18 옥한흠, 『평신도를 깨운다』, 192-94.

19 Eddie Gibbs, *I Believe in Church Growth* (Grand Rapids: Eerdmans, 1982), 157.

에서 성숙 된 제자로 성장토록 모든 지혜를 가르쳤다(골 1:28). [20] 이러한 초대교회의 제자훈련을 통한 선교 방안은 예수님의 선교적 차원(missiological considerations)에서 이해해야 할 것이다.

4) 한국교회의 제자훈련

한국교회는 1903년 원산부흥운동(元山復興運動), 1907년 평양대부흥운동(平壤大復興運動), 1907년 성결교회창립운동(聖潔敎會創立運動), 1909년 백만인구령운동(百萬名救靈運動)을 펼치며 크게 부흥하였다. 그리고 초교파적으로 민족복음화운동이 펼쳐져 전도훈련(傳道訓鍊)과 기도운동(祈禱運動), 노방전도(路傍傳道) 등이 수행되었다. 이러한 방법들은 하나의 선교 방안이 되어 도시로 몰려드는 사람들에게 복음을 전파하는 기회가 되었다. 이 시기에 실시되었던 제자훈련이 한국교회의 새로운 선교 방안으로 등장한 것이다. 1970년 대규모 전도 집회의 결과로 교회 성장은 폭발적으로 일어났다. 그러나 한편에서는 질적인 성장이 저조하다는 비판의 소리도 있었다. 그러나 성경 공부의 바람은 이러한 비판의 소리를 잠재웠다. 이 시기에 생겨난 선교단체들은 1958년 김준곤 목사가 한국대학생선교회(CCC)를 설립, 1961년 이사무엘 목사가 대학생성경읽기선교회(UBF)를 설립, 1966년 한국네비게이토선교회(Navigators)가 창립, 한국기독교학생회(IVF)는 1956년 이정윤이 황성수가 세운 기독학생동지회운동과 연합하여 설립되었다.

---

20 김승호, 『사도행전』, 26.

선교단체들의 핵심은 성경 공부로, 이것을 교회로 적용한 사람이 바로 옥한흠 목사였다. 특히 1979년 옥한흠 목사는 사랑의교회를 개척하면서 "아프지도 말고 죽지도 말자"라고 할 정도로 성경 공부를 통한 제자훈련을 교회에 적용하여 큰 성장을 이루었다. 사랑의교회는 소그룹 성경 공부 인도법, 신구약 성경의 내용과 주제를 다루는 것이 특징이다. 이러한 성경 공부를 통한 제자훈련은 한국교회에 확대되어 지금까지도 많은 교회에서 사용하고 있다.[21] 옥한흠은 제자훈련에 대하여 "제자훈련의 궁극적인 목적에 대해 예수 그리스도의 인격과 삶을 본받는 신자의 자아상을 확립하는 것이며, 예수처럼 되고 예수처럼 살기를 원하는 신앙인으로 만드는 데 있다"라고 하였다.[22] 따라서 한국교회의 제자훈련을 통해 한국교회가 세워야 하는 제자는 목회자의 제자가 아니라 예수님의 제자다. 그것은 바울의 제자도 아니며, 사역자의 제자도 아니다. 제자훈련이란 예수 그리스도를 주로 고백하는 자들을 교육하고 양육시키고 실습시켜서 그들이 그리스도의 인격을 닮고 그리스도를 증거 한 자들이 되도록 지도하는 전 과정이다.[23]

중국내지선교회 소속 선교사요, 미국 풀러신학교 선교학 교수였던 아더 글라서(Arthur F. Glasser, 1914~2009)는 제자훈련에 대하여 "바울이 제자들을 만들었고, 예수님이 열두 제자를 훈련하시면서 사용하신 독특한 리더십 패턴을 따르지 않았다. 바울은 후일에 선교를 위해 사도들을 모집할 때 그들을 훈련하면서 예수님의 제자훈련 방식을 사용하였다"라고 하

---

21 이동현, 『도시선교전략』 (서울: CLC, 2014), 219-220.
22 옥한흠, 『평신도를 깨운다』, 191-192.
23 이정현, 『실천신학개론』, 266-267.

였다. [24] 미국 달라스신학교(Dallas Theological Seminary) 선교학 교수 조지 피터스(George W. Peters)는 "제자화는 선교 지상명령의 중심적 주제이고 예수 그리스도는 제자를 만드시는 분이다"라고 하였다. [25] 또한 미국 트리니티복음주의신학교(Trinity Evangelical Divinity School) 전도학 교수였던 로버트 콜만(Robert E. Colman)은 "주님의 제자훈련은 성령께서 명하신 제자훈련을 교회가 어떻게 수행했는지를 사도행전을 통해 보여준다"라고 하였다. [26] 이에 대하여 존 스토트(John R. W. Stott)는 제자훈련은 세계 많은 곳에서 교회가 성장하고 있으나 기독교의 상황은 여전히 깊이 없는 성장과 피상적 제자도의 만연과 미성숙함으로 요약될 수 있다. 즉 각 사람을 그리스도 안에서 성숙한 자로 세워가야 하는 제자훈련의 목표가 흐려져 있는지 그렇지 않은지 자문해 보아야 한다고 하였다. [27]

예수 그리스도는 한국교회 제자훈련의 주제이며, 제자훈련의 표준이며, 제자훈련의 목표다. 더 나아가 한국교회의 제자훈련은 예수님의 사역을 계승하는 교회를 교회답게 만드는 위대한 선교 방안의 과업이다. 한국교회의 제자훈련은 예수님처럼 세상에서 가르치고 전파하고 치료하는 선교 방안이 되어야 할 것이다. 제자훈련의 궁극적인 목적을 통해 한국교회는 예수 그리스도의 인격과 삶을 자기 것으로 채택하여, 제자훈련의 필요성을 시대성과 사회성, 실용성의 요청 때문이 아니라 성경적 논리이기

---

24 Arthur F. Glasser, 『성경에 나타난 하나님의 선교』, 임윤택 역 (서울: 생명의말씀사, 2006), 474.

25 George W. Peters, *A Biblical Theology of Missions* (Chicago: Moody Press, 1972), 184.

26 심상법, "한국교회 제자훈련의 성경적 평가와 전망", 188.

27 Steve Rabey & Lois Mowday Rabey, 『21세기 제자도 사역 핸드북』 윤종석 역 (서울: 복있는사람, 2003), 8.

때문에 필요성을 인식해야 할 것이다. [28]

2. 제자훈련의 선교 방안의 변화

제자훈련을 통한 선교 방안은 다시 모이는 교회, 그리고 세상으로 흩어지는 교회를 위한 훈련이다. 모든 교회에게 주어진 중요한 사명 중 하나는 성도를 훈련하는 것이다. 이제 교회가 아니라 가정과 일터에서 예배해야 하고, 자신의 신앙을 증거 해야 한다. 따라서 제자훈련의 초점이 교회 내 신앙생활과 요소에만 국한되지 않고, 가정과 일터에서 하나님과 동행하고 하나님을 예배하고 증거 하는 일에까지 확장되어야 하는데,[29] 제자훈련을 통한 선교 방안의 변화에 대하여 살펴보고자 한다.

1) 제자훈련의 선교 교육 방법 패러다임

제자훈련의 선교 교육(mission education) 방법 패러다임은 성경 공부 프로그램이 아니다. 예수님의 선교 교육 방법의 패러다임은 설교할 때 함께 듣기도 했고, 무리를 떠나간 뒤 별도의 가르침을 받기도 하였다. 그리고 예수님의 선교 교육 방법은 병 고치는 은사에 대해서는 병의 원인에 대한 가르침도 받는 한편 치유의 현장을 직접 목격하게 하는 형태의 교육을 이

---

28 John R. W. Stott, 『현대교회와 평신도 훈련』, 김기영 역 (서울: 도서출판 엠마오, 1987), 15.
29 문화랑 외 5인, 『회복하는 교회』 (서울: 생명의말씀사, 2020), 90-102.

루셨다. 그래서 제자들에게 실습을 시키고 이를 지켜보고 감독하며 평가하고, 그 결과를 칭찬과 질책, 그리고 보완 방법을 알려주는 교육 방법이었다.

따라서 예수님의 독특한 제자훈련을 선교 교육 방법 패러다임으로 모형화하면 질문으로 가르침과 비유로 가르침 등을 들 수 있다. 구체적으로 예수님은 소수의 사람을 질적으로 양육하고 함께 시간을 보내고, 헌신을 요구하며, 실생활 체험과 연관하여 가르치며, 교사가 모범을 보이고, 실제 과업을 주며, 지켜보면서 감독하고, 영적 재생산을 부탁하는 것으로도 볼 수 있다.[30] 오늘날 제자훈련을 통한 선교 방안의 변화는 예수님처럼 성도들에게 성경 말씀 외에 윤리와 사랑, 그리고 영성과 인성 전반의 선교교육을 몸소 실행하며 가르쳐야 할 것이다.

2) 제자훈련의 선교 훈련과 성숙한 그리스도인 양성

예수님의 지상명령에 나타난 제자훈련의 선교 훈련(mission training)단계는 구원의 단계와 양육의 단계, 그리고 파송의 단계, 즉 선교 훈련으로 볼 수 있다. 예수님이 직접 보여주신 제자훈련의 선교 훈련단계는 첫째, '와 보라'의 단계이다(요 1:39). 둘째, '나를 따르라'의 단계이다(막 1:17). 셋째, '나와 함께 있으라'의 단계이다(막 3:14). 넷째, '내 안에 거하고 가서 제자를 삼으라'의 단계이다(요 15:7-8). 이것은 성숙한 그리스도인을 양성하는 선교적 상황화 적용으로서 그리스도의 신앙 성숙이 요구된다고 하겠다.

---

30 임성은, "예수의 제자훈련과 신대원 신학교육 비교연구", 「신학과 실천」 68 (2020): 467-468.

이런 성숙을 위하여 그리스도인의 제자훈련과 그리스도인 양성에 초점을 맞추는 선교적 패러다임으로 나아가야 할 것이다. 따라서 한국교회는 성숙한 그리스도인 양성을 위해 말씀을 강화하는 제자훈련의 선교 훈련을 해야 한다. 성숙한 그리스도인 제자훈련의 선교 훈련으로 사람과의 관계에서 발생하는 여러 이슈에 대처하기 위하여 말씀을 무장하는 자들이 되어야 한다. 특히 한국교회는 그리스도인 개인의 신앙 성숙을 위한 제자훈련의 선교 훈련 양육 프로그램을 만들고, 선교 교육의 강화에 더 집중하는 선교 방안으로 변화해야 할 것이다.[31]

한국교회는 지역사회에서 선한 영향력(positive influence)을 끼치는 선교로 전환해야 한다. 하나님 사랑과 이웃 사랑은 지역사회에서 그리스도인의 선한 영향력을 행하며 살아가야 하는 그리스도인의 삶의 기준과 범위를 제시한다. 그동안 한국교회에 대한 부정적인 평가는 결국 복음을 받아들임에 있어 걸림돌이 된다.[32] 비기독교인을 선교하는 데 있어 중요하게 고려해야 할 점은 그리스도인이 회심한 후 가족이나 공동체에 분리되지 않고 그리스도인으로서뿐만 아니라 그 사회 속에서 구성원의 삶도 살아가는 것이다.[33] 선한 영향력을 끼쳐야 하는 그리스도인은 지역사회에서 살아야 하고 그 사회에서 복음을 증거 해야 하기에 더 이상의 분리는 멈추어야 한다. 따라서 앞으로 제자훈련을 통한 선교 방안의 변화는 지역사회와 함께 하는 선교 패러다임으로 변화되어야 한다. 실추된 기독교와 그리스도인의 이미지 회복을 위해 노력해야 하며, 예수 그리스도의 제

---

31 신성임, "네팔 기독교 성장에 따른 선교 패러다임의 전환", 「복음과선교」 49 (2020): 221-222.
32 신성임, "네팔 기독교 성장에 따른 선교 패러다임의 전환", 223.
33 김은수, 『비교종교학 개론』 (서울: 대한기독교서회, 2006), 285.

자로서 지역사회에서 선한 영향력을 끼치며 살아야 할 것이다. [34]

3) 셀 목회를 통한 제자훈련의 극대화

제자훈련은 셀 그룹을 통한 헌신을 통해 효과적으로 창출된다. 그래서 효과적인 셀 목회(cell ministry) 운영을 위해 다음과 같은 구분이 필요하다. 첫째, 영적 수준에 맞게 지속적으로 양육해야 한다. 둘째, 새가족을 영입시키고 새로운 셀 그룹을 만들어 확대 재생산해야 한다. 셋째, 지도자들을 위한 특수 셀 그룹을 만들어 실천해야 한다. 이에 따라 중보기도 특공대에 대중과 핵심, 측근이 있는 것처럼 제자훈련팀도 전체와 핵심, 측근으로 구분되는 것은 바람직하다고 본다.

제자훈련은 그 자체가 목적이 아닌 전도로 인해 결과적으로 교회 성장이다. 그것은 영적 재생산과 배가 생산으로 이어져야 한다. 제자훈련은 교회 내부적인 프로그램으로만 머무르는 것이 아닌 삶의 현장인 세상에 침투함으로써 교회는 가장 건강해진다. [35] 물론 하나님은 주일예배와 주일학교, 그리고 성경공부, 기타 지역교회가 가지고 있는 프로그램을 통해서도 말씀하시고 공급하시며 성도를 변화시키신다. 진지한 제자훈련이 되려면 분명히 공동체 안에 있어야 한다. 즉 피차 알려지고 관심의 대상이 되어 함께 성장할 수 있는 만큼 작은 무리 속에 있어야 한다는 것이다. [36] 이러한 셀 목회를 통한 제자훈련을 극대화하기 위해 다음과 같은 실천적

---

34 신성임, "네팔 기독교 성장에 따른 선교 패러다임의 전환", 223.
35 명성훈, 『교회 성장 에센스』 (서울: 크레도미션, 1999), 79.
36 Tom Sine, 『하나님 나라를 이루는 제자도』 주순희 역 (서울: 도서출판 두란노, 1992), 54-55.

적용이 필요하다. 첫째, 성령 운동과 기도 운동에 동참해야 한다. 둘째, 예배와 설교, 초청 행사를 가져야 한다. 셋째, 새가족에 대한 일대일 양육 등이 강화되어야 한다. 따라서 제자훈련을 통해 교회가 건강하게 성장하기 위해서는 소원과 열정, 그리고 끈기가 요구된다. 특히 성경의 가르침과 믿음, 리더십이 가능하면 제자훈련은 더 성공할 가능성이 높아질 것이다.[37]

3. 제자훈련을 통한 선교 사례

제자훈련 흐름의 공통되는 특징이 예수님의 사역을 제자 삼는 사역으로 이해하며, 제자 삼는 사역은 세계 선교를 위한 전략이다. 그리고 그리스도인의 사명은 이런 주님의 모델을 따라 모든 민족을 제자 삼는 것이다.[38] 따라서 이러한 대위임 명령(The Great Commssion)이 단순히 복음을 전하러 땅끝까지 가는 것이나, 삼위일체 하나님의 이름으로 회심자에게 세례를 주는 것이나, 그들에게 그리스도의 교훈을 가르치는 것이 아니라 제자 삼는 것, 즉 제자들을 그리스도의 명령에 매여 주님을 따를 뿐만 아니라 다른 사람들을 주님의 길로 인도할 사람들을 세우기 위한 사랑의교회와 푸른초장교회, 그리고 푸른나무교회의 제자훈련을 통한 선교 사례에 대하여 살펴보고자 한다.[39]

---

37 명성훈, 『교회 성장 에센스』, 79.
38 한국교회탐구센터 편집, 『한국교회 제자훈련 미래 전만 보고서』, 260.
39 Robert E. Coleman, 『주님의 전도계획』, 홍성철 역 (서울: 생명의말씀사, 2015), 119.

1) 사랑의교회

　사랑의교회(오정현 목사) 제자훈련[40]의 사례는 성도가 세상으로부터 부름받은 하나님의 백성인 동시에 세상으로 보냄을 받은 그리스도의 제자이자 사명자라는 자기 정체성을 분명히 깨닫게 하는 목적으로 32주 과정을 훈련한다.[41]

　첫째, 새가족반(4주)이다. 이 과정은 교회에 처음 온 사람들이 교회의 등록 교인이 되는 과정이다. 사랑의교회에서는 『유일한 구원자 예수 그리스도』라는 교재로 성경 공부를 한다. 둘째, 정착 과정(새가족반 이후)이다. 이 과정은 새가족반을 수료하고 교회 소그룹으로 들어오기까지의 프로그램이다. 바나바 과정은 새가족반을 진행하는 과정에서 일대일로 멘토를 붙여서 정착을 도울 수 있도록 하는 과정이다. 셋째, 양육과정(2년)이다. 이 과정은 성경대학(1년), 교리대학(1년), 설교와 양육 소그룹으로 구성되어 있다. 제자훈련의 목회를 이해하기 위해서는 양육과 훈련의 과정이 구분된다는 것을 알아야 한다. 양육은 전 교인이 대상이지만 훈련은 전교인이 아니라 리더십으로 선발된 사람을 대상으로 소그룹 리더를 훈련하는 과정이다. 양육과정에서 대그룹 강의나 소그룹을 통해 성경 대학이나 교리대학 등 다양한 프로그램을 운영할 수 있다. 여기까지는 소그룹 양육과 설교라고 할 수 있다. 여기서 중요한 것은 소그룹 양육이다. 넷째, 훈련

40　1978년 고 옥한흠 목사가 사랑의교회(전 강남은평교회)에서 제자훈련을 시작한 제자훈련이라는 말이 회자가 되었다. 옥한흠 목사가 선교단체 제자훈련을 교회에 접목시킨 사랑의교회 제자훈련 모델(1978~2002년)을 말한다.

41　고상섭 외 4인, 『미쳐야 미친다』 (서울: 넥서스CROSS, 2019), 44-52.

과정(2년)이다. 이 과정은 제자훈련(1년)과 사역 훈련(1년) 총 2년으로 구성되어 있다. 제자훈련은 엘리트 과정이 아니라 교회의 리더는 훈련된 사람이 자리에 있어야 한다는 성경의 가르침이다. 제자훈련과 사역 훈련은 소그룹으로 이루어지는 과정으로 한 사람의 목회자가 최대 열두 명의 훈련생들과 소그룹 안에서 2년 동안 함께 지내면서 교육을 담당한다. 2년 과정을 통해 하나님의 말씀으로 무장해서 말씀을 인도하는 소그룹 리더로세워진다. 다섯째, 리더 모임(순장반, 계속)이다. 이 모임은 제자훈련을 받은사람들이 그 교재로 또 다른 사람들을 훈련 시키는 방식이 아니라 제자훈련을 받은 소그룹 리더들이 양육을 감당하는 소그룹 교재로 성경을 가르치는 방식으로 이루어진다. 사랑의교회 제자훈련은 목회자와 함께 제자훈련 목회 전체를 통해 예수님을 닮아가도록 하는 과정에서 자연스럽게 재생산도 포함되는 좋은 사례라고 할 수 있다. 이처럼 사랑의교회 제자훈련은 목회에 대한 전반적인 이해가 있으며, 이 모든 과정이 원활하게 이루어질 수 있도록 건강한 리더십을 배출하고 있다. 다만 제자훈련의사례로 알려진 사랑의교회는 교회의 규모가 크지만 제자훈련 과정 중심이기 때문에 전인적인 선교 교육을 위해 현재 진행 중인 전문인 선교학교를 통한 선교적 지식과 사역 행동의 선교 훈련 차원의 선교 방안의 역할을발전시켜야 할 것이다.

2) 푸른초장교회

푸른초장교회(임종구 목사)의 제자훈련 사례는 22년 제자훈련이라는 한

길만을 달려온 역사이며, 기본 양육체계로 새가족반, 성장반, 제자반, 사역반으로 현재진행형의 교회로 성장하고 있다.[42]

첫째, 새가족반(5주)이다. 이 과정은 제자훈련의 출발점이자 좋은 제자로 자라가는 기초과정으로 사람들이 교회 안에 머물러야 할 분명한 이유를 제시해준다. 초신자들에게 예수 그리스도를 믿는다고 할 때 무엇을 믿는지 소개함으로써 그리스도의 복음으로 인한 구원의 확신을 갖도록 도우며 아울러 기독교 신앙의 규범인 성경과 기도하는 방법을 소개한다. 그리고 기존 신자라 할지라도 구원의 도를 체계적으로 소개함으로써 자신의 신앙을 점검할 수 있는 좋은 기회가 된다. 둘째, 성장반(15주)이다. 그리스도 안에서 구원과 영생이 어떤 구체적인 유익을 주는지 배우고 경험함으로써 그리스도인의 삶의 원리를 충분히 이해하고 실천하는 기회를 제공한다. 그리고 그리스도 안에서 성장하는 것은 평신도 사역자로 세워지기 위한 추후 훈련에 도전할 수 있는 견고한 기초가 된다. 셋째, 제자반(32주)이다. 이 과정은 32주 과정으로 실시된다. 특히 가르치는 양육 순장의 은사가 있으신 분들을 선발하여 훈련을 시킨다. 이 훈련은 다음 세 가지로 나누는데, 제자훈련의 기초를 다지는 훈련과 구원의 진리를 깊이 있게 터득해 나가는 훈련, 그리고 신앙 인격을 바로 세우고 제자로서의 삶을 정립시켜나가는 훈련이다. 넷째, 사역반(34주)이다. 이 과정은 제자훈련을 마치면 34주 과정의 사역 훈련을 받게 되는데, 가르치는 양육 순장으로써 자질과 소양, 그리고 기술, 리더십을 갖추도록 중점을 둔다. 아

---

42 임종구, 『제자훈련으로 세워가는 푸른초장교회 이야기: 단단한 교회』 (서울: 국제제자훈련원, 2018), 12-111.

울러 이 훈련은 교육 기초과정에서 구약반, 신약반, 일독반, QT반이 있으며, 교육 심화 과정에서 교리반, 구약학, 신약학, 미션퍼스펙티브, 교회사, 기독교 세계관, 직장 선교가 있다. 이처럼 푸른초장교회의 제자훈련은 교회 창립 10주년을 맞아 2006년 안동제자교회를 개척, 교회 창립 20주년을 맞아 2016년 낙후된 20년 역사가 있는 감귤창고 가시리교회를 건축하여 목회자를 파송하였으며, 네팔 렐레교회를 건축하였다. 더 나아가 눈앞의 현실을 비전으로 결정하지 않고 교회를 세우신 하나님 나라의 목적이 비전을 결정하는 선교 방안으로 이어지도록 하는 데 보다 구체화하며 확대할 필요성이 있을 것이다.

3) 푸른나무교회

푸른나무교회(김형민 목사)의 제자훈련 사례는 교회를 개척하여 제자훈련으로 교회를 든든히 세워나가며 세 가지 단계별 양육으로 새가족반, 확신반, 신앙성장반을 통해 건강한 작은 교회로서 성장하고 있다.[43]

첫째, 새가족반(5주)이다. 이 새가족반의 경우는 아무런 부담을 주지 않는다. 심지어는 성경책을 찾을 필요가 없도록 교재에 성경 구절까지 모두 넣어주기 때문에 참석하여 듣기만 하면 되도록 구성되었다. 물론 과제도 진행하지 않는다. 둘째, 확신반(4주)이다. 이 과정부터는 교재에 제시된 성경 구절을 미리 찾아 기록하도록 한다. 그리고 그 과의 주제에 따른 성구 한 절을 암송하는 간단한 과제다. 셋째, 성장반(4개월)이다. 일종

---

43 고상섭 외 4인, 『미쳐야 미친다』, 103-142.

의 예비 제자반으로 양육과정이지만 성경읽기, 성경암송, 참고 구절 찾기 등으로 진행된다. 이러한 과정들은 제자훈련의 목적으로 지식을 습득하는 것이 아니라 삶의 변화에 초점을 두고 경건의 습관을 훈련하는 과정이다. 이처럼 푸른나무교회 제자훈련은 성도가 모이는 것을 자랑하는 것이 아니라 예수님을 닮은 그리스도의 제자가 많이 세워지느냐의 관심사이며, 작지만 건강한 교회로 나가는 사례가 된다. 아울러 제자훈련의 목회가 교회 안에서 이뤄지는 제자 삼으라는 명령을 통해 제자훈련의 선교 훈련과 성숙한 그리스도인 양성의 선교 방안을 다루면 좋을 것이다.

4. 제자훈련을 통한 선교 방안

사례에서 제시한 교회들의 제자훈련은 새가족, 성장, 사역자 형태로 진행되었다. 사례에서 제시된 교회들의 제자훈련이 성경에 기록된 내용을 통해 다음과 같은 방안을 제안해 본다.

1) 제자훈련 방안

효과적인 제자훈련을 위한 방안을 다음과 같이 제안한다. 첫째, 선택 훈련이다. 교회가 중형화되면 제자훈련을 지원자를 받아 실시할 가능성이 매우 높다. 한국교회가 선교 한국을 위해 지속적으로 제자를 선택하여 훈련할 것을 제안한다. 목회자는 하나님께서 맡겨주신 양 무리를 잘 관찰하여 먼저 훈련이 필요한 자들을 선발할 때 효과적인 제자훈련이 될 수 있다. 둘째, 소수 정예 훈련이다. 인원이 많으면 구성원 전체의 참여가 불가능해질 수 있다.[44] 교회가 중형화되면 제자훈련도 자연스럽게 소수보다는 다수 형태로 변형되기 쉽다. 그러나 예수께서 12명을 3년 동안 훈련시킨 것을 기억한다면 한국교회는 소수 정예 훈련을 지속적으로 추구해야 한다. 셋째, 집중적 훈련이다. 예수께서 제자들과 함께 생활하시면서 3년 동안 집중적인 훈련을 실시하였다(막 3:14, 8:27; 요 6:3, 21:13). 예수께서는 바쁜 사역의 일정 가운데서도 따르는 자들로 하여금 모든 것을 버리게 하시고 동거동락하면서 훈련을 하셨다. 현대교회 지도자들에게 제자훈련은 바쁜 사역의 일정 가운데서도 제자들과 함께하는 집중적인 훈련이 되어야 한다. 제자훈련은 이론이 아니라 삶이 되도록 해야 한다. 넷째, 모범 훈련이다. 예수께서 제자들에게 모범을 보이심으로 훈련을 실시하셨다(눅 22:39-46; 요 13:15). 각기 다른 환경에서 살아온 제자들에게 예수께서는 말씀과 함께 삶을 통해 본을 보이심으로 제자훈련을 실행하셨다. 넷째, 동역을 통한 훈련이다. 예수께서는 처음부터 제자들과 동역을 통한 훈련을 실천하셨다. 목회자는 사역자 반에서부터는 최소한 다양한 사역에서 동역을 실시 해야 한다.

---

44 강문규, "한국 교회 청년부 부흥방안에 대한 연구: 소그룹 제자훈련을 중심으로", 「신학과 실천」 41 (2014): 407.

2) 제자훈련 목표

효과적인 제자훈련을 위한 목표는 다음과 같다. 첫째, 성숙에 이르게 한다. 예수께서는 제자들의 성숙을 목표로 하셨다. 예수께서는 제자들이 지식에 뛰어나게 하려는 것보다 성숙하게 하려는 분명한 목표가 있었다(마 5:48; 요 17:19). 바울도 에베소 교회 성도들을 성숙하게 하려는 분명한 목표가 있었다(엡 4:11-13). 신앙의 세속화 시대에 성숙을 위해 주님의 모습을 따라 믿음과 신뢰를 보여 줄 수 있는 참된 제자도를 실천해야 하기 때문이다.[45] 둘째, 성령님의 인도에 순종하게 한다. 제자의 삶은 하나님께서 공급하시는 힘으로 가능하기 때문이다. 베드로는 누가 봉사하려면 하나님이 공급하시는 힘으로 하는 것 같이 하라고 했다(벧전 4:11). 성령의 인도하심을 따라 순종할 때 열매가 맺어진다. 셋째, 이웃사랑을 실천하게 한다. 예수께서 우리를 사랑하심 같이 이웃을 사랑하는 것이 새 계명이다(요 13:34). 이 사랑이 실천될 때 제자로 인정받게 된다(요 13:35). 즉 이웃 사랑 실천은 예수 그리스도의 사랑을 드러내기 때문이다.[46] A. D. 251년에 로마제국에 홍역으로 보이는 전염병이 만연했다. 이때 기독교 공동체는 주위의 이방인들에게도 구제의 손길로 돕고 함께 하였기 때문에 전염병 후에 기독교인들의 비율이 오히려 증가하기도 했다.[47] 2020년 상상할 수 없었던 코로나19로 인해 전 세계가 팬데믹에 빠져있다. 이럴

---

[45] 계재광, "현대문화속에서 영적성숙을 위한 리더십", 「신학과 실천」 42 (2014): 819.

[46] 최승기, "안토니우스의 생애에 나타난 안토니우스의 영들의 분별: 영적 성숙의 동선을 따라", 「신학과 실천」 71 (2020): 268.

[47] 김경은, "재난을 이기는 영성: 자기를 내어주는 사랑과 기도", 『재난과 교회』 (서울: 장로회신학대학교 출판부, 2020), 207-208.

때 일수록 제자는 이웃사랑을 더 실천해야 한다. 넷째, 은사에 따라 사역하게 한다. 자신의 은사에 대해 알지 못하는 사역자들도 많은 것이 현실이다. 제자훈련 과정을 통해 자신의 은사를 확인하고 개발하도록 해야한다. 은사에 따른 사역은 자원함과 즐거움으로 할 수 있는 원동력이 되기도 하기 때문이다. 다섯째, 사역에 대한 비전을 갖게 한다. 현재 훈련을 통해 미래 사역에 대한 분명한 제시가 필요하다. 현재 한국교회는 교육만 받고 사역은 하지 않는 경우가 많기 때문에 효과적인 선교까지 이어지지 않고 있다. 현재 코로나 팬데믹 시대에 많은 소그룹과 교회 훈련들이 비대면, 온라인으로 진행되고 있음을 고려해 볼 때 대면적인 제자훈련뿐만 아니라 포스트 팬데믹 시대를 준비하는 비대면, 온라인 제자훈련과선교 방안들이 필요할 것이다.

나가는 말

지금까지 제자훈련을 통한 선교 방안 연구에 대하여 살펴보았다. 제자훈련이 한국교회에 많은 영향을 끼치고 건강하게 교회를 성장시키는훌륭한 교회 성장의 모델인 것은 틀림없다. 하지만 한국교회의 제자훈련은 주로 교회 성장을 위한 제자훈련 프로그램으로 인식되었고, 제자훈련열풍이 한국교회 안에 불었던 시기조차 제자훈련을 통해 그리스도를 따르는 제자들을 양산하려는 의도가 담긴 프로그램들이 고안되었다는 비판을 받기도 하였다. 제자훈련이 지나치게 프로그램화되어 있어 나타나

는 문제이기도 하다.[48]

　그래서 제자훈련을 받은 사람과 받지 않은 사람 사이에 괴리감이 생길 수 있음에 주의해야 한다. 조직적으로 잘 갖춰진 사랑의교회나 대형교회들은 이를 극복할 수 있는 능력과 대안을 구비하고 있겠지만 제자훈련을 적용하고 있는 중소형교회에서는 자칫 이원화된 교회구조를 가질 수 있다. 교회 안에서 20~30%의 창조적인 평신도 리더십을 세우는 일에만 관심이 집중된다면 또 다른 중세교회의 모순된 길을 걸을 수도 있음에 유의해야 한다. 따라서 제자훈련은 교회 크기의 문제가 아닌 마태복음 28장 19-20절 지상명령과 디모데후서 2장 2절에 예수님께서 열두 제자를 부르시고 그들이 또 다른 제자를 낳을 수 있을 때까지 훈련한 것을 모델로 그 목표를 사람의 변화에 둔다는 데에 그 의의가 있다.[49] 이처럼 제자훈련의 목적은 그리스도인들이 교회 안에서뿐만 아니라 사회에서도 시민으로서의 참여 활동에 적극성을 보여야 한다. 올바른 신앙인으로서만이 아니라 참여하는 시민으로서의 역할 또한 수행해야 한다.[50] 이 세상에서 예수 그리스도를 증거 하기 위해 부르심을 받은 제자들은 공공의 현장에서 사사로운 영역에서 벗어나 복음을 전할 때 온전히 성육신적인 역할을 감당하는 제자훈련이어야 할 것이다.

---

48 한국교회탐구센터 편집, 『한국교회 제자훈련 미래 전만 보고서』, 177-179.

49 이동현, 『도시선교전략』, 295-296.

50 한국교회탐구센터 편집, 『한국교회 제자훈련 미래 전만 보고서』, 192.

참고문헌

강문규. "한국 교회 청년부 부흥방안에 대한 연구: 소그룹 제자훈련을 중심으로". 「신학과 실천」 41 (2014): 387-420.

계재광. "현대문화속에서 영적성숙을 위한 리더십". 「신학과 실천」 42 (2014): 799-824.

고상섭 외 4인. 『미쳐야 미친다』. 서울: 넥서스CROSS, 2019.

김경은. "재난을 이기는 영성: 자기를 내어주는 사랑과 기도". 『재난과 교회』. 서울: 장로회신학대학교 출판부, 2020.

김승호. 『사도행전』. 서울: CLC, 2003.

김은수. 『비교종교학 개론』. 서울: 대한기독교서회, 2006.

명성훈. 『교회 성장 에센스』. 서울: 크레도미션, 1999.

문화랑 외 5인. 『회복하는 교회』. 서울: 생명의말씀사, 2020.

성민경. "제자훈련을 위한 역량모델링 및 평가 설문도구 개발에 관한 연구". 「신학과 실천」 51 (2016): 501-527.

심상법. "한국교회 제자훈련의 성경적 평가와 전망". 「신학지남」 290 (2007): 180-205.

신성임. "네팔 기독교 성장에 따른 선교 패러다임의 전환". 「복음과선교」 49 (2020): 201-233.

이동현. 『도시선교전략』. 서울: CLC, 2014.

임성은. "예수의 제자훈련과 신대원 신학교육 비교연구". 「신학과 실천」 68 (2020): 451-474.

임종구. 『제자훈련으로 세워가는 푸른초장교회 이야기: 단단한 교회』. 서울: 국제제자훈련원, 2018.

옥한흠. 『평신도를 깨운다』. 서울: 도서출판 국제제자훈련원, 2003.

최승기. "인도나우스의 생애에 나타난 안토니우스의 영들의 분별: 영적 성숙의 동선을 따라". 「신학과 실천」 71 (2020): 253-279.

한국교회탐구센터 편집. 『한국교회 제자훈련 미래 전망 보고서』. 서울: IVP, 2016.

Coleman, Robert E. 『위대한 지상명령』. 하정완 역. 서울: 도서출판 두란노, 1994.

Coleman, Robert E. 『주님의 전도계획』. 홍성철 역. 서울: 생명의말씀사, 2015.

Danker, Frederick W. 『신약성서 그리스어 사전』. 김한원 역. 서울: 새물결플러스, 2017.

Glasser, Arthur F. 『성경에 나타난 하나님의 선교』. 임윤택 역. 서울: 생명의말씀사, 2006.

Longenecker, Richard N. 『신약성경에 나타난 제자도의 유형』. 박규태 역. 서울: 국제제자훈련원, 2008.

Rabey, Steve. & Rabey, Lois Mowday. 『21세기 제자도 사역 핸드북』. 윤종석 역. 서울: 복있는사람, 2003.

Sine, Tom. 『하나님 나라를 이루는 제자도』. 주순희 역. 서울: 도서출판 두란노, 1992.

Stott, John R. W. 『현대교회와 평신도 훈련』. 김기영 역. 서울: 도서출판 엠마오, 1987.

Stott, John R. W. 『제자도』. 김명희 역. 서울: IVP, 2013.

Wikins, Michael J. 『제자도』. 이억부 역. 서울: 도서출판 은성, 1995.

Wikins, Michael J. 『제자도 신학』. 황영철 역. 서울: 국제제자훈련원, 2015.

Brown, Francis. Driver, S. R. & Briggs, Charles A. *A Hebrew and Lexcon of the Old Testament*. Oxford: Clarendon, 1974.

Dodd, Charles H. *The Interpretation of the Fourth Gospel*. Cambridge: Cambridge University Press, 1980.

Gibbs, Eddie. *I Believe in Church Growth*. Grand Rapids: Eerdmans, 1982.

McGrath, Alister. *Mere Discipleship*. London: Society for Promoting Christian Knowledge, 2018.

Peters, George W. *A Biblical Theology of Missions*. Chicago: Moody Press, 1972.

Whybray, R. N. *The Intellectual Tradition in the Old Testament*. Berlin: Walter de Gruyter, 1974.

제 4 장

셀 목회를 통한 선교 방안

제4장
셀 목회를 통한 선교 방안

들어가는 말

오늘날 많은 관심을 불러일으켰던 목회 패러다임 가운데 하나가 셀 목회다. 셀 목회에 관심을 가지는 이유는 다름 아닌 복음 전도의 효율성과 교회 성장에 긍정적인 영향을 미치기 때문이다.[1] 건강한 교회의 자화상은 단순히 셀 목회가 있는 교회가 아니라 셀 목회로 이루어진 교회다. 셀 목회는 교회를 조직과 제도로서가 아니라 공동체와 소통, 그리고 교제로 이해하는 개념이다. 교회를 살아 있는 유기적 공동체(Organic Community)로 이해하는 가장 확실한 길은 의미와 가치가 분명한 셀 목회를 활성화하는 방안이라고 할 수 있다. 그만큼 셀 목회의 중요성은 시대적인 요청이 되고 있으며, 이러한 셀 목회의 구조는 계급 질서가 아니라 상호적인 연결망이 존중받는 시대가 도래했기에 시대적 요청일 뿐만 아니라 교회의 본질

---

[1] 한국복음주의 실천신학회, 『복음주의 교회성장학』 (서울: 생명의말씀사, 2012), 233.

적 가치로 보기 때문이다.[2] 하지만 교회의 선교 방안에서 셀 목회를 논할 때 유의할 점은 셀 목회를 자칫 교회 성장의 한 수단으로 여기는 자세다. 사실 셀 목회가 오늘날 교회의 양적 성장이 빚어낸 문제들로 상호 돌봄의 결핍과 공동체 정신의 결여를 해결할 방안이 되는 것은 부정할 수 없는 사실이다.[3]

한국사회의 비대면 접촉과 사회적 거리두기, 그리고 모임 집합 금지명령과 같은 사회적 제재가 교회까지 강한 파장을 미쳤다. 이제 온라인상에서의 종교 행위는 매우 자연스러워졌고, 이전 같은 형태의 신앙생활과 교회 생활을 기대하는 것이 어려워졌다. 이러한 사회적 현상과 변화에 직면한 한국교회는 어떻게 대응하는가를 고민하지 않을 수 없는 것이다.[4] 따라서 포스트 팬데믹 시대에 교회가 직면하고 있는 변화에 대응하기 위한 예수 그리스도의 몸인 유기적 공동체로서의 셀 목회의 본질을 성경적 정체성으로 모색해야 하며, 아울러 셀 목회의 질적이고 건강한 회복의 입장에서 접근하여 셀 목회를 통한 선교 방안에 대하여 살펴보고자 한다.

1. 셀 목회의 개념 이해

셀 목회의 개념을 이해하려면, 무엇보다 셀 목회에 대한 성경적 배경을

---

2 명성훈, 『부흥뱅크』(서울: 규장, 1999), 293-294.

3 박영철, 『셀 교회론』(서울: 요단출판사, 2006), 276-277.

4 김성진 · 유연우, "포스트 코로나 시대, 목회 본질 회복을 위한 멘토링 목회 연구", 「복음과 실천」 72 (2020): 748.

분명히 알아야 한다. 교회의 셀 목회는 공통적인 목적을 위해 정기적으로 3명에서 12명 정도의 성도들이 모여 예수 그리스도 안에서 풍성한 삶의 가능성을 발견하고 함께 자라가는 모임을 의미한다.[5] 셀 목회는 최근에 시작된 새로운 개념이 아니라 인류가 시작되면서 공동체의 삶을 살았고, 가족 집단을 이루면서 자연스럽게 형성된 것으로서 성경에서 셀 목회에 대한 예를 발견할 수 있기에 구약성경과 신약성경에서의 셀 목회, 초대교회에서의 셀 목회, 그리고 한국교회에서의 셀 목회에 대하여 살펴보고자 한다.

1) 구약성경에서의 셀 목회

구약성경에서 가장 먼저 셀 목회의 모습이 나타난 곳은 아담과 하와를 만들어 서로 돕고 의존하게 하신 하나님의 창조 사역에서 엿볼 수 있다(창 1:26). 아담과 하와, 그리고 하나님 관계에서의 교제가 이루어진 에덴 공동체가 최초의 셀 목회다. 그리고 모세의 장인 이드로의 제안 등에서 셀 목회의 근거를 발견한다(출 18:21-22). 총신대학교 역사신학 교수인 채이석 구약성경에 나타난 셀 목회에 대하여 "셀 목회라는 말은 나오지 않는다. 그러나 셀 목회에 대해 많은 것을 가르쳐 준다. 하나님은 태초에 아담과 하와를 지으시고 가정 셀 목회 안에서 함께 살도록 디자인하셨다. 셀 목회는 태초에 있었다. 에덴동산에서 처음 시작한 셀 목회는 삼위로 존재하

---

5 총회목회정보정책연구소 편, 『목회매뉴얼: 성장목회』 (서울: 한국장로교출판사, 2015), 221.

시는 하나님의 모습을 반영하는 것으로 보기도 한다"라고 주장했다.[6] 이 처럼 구약성경에서 하나님은 시공(時空)을 초월하여 완전한 공동체를 이루셨다.

그리고 출애굽의 과정에서 모세는 이스라엘 백성들 가운데 일어난 모든 일에 관여하고 재판을 하다 보니 그 업무의 과중으로 인해 책임을 분담시키는 일꾼들을 세우게 된다(출 18:21-22). 그래서 모세의 장인 이드로가 모세에게 일꾼들을 세울 것을 권면했다. 모세는 이드로의 권면을 수용하고 천 부장과 백 부장, 그리고 오십 부장과 십 부장을 세워 일과 권한을 위임해주게 된다. 이것은 구약성경에서 셀 목회의 기본형태를 보여주는 사건이다. 오늘날 교회도 목회자가 모든 것을 감당할 수 없다. 교회가 양적으로 성장하며 개인적인 양육 등 목양에 많은 제약을 받는다. 어떠한 시대적 상황에서도 하나님은 일꾼을 세울 지혜를 주셨고, 오늘날 복잡한 상황 속에서 목회자를 도울 일꾼들을 하나님은 세우신다.[7] 하나님은 애굽에서 종의 일상을 살았던 이스라엘 백성을 출애굽시켜 새로운 공동체로 만드셨고, 약속의 땅 가나안으로 들어가는 과정을 통해 새로운 리더십에 대한 비전을 제시하셨다. 출애굽한 이스라엘 공동체가 광야 생활을 통해 필요했던 시스템이 오늘날 셀 목회 체제였고, 지도력은 셀 목회 리더십이었다. 느헤미야 8장 7-8절에서는 레위인들의 셀 목회 명단이 나온다. 그들은 광장에 있는 백성들을 찾아다니며 하나님의 말씀을 읽어주고 그 뜻을 해석해주어 그들로 하여 깨닫게 하였다. 레위인들은 셀 목

---

6 채이석, 『소그룹의 역사』 (서울: 도서출판 그리심. 2020), 27.

7 Sung Chul Shin, *A Study on Growth of Church Plants Through Cell Ministry: Focused on Riverside Lord Love Church* (Pasadena: Fuller Theological Seminary, 2018), 13-14.

회를 백성들에게 가르쳐주었다. 구약성경에서 하나님의 말씀을 감격할 수 있도록 체험한 현장은 바로 셀 목회였다. 이처럼 하나님의 질서 속에서 시작된 구약성경은 셀 목회의 원형을 확인할 수 있는 것이다.

2) 신약성경에서의 셀 목회

신약성경에서 대표적인 셀 목회는 예수님을 통해 실현되었다. 예수님이 행하신 사역의 중심은 공동체를 회복하는 것이라고 할 수 있다. 예수님은 셀 목회로 함께 모여 거룩한 공동체로 하나님의 임재를 직접적으로 보여주셨다. 특히 예수님의 셀 목회 공동체는 바로 지상에서의 실현된 하나님 나라였다(막 1:15). 열두 제자를 부르시면서 예수님은 새로운 형태의 공동체를 세우셨다.[8] 예수님은 열두 명을 제자로 부르셨다(막 3:13-14). 복음서에 기록된 열두 제자 명단을 보면, 공통점이 항상 셀 목회를 보여준다. 첫 번째 셀 목회는 베드로, 안드레, 야고보, 요한이다. 두 번째 셀 목회는 빌립, 바돌로매, 도마, 마태이며, 세 번째 셀 목회는 야고보, 다대오, 시몬, 가룟 유다다. 그러므로 예수님은 열두 명의 제자도 네 명씩 세 개 셀 목회를 나누시고, 베드로와 빌립, 그리고 야고보를 각각의 셀 목회 지도자로 세우셨다는 사실을 유추해 볼 수 있다. 그래서 예수님은 전도 여행이나 기도하는 곳에 셀 목회를 따라 대동하셨다는 생각을 배제할 수 없다(마 10:1-4; 막 3:16-18; 눅 6:12-14; 행 1:12-13).[9]

---

8 이광수, "소그룹 목회의 이론과 실제", 「신학과 실천」 23 (2010): 67.

9 John F. Macthur, *Twelve Ordinary Men* (Nashville: Thomas Nelson, 2002), 30.

예수님은 열두 제자들의 부르심을 통해 셀 목회의 시작과 목적을 발견할 수 있다. 첫째, 예수님은 그가 원하시는 자들을 부르셨다. 둘째, 예수님은 열두 제자들을 임명하셨다. 셋째, 예수님은 그들이 그와 함께 있기를 원하셨다. 넷째, 예수님은 그들을 복음 선포를 위해 파송하셨다. 다섯째, 예수님은 제자들에게 권세를 주셔서 그들을 파송하셨다.[10] 제자들은 예수님의 셀 목회 리더십을 몸으로 느끼고 배우게 되었다. 셀 목회 안에서 리더들이 인턴이나 셀 회원들에게 섬김의 리더십을 보이는 것처럼 예수님도 제자들을 그렇게 훈련 시키셨다. 또한 다른 셀의 증거를 마태복음 18장 15절부터 17절에서 발견할 수 있다. 예수님은 범죄한 자에게 먼저 한 사람이 권면하고, 권면을 듣지 않을 때는 두세 사람이 같이 가서 권면하고, 그래도 듣지 않을 시 교회에 말하고 그래서 듣지 않으면 세리와 이방인처럼 여기라고 권면했다. 여기서 하나에서 두세 사람으로 움직이는 것은 셀 목회의 구조 속에서 이해할 수 있는 것이다. 다양하게 나타나는 셀의 모습은 마태복음 18장 20절에서도 대그룹이 아닌 소수가 모이는 셀 목회 안에라도 예수님의 이름으로 모이는 곳에는 성령님의 임재가 있음을 말하는 것이다. 숫자의 중요함보다는 예수님의 이름으로 모이는 것은 더 중요함을 말해 주는 것이다.[11]

로버트 콜만(Robet E. Coleman)은 예수님의 셀 목회 전략에 대한 집중성의 원리에 대하여 "그의 방법상에 지혜가 있다. 그가 사용하고자 하는 사람

---

10 Gareth Welden Icenogle, *Biblical Foundations for Small Group Ministry* (Dawners Grove: IVP, 1994), 119.

11 Sung Chul Shin, *A Study on Growth of Church Plants Through Cell Ministry: Focused on Riverside Lord Love Church*, 14-15.

들에게 대한 근본적인 집중성의 원리, 세상에서 개개인으로서는 세상을 변화시킬 수 없다. 주님의 손에 붙잡히지 않고서 개인들은 변화되지 않는다. 몇몇을 선택하는 것이 필요할 뿐 아니라 소그룹을 효과적으로 다룰 수 있게 유지하는 것도 필요한 것이다"라고 주장했다.[12] 이처럼 열두 제자들의 삶을 통해 하나님은 창조 시에 계획하셨던 셀 목회의 모델을 반영하고 실현한 것이다. 그 후 하나님은 모든 사람이 예수님의 열두 제자와 함께한 모델을 따르면서 남자와 여자들을 셀 목회로 부르셔서 예수님의 삶을 배우게 하고 변화된 삶을 함께 나누도록 하시기 위한 것이다.

3) 초대 교회에서의 셀 목회

초대 교회의 셀 목회 형태는 성전에서 모이는 큰 모임과 또 하나는 가정 단위의 셀 목회 모임이었다(행 2:46).[13] 그리고 바울이 마케도냐에서 전도하여 처음 설립한 빌립보교회도 자주장사 루디아의 집에서 셀 목회가 시작되었다(행 16:14-15). 또한 소아시아의 에베소교회는 아굴라와 브리스길라의 집에서, 고린도교회는 가이오 집에서, 골로새교회는 빌레몬의 집에서, 라오디게아교회는 눔바의 집에서, 이처럼 초대 교회에서의 셀 목회는 오늘날 셀 목회 형태의 가정에서 시작된 교회들이다(고전 16:19; 롬 16:23; 골 1:1-2, 4:15).

캐나다 틴텔일신학교(Tyndale Seminary) 선교와 역사학 교수인 하워드 스

---

12 Robet E. Coleman, *The Master Plan of Evangelism* (Grand Rapids: Baker, 1987), 24.
13 총회목회정보정책연구소 편, 『목회매뉴얼: 성장목회』, 221.

나이더(Howard A. Snyder)는 이러한 초대 교회의 셀 목회 모습에 대하여 "대집단과 소집단의 교제가 기본적이고 상호보완적인 조직이었다. 초대교회의 생활과 증거는 날마다 마음을 같이하여 성전에 모이기 계속함으로써, 그리고 집에서 떡을 뗌으로써 유지되었다. 초대 교회 생활의 두 가지 초점은 성전과 집이었다(행 5:42). 이것은 증거와 및 증거로 인도하는 생활의 지속을 위한 양식이었다"라고 주장했다.14 이러한 초대 교회에서의 셀 목회는 사도들의 가르침을 받고(행 2:42), 영육(靈肉)의 일에 힘쓰며, 기쁨과 순전한 마음으로 하나님을 찬미함으로 하나님의 임재를 함께 체험했다(행 2:27). 그리고 교제에 힘쓰는 공동체로서 서로의 부족함을 솔직히 나누고, 죄와 허물을 고백하며, 서로의 짐을 지며, 서로 격려하면서 관심으로 다른 이들의 말을 들어 주며, 서로 중보기도에 힘을 함께 집중함으로써 선교적 교회 공동체가 되고자 했던 것이다.15

4) 한국교회에서의 셀 목회

한국에 처음으로 들어온 기독교 선교사들은 복음 전도보다 의료선교(medical mission)와 교육선교(education mission)를 중점으로 사회봉사 활동을 먼저 시작했다. 의료선교사 알렌(Horace N. Allen)을 시작으로 언더우드(Horace G. Underwood)와 아펜젤러(Henry G. Appenzeller) 선교사가 입국하면서 한국 기독교 선교는 전개되었다. 당시 한국은 1882년에 맺어진 한미조약

---

14 Howard A. Snyder, 『그리스도의 공동체』, 김영국 역 (서울: 생명의말씀사, 1997), 196.
15 총회목회정보정책연구소 편, 『목회매뉴얼: 성장목회』, 222.

(韓美條約)에 의해 미국인들이 한국에 살도록 했으나 한국인들을 대상으로 종교활동을 할 수 없도록 했다. 선교사들은 사회봉사를 통해 한국 사람들과 관계를 맺으며 그들을 자신들의 가정에 초청하여 성경 공부를 하고 기도회를 했다. 이처럼 가정 단위로 비밀리에 모인 셀 목회를 통해 복음이 전파되었다.[16] 1907년 평양 장대현교회에서 일어난 대부흥은 이미 1903년 의료선교사 하디(Robert A. Hardie)의 성경 공부를 통한 셀 목회로부터 태동한 것이다.

셀 목회는 오늘날 한국교회에서 쉽게 찾아볼 수 있는 명칭으로 다양하다. 셀은 "가정교회"(House Church)라고 부르며, "셀 그룹"(Cell Group)이라고도 말한다. 예를 들어, 여의도순복음교회는 이 셀을 "구역", 또는 "셀 교회"(Cell Church)라고 부른다. 구역이란 일정한 장소의 개념을 가지고 있으며, 그 장소에서 함께 모여 말씀으로 교제를 나누며 예배하는 단위의 소그룹 신앙공동체를 지칭했다.[17] 여의도순복음교회 원로 목사였던 조용기(趙鏞基, 1936~2021) 목사는 구역에 대하여 "목회 가운데 찾아낸 보석이다"라고 주장했다.[18] 지구촌교회 원로목사인 이동원(1945~)은 셀 교회에 대하여 "목마른 우리의 물음에 하나님이 가르쳐 주신 방법이며, 교회개혁에 대한 하나님의 해답이며, 살아 있는 지체들이 건강하게 한 몸을 이뤄서 이웃에게 그리스도의 사랑을 증거 하는 곳이다"라고 주장했다.[19] 그리고 전통적인 교회에서는 구역, 성경공부반, 다양한 연령 때와 성별에 따라 선교회

---

16 김한옥, "한국교회 소그룹 목회의 실태와 발전 방안", 「신학과 실천」 12 (2007): 12-13.

17 조귀삼, 『영산 조용기 목사의 교회성장학』 (군포: 한세대학교출판부, 2011), 159.

18 조용기, 『희망목회 45년』 (서울: 교회성장연구소, 2004), 71.

19 지구촌교회, 『지구촌교회 사역매뉴얼』 (서울: 두란노, 2014), 25.

혹은 전도회 등의 이름을 지니기도 한다.

이러한 여러 가지 이름을 가진 셀 목회는 목적성이 있는 만남을 정기적으로 가지는 모임이다.[20] 건강한 셀 목회를 통해 미국 교회는 건강한 교회로 세워갈 수 있도록 결정적인 역할을 했다. 이처럼 셀 목회는 단순히 몇몇 사람들의 사교적인 모임이 아니라 정기적인 모임으로 그 구성원의 숫자가 한정되어 있다. 그래서 교회 성장학자들은 셀 목회의 가장 이상적인 구성원은 12명을 넘지 않도록 권면하고 있다.[21] 예를 들어, 존 웨슬리(John Wesley)의 경우 도시 노동자들과 직공들을 성공적으로 선교할 수 있었던 방법 가운데 하나는 작은 단위의 자발적인 구조의 셀을 12명 내외의 단위로 조직하고, 이것을 세분화해서 4명 단위로 반(band)을 만들어, 각 반에 반장을 세우고, 반장이 매일 한 차례씩 성도를 방문하여 신앙의 성장을 격려하고, 각 셀을 순회 지도하는 순회 전도자들을 두어 각 셀을 관리하였다.[22] 한국교회에서의 셀 목회를 위해서 교회는 각종 셀과의 긴밀한 협조와 상호 격려가 절대적으로 필요한 것이다.

2. 셀 목회의 선교 방안의 변화

포스트 팬데믹 시대에서 한국교회는 정부의 사회적 거리두기 강조로 비대면 예배와 온라인 설교로 셀 목회를 경험하며, 어려움으로 인해 나름대

---

20 Julie A. Gorman, *Community That is Christian* (Wheaton: Victor Books, 1993), 122.
21 한국복음주의 실천신학회, 『복음주의 교회성장학』, 235.
22 정병관, 『도전받는 현대 목회와 선교』 (서울: 생명의말씀사, 1994), 242.

로 효용성을 인식하고 있다. 전염병의 위협으로부터의 보호와 시간과 장소를 뛰어넘는 편리함, 그리고 미디어에 의한 집중도 제고, 가정예배 활성화의 이바지, 교회의 역할과 건물을 초월한 무형교회에 대한 새로운 인식에서 긍정적으로 받아들이는 한편, 현장감의 부족으로 인한 집중력 저하, 편리함과 안일함에 안주하는 신앙, 신앙의 개인주의로 인한 공동체성의 약화, 상호 소통의 부재, 인터넷 접속의 어려움 등을 지적하였다.[23] 셀 목회는 교회의 생명력을 이루는 세포 단위로서 신진대사와 재생산을 위해 존재한다. 이른바 세포분열이 일어나 활발할수록 전체 몸은 건강하게 성장한다. 그러므로 일반적인 셀 목회의 그 자체로 만족해서는 안 된다. 셀 목회의 현재 모습이 아무리 좋아도 지도자는 그 자리에 안주하는 것을 경계해야 한다. 셀 목회에 있어서 안주하는 모습은 성장의 잠재력에 개방성과 관계성, 그리고 수용성을 깨뜨리기 때문에 셀 목회의 선교 방안의 변화에 대하여 살펴보고자 한다.

1) 초대 교회 공동체 모습의 패러다임

초대 교회 시대부터 현대교회에 이르기까지 셀 목회는 영적 부흥과 선교 방안에 계속해서 큰 영향을 미쳤다. 이러한 현상은 문화를 초월하여 교회가 설립되는 모든 곳에서 생겨나고 있다. 셀 목회가 가져다주는 선교 방안의 결과는 오늘날 많은 교회 지도자가 많은 관심을 가지고 있다.[24]

---

23 정인교, "Post-Covid 시대의 설교", 「신학과 실천」 71 (2020): 149.
24 한국복음주의 실천신학회, 『복음주의 교회성장학』, 237-245.

기독교 역사상 가장 이상적인 선교적 교회는 초대 교회였다. 초대 교회는 진정으로 복음적이기 위해 반드시 선교적이었다.[25] 구체적으로 초대 교회는 주일에 큰 공동체로 모였으며, 주간에는 기초 공동체인 셀로 모여서 삶을 나누고 식탁교제와 기도와 말씀과 선교에 힘썼다(행 2:44-47).

오늘날 한국교회가 '초대 교회로 돌아가자'는 말은 가정교회, 혹은 셀 목회로 전환하는 것을 의미한다. 왜냐하면 초대 교회는 오늘날 교회들에게 복음을 통합적으로 잘 보여주며, 균형 잡힌 참된 교회의 모습으로도 훌륭하기 때문이다. 그래서 초대 교회는 큰 공동체와 기초 공동체로서 온 백성에게 칭송을 받았을 뿐만 아니라 하나님은 구원하는 백성들의 수를 날마다 더하게 하셨다. 여기서 중요한 것은 당시의 상황과 오늘날 모임의 형태나 권위, 계통, 관계, 그리고 지리적, 역사적, 문화적 측면에서 많은 차이가 있으나 초대 교회가 가지고 있는 선교적 교회의 정신과 역동성을 시대적 상황에 맞도록 발전시키고 계승시켜야 할 것이다.[26]

2) 관계성을 통한 친밀감

셀 목회는 최첨단의 교회 혹은 건물이나 양적인 교회 성장을 위해서가 아니다. 거대하고 화석화되어 있는 조직체계나 중앙 집권식 관리로는 성경에서 말하는 유기적 공동체를 세울 수가 없다. 함께 지어져 가는 유기적 공동체로서의 교회를 이루기 위해서는 셀 목회 안에서 관계성을 통한

---

25 Darrell L. Guder, 『증인으로의 부르심』, 허성식 역 (서울: 새물결플러스, 2016), 167.
26 최상태, "소그룹 정체, 무엇이 문제인가?", 「교회성장」 220 (2011): 21.

친밀감이 회복되어야 한다. 셀 목회는 성도들로 인해 사랑과 신뢰를 배우게 하며, 하나님 나라의 한 가족으로서 공동체성 회복을 경험하게 한다. 이러한 공동체의 진정한 회복은 바로 섬김과 나눔, 그리고 훈련의 장이며, 변화와 성숙을 가져오게 하는 데 있다. 오늘날 현대인들은 서로 간의 친밀성이 부재하다. 셀 목회는 상호 신뢰 관계를 바탕으로 두고 있기에 삶과 관계에 변화를 일어나게 한다. 셀 목회는 지체들로 하여금 관계 속에서 친밀감을 갖게 한다. 삼위일체 하나님은 사람을 관계적 존재로 부르셨기 때문에 인간은 하나님과의 관계가 회복되고, 사람들과의 관계가 회복되어야 만족한 삶을 살 수 있다. 이러한 관계적 삶은 셀 목회에서만이 가능하다.[27] 따라서 셀 목회를 통한 관계성을 통한 친밀감은 목회자와 성도들이 서로 신뢰할 때 더욱 빛이 난다. 단순한 성경 공부보다는 목회자와 성도들이 자주 만나고 대화하고 토론하고 비전을 공유하고, 교회의 아픔과 함께 문제도 함께 나누고, 주 안에서의 깊은 친교를 나누고, 인간적으로 가까워지면 가까울수록 성공의 확률이 높아지는 것이다.[28] 한 사람이 온전히 설 수 있는 최고의 환경은 셀 목회다. 셀 목회에서 한 사람이 변화하기 시작하면 그 영향력이 극대화 되어 다양한 사람들과 더불어 변화되고 성장해 가는 것을 목격할 수 있다. 한 사람 한 사람의 형편과 처지를 쉽게 알 수 있기에 상대방의 눈높이와 상황에 맞는 목양을 할 수 있을 뿐만 아니라 섬김과 나눔이 가능하다. 셀 목회는 한 사람을 소중하게 여기는 일에 집중하기 때문에 가능성이나 잠재력을 쉽게 관찰

---

27 최상태, "소그룹 정체, 무엇이 문제인가?", 20-22.

28 총회목회정보정책연구소 편, 『목회매뉴얼: 성장목회』, 248.

할 수 있다. 따라서 섬김과 훈련의 과정을 거치면서 서로의 성장에 도움이 되도록 격려할 수 있을 뿐만 아니라 사람을 세우는 일에 효율적이다. 개인주의의 팽배로 인해 소외감과 고독감을 느끼는 현시대에 현대인들은 안정감과 소속감을 원하고 있다. 그래서 셀 목회는 사람들에게 안정감을 주고 소속감과 사랑의 욕구를 충족시켜 준다. 셀 목회는 수평적 상호 의존적 구조의 공동체이기 때문에 자율성이 보장되고 신뢰감이 형성된다. 예수님이 세우신 제자 공동체가 그러했기 때문에 동고동락하는 셀 목회를 통해 삶을 공유하면서 서로에게 연결되고 결속력이 강화된 공동체가 되는 것이다.[29]

3) 회복과 치유를 경험하기

삶의 나눔과 교제를 통해서 내면에 깊은 것들을 드러내 놓을 수 있는 환경은 소수의 작은 셀 목회가 최적이라고 할 수 있다. 개인이 겪는 일이 각각의 다른 사람들도 함께 겪고 있음을 깨달을 때 많은 위로와 힘을 얻게 된다. 또한 각각의 개인들이 문제를 어떻게 극복했는지를 나눌 때, 신뢰할 수 있는 관계 속에서 아픔과 상처, 꿈과 희망을 나눌 때, 함께 울고 함께 웃을 수 있는 친밀감과 수용적 분위기, 예수 그리스도 안에서 한 몸의 행복을 누릴 때 치유와 회복이 일어난다. 이러한 일들은 큰 공동체 안에서 상상할 수 없기에 셀 목회를 통해서 관계가 형성될 때 성도들은 마음의 문을 열게 된다. 물론 셀 안에서 다시 관계의 아픔을 경험하기도 하

---

29 최상태, "소그룹 정체, 무엇이 문제인가?," 22.

지만 새로운 관계의 질을 통해 회복과 치유의 은혜를 더 많이 경험하게 된다.[30] 셀 목회에서는 서로의 질병을 위해 함께 기도하는 것 이상의 효과도 나타난다. 이러한 셀 목회를 통한 과정에서 자기 개방과 함께 치유라는 적극적인 행동을 통해 셀 구성원 스스로 연약함과 동시에 모순을 고백하고 하나님의 은혜와 권능의 자리로 나아갈 수 있다. 이러한 셀 목회로 성공한 데일 겔로웨이(Dale Gelloway) 목사가 담임하고 있는 미국 뉴호프커뮤니티교회(New Hope Community Church)에서는 '부드럽게 사랑하고 돌보는 치유그룹'(Tender Loving Care Group)을 6천 개나 만들어서 교회 성장을 경험하고 있다.[31] 따라서 예수님은 병든 자를 회복시키셨고, 초대교회도 예수님처럼 회복과 치유의 은혜를 경험했기 때문에 셀 목회에 있어서 이러한 사역은 아무리 강조해도 지나치지 않을 것이다.

4) 유능한 평신도 지도자 세우기

오늘의 셀 목회는 진리를 가르치기 위해 존재하지만 믿음 안에서 다른 형제들을 서로 돌보고 제자 양육하도록 미래 평신도들을 발굴하여 최우선으로 훈련을 시키는 일이다.[32] 유능한 평신도 지도자의 세움 사역은 학교에서 배우는 것이 아니라 지역교회라는 환경에서 배어나는 것이다. 이러한 평신도 사역으로 방향의 전환은 목회자 혼자의 힘만으로 혹은 평신도 혼자의 힘만으로는 충분하지 못하다. 목회자와 평신도가 상호 존경

---

30 최상태, "소그룹 정체, 무엇이 문제인가?", 23.
31 명성훈, 『부흥뱅크』, 301.
32 명성훈, 『소그룹 성장 마인드』 (서울: 교회성장연구소, 2002), 69.

하는 가운데 은혜로운 협동작전을 펼쳐야 한다.[33] 이러한 셀의 목회로 현대교회는 미래 평신도의 책임과 필요한 훈련을 쌓아 나가야 한다. 그것은 초대 교회의 셀 목회가 팔레스타인뿐만 아니라 소아시아와 유럽에까지 퍼져나갔으며, 당시 로마제국 시대 때 박해로 인해 지중해 연안을 중심으로 기독교가 확장하는 데 큰 공헌을 하였다.[34] 결과적으로 기독교의 복음은 헌신한 평신도 지도자를 통해 변화와 성숙으로 오늘에 이르게 된 것이다.

사람의 변화와 성숙은 일차적으로 훈련과 교육을 통해서 그다음은 사역을 진행하면서 이루어진다. 셀 목회를 통해 평신도 지도자는 훈련 없이 사역만 할 경우, 그리고 훈련만 받고 사역하지 않으면 흔히 매너리즘(mannerism)에 빠지게 된다. 셀 목회는 훈련된 평신도 지도자가 마음껏 하나님 나라와 교회를 위해 사역할 수 있는 최고의 환경이라 하겠다. 그리고 셀 목회는 각 개인이 가지고 있는 은사와 역량, 그리고 시간과 물질을 총동원하여 헌신할 수 있는 현장이다. 평신도 지도자는 자기가 받은 은사대로 공동체를 위해 사역할 수 있다. 더 나아가, 셀 목회에서는 찬양, 새가족, 전도, 친교, 선교, 생일, 기도, 독서 등 담당자가 있어 평신도 지도자가 사역함으로써 보람과 기쁨을 누릴 수 있다.[35] 이러한 전적인 헌신을 할 수 있는 평신도 지도자는 형식적인 시간을 투자하는 사역자 10명보다 교회 성장에 훨씬 더 효과적인 영향을 미칠 수 있다.[36] 무엇보다 효

---

33 R. Paul Stevens, 『평신도가 사라진 교회?』, 이철민 역 (서울: IVP, 1995), 19-20.

34 Alister E. McGrath, *An Introduction to Christianity* (Cambridge: Blackwell, 1997), 248.

35 최상태, "소그룹 정체, 무엇이 문제인가?", 23.

36 명성훈, 『부흥뱅크』, 306.

율적인 셀 목회를 위한 핵심적인 요소는 평신도 지도자의 역할인 것이다.

5) 전도와 선교의 역동성

다양한 조직을 갖춘 셀 목회도 새 생명이 탄생하지 않으면 생명력이 없는 셀이나 마찬가지라고 할 수 있다. 나눔과 교제의 관계가 있더라도 새 가족이 영입되지 않으면 그 셀은 정체감에 빠지게 된다. 셀의 건강 정도는 전도된 새가족이 있는지 없는지, 그리고 새가족이 적응하기에 적합한 분위기인지 아닌지에 따라 가늠할 수 있다. 전도 지향적인 셀이 되기 위해서는 전도에 대한 나눔과 분기별로 셀 전도 잔치, 셀 이벤트 등을 개최하면 매우 효과적이다. 각 셀 별로는 선교사와 선교지를 정하여 기도와 물질로 후원하고 교제할 때 친밀한 관계 속에서 생명력 있는 전도와 선교가 이루어질 수 있다. 또한 셀은 적극적으로 협력하기 때문에 믿지 않는 가족을 전도하기에도 좋은 환경이다.[37]

셀 목회를 통한 선교 방안은 오늘날의 교회에만 있는 독특한 현상이 아니다. 교회의 역사는 셀 목회의 영적 부흥과 교회 확장과 성장에 매우 중요한 공헌을 했던 사실을 보여준다. 셀 목회는 구성원들의 상호 돌봄과 나눔을 통하여 서로를 격려하고 성장하는 기회를 제공하는 공동체 훈련의 장을 제공하여 그 구성원들이 영적으로 성숙하게 만드는 역할을 하였다. 그리고 믿지 않는 사람들이 거부감 없이 기독교를 경험하게 하여

---

37 최상태, "소그룹 정체, 무엇이 문제인가?", 23-24.

복음을 전파하는 일에 매우 효과적인 통로가 되기도 하였다.[38] 전도와 선교의 역동성은 사람들의 신체적, 정서적, 영적, 사회적인 것을 채워 주기 위한 것이다. 이러한 셀의 사명은 그 셀이 위치 해 있는 곳에서부터 출발하여 땅끝까지 미쳐야 한다.[39] 이처럼 셀 목회의 유익은 복음 전도를 위한 가장 효과적인 전도와 선교 전략으로서 교회에 가져다주는 긍정적인 영향력은 적지 않다는 것이다.

3. 셀 목회를 통한 선교 사례

초대 교회와 마찬가지로 셀 목회는 내부적으로 진정한 친교가 일어날 뿐만 아니라 개인의 은사가 사용된다. 그리고 치유와 기적이 일어나는 교회로 대부분 구성원이 열심히 복음을 증거 함으로써 새 생명이 끊임없이 탄생하는 셀 목회를 목표로 한다는 선교적인 관점이다.[40] 따라서 이에 여의도순복음교회와 지구촌교회, 그리고 우리들교회의 셀 목회를 통한 선교 사례에 대하여 살펴보고자 한다.

1) 여의도순복음교회

여의도순복음교회(이영훈 목사) 셀 목회의 사례는 교구조직으로 젊은 세대

---

38 한국복음주의 실천신학회, 『복음주의 교회성장학』, 249-250.
39 Ron Nicholas 외 4인, 『소그룹 운동과 교회 성장』, 신재구 역 (서울: IVP, 1995), 147.
40 이광수, "소그룹 목회의 이론과 실제", 75.

와 기성 교구를 잇는 징검다리 역할과 교회의 미래를 담당할 30, 40세대의 대표적인 신앙공동체로서 같은 세대의 형제와 자매 그리고 어린 자녀를 둔 부모들이 함께 어우러져 순복음의 영성으로 예배드리고 친교 하는 사랑의 공동체다. 매년 국내외 선교를 통해 형제와 자매, 그리고 가족 단위로 함께 하나님 나라를 확장하는 데 최선을 다하는 것이다.[41]

여의도순복음교회는 15개의 대교구로 이루어져 있으며, 15개의 지성전을 가지고 있으며, 전체 지역 안에는 13,570개의 구역이 존재한다. 구역은 다섯 가정에서 열 가정씩 조직이 되어 있다. 부녀자들은 보통 낮이나 저녁 시간 중 편리한 시간을 택하여 가정에서 모임을 갖고 있으며, 학생들은 학교에서 그리고 회사원들은 회사나 혹은 편리한 음식점의 장소에서 모임을 갖고 있다. 어느 곳에서 모임을 갖든지 그 모임은 움직이는 교회가 된다. 이러한 셀 목회는 여의도순복음교회의 성장의 큰 힘이 되어 온 것이다. 사실 구역을 통한 셀 목회의 유익한 점은 다음과 같다. 첫째, 대형교회의 부족한 부분을 채워 주는 가정교회다. 둘째, 가정교회를 통해 효과적인 양육이 된다. 셋째, 가족 공동체 형성의 유용성이 증대된다. 넷째, 구역이 갖는 정보수집의 극대화의 유용성의 기능이 있다. 다섯째, 유기적 관계들을 통한 전도의 유용성이 있다. 따라서 여의도순복음교회의 셀 목회는 매우 체계적이며 모든 셀의 구성원들은 서로 돌보며 개인적으로 친밀한 교제 안에서 성장하고 있다. 다만 여의도순복음교회 연간계획 중에 매년 상반기와 하반기 때 있는 춘계지구역장대회와 추계지구역장대회를 통해 셀 목회의 평신도 지도자들이 먼저 솔선수범하여 해외 선교뿐

---

41 조귀삼, 『영산 조용기 목사의 교회성장학』, 159-348.

만 아니라 교단을 초월하여 작은 교회뿐만 아니라 구성원들 밖에 있는 사람들에 대한 선교 방안의 활동을 추진하도록 해야 할 것이다.

2) 지구촌교회

지구촌교회(최성은 목사)의 목장 사역은 성경이 말하는 신약 공동체를 구현하는 길이며, 건강한 교회를 만드는 길이라고 주장하고 있다. 또한 목장교회의 정착과 확장은 이 시대를 향한 주님의 지상명령의 가장 효과적인 성취라고 믿고 있다. 그리고 궁극적으로 목장 사역의 열매는 변화된 인격들과 목장교회의 재생산으로 나타낸다. 셀 목회에서의 헌신이야말로 주님의 자녀로서 주님을 기쁘시게 하는 가장 구체적인 삶의 양식이요 사역 방법이다. 이러한 셀 목회는 모든 성도가 제사장의 삶으로 헌신하게 하는 데 있다.[42]

첫째, 장년 목장 사역센터다. 분당 9개 지구, 수지 8개 지구, 시니어 지구(65세-) 등 장년 목장교회 사역에 대한 연구, 기획, 행정을 담당하며 전체 목자 훈련을 주관한다. 목장교회는 7명에서 12명으로 이루어진 소그룹 공동체다. 목장교회의 특성은 지역 중심의 목장교회와 연령 중심의 목장교회, 그리고 특수한 사역 중심의 목장교회, 복합적인 목장교회로 이루어져 있다. 둘째, 젊은이 목장 사역센터다. 대학지구(20세-27세), 청년 1지구(28세-35세), 청년 2지구(36세-) 등 미혼의 젊은이들을 대상으로 효과적인 목장교회 사역을 통해 지구촌교회 공동체의 지체로서 합당한 정체성을 갖

---

42 지구촌교회, 『지구촌교회 사역메뉴얼』, 29.

도록 연구, 기획, 행정과 목장 훈련을 담당한다. 셋째, 교육 목장 사역센터다. 미취학 지구(0세-7세)와 어린이 지구(8세-13세), 청소년 지구(14세-19세)에 이르는 다음 세대를 민족을 치유하고 세상을 변화시키는 차세대 평신도 선교사로 양육하기 위한 연구, 기획, 행정과 교육 목자 훈련을 담당한다. 넷째, 글로벌 목장 사역센터다. 영어 예배, 일본어 예배, 중국어 예배, 이주근로자 예배 등 지구촌 열방에서 온 외국인들을 대상으로 예배와 사역을 통해 구원, 치유, 영적 훈련을 체험하도록 연구, 기획, 행정과 목자 훈련을 담당한다. 따라서 지구촌교회의 셀 목회는 선교부를 통해 하나님 나라와 복음의 확장을 통해 해외, 국내에서 의료 등 지구촌 곳곳에서 다양한 방법을 통해 사역하며 교회 속에서 선교사들의 훈련과 파송, 그리고 훈련을 담당한다. 다만 양육과 예배, 그리고 공동체적 교제, 선교 등 적절한 균형을 유지하여 선교적 교회로서 도시 안에 작은 미자립 교회들을 섬기고 함께 전도해 주며 후원하는 셀 목회의 선교 방안으로 확대해야 할 것이다.

3) 우리들교회

우리들교회(김양재 목사)는 어린이로부터 장년까지 모든 구성원이 셀 목회의 목장에 속해있다. 처음에 교회를 방문하면 새가족의 상황에 따라 목장을 배정한다. 목장은 대부분 가정에서 매주 예배로 모이고, 적게는 3시간에서부터 길게는 6-7시간 동안 모인다. 그럼에도 불구하고 셀 목회의

참석률은 80%를 상회할 정도로 활발하다. [43]

첫째, 셀 목회의 목장은 식탁공동체다. 식탁공동체라는 것은 사랑을 기초로 한 가족 같은 관계임을 의미한다. 이구동성으로 간증자들은 자신들의 변화와 회복의 근거에 목장 가족들의 기도와 사랑을 언급한다. 그중에서도 목자와 목자의 아내인 권찰의 헌신적인 섬김은 특별하다. 이러한 목장에서 성도들은 사랑과 헌신, 그리고 섬김을 보고 배운다. 특별한 경우를 제외하고는 식탁 교제에 밥을 대접하는 것이 원칙이다. 가정마다 돌아가면서 목장 모임으로 모인다. 개인주의가 극심한 그리고 혼밥족이 늘어나는 21세기에 가정을 오픈하고 식사를 대접하는 것은 어려울 수 있지만 우리들교회는 실천하고 있다. 둘째, 셀 목회의 목장은 말씀 적용 공동체이자 고백공동체. 매주 목자는 설교를 요약하여 다시 전달하며, 설교 가운데 주어진 적용의 질문을 말씀에 기초하여 삶을 나누고 적용토록 한다. 이것은 목장이 친교 모임에 머무르는 것이 아니라 성경적인 가치관이 자리 잡을 수 있도록 한다. 목장이 새롭게 편성되거나 새가족이 처음으로 참여하면 목자는 우선 자신의 죄를 고백할 뿐만 아니라 다른 구성원들도 같이 동참 함으로써 새가족에게 목장이 얼마나 안전하고 편안한지 마음을 열 수 있는 곳임을 느끼도록 돕는다. 이러한 이유로 죄 고백과 회개가 빈번히 나눔에서 이루어진다. 셋째, 셀 목회의 목장은 직면의 치료공동체이다. 목장에서 부부싸움이나 분노가 폭발하는 것은 자신을 감추지 않는 데서 오는 것이다. 셀 목회의 목자와 회원들은 신뢰 관계가 쌓일 때까지 경청하며 지지할 뿐만 아니라 기도해준다. 그러나 어느

---

43 구병욱, "인성회복을 이끄는 목회: 우리들교회를 중심으로", 「신학과 실천」 58 (2018): 538-539.

정도 신뢰가 형성되면 돌직구 권면을 한다. 이런 권면은 진심으로 상대방을 사랑하기에 가능한 일이다. 권면의 목적은 상대방이 자신을 객관적으로 인식하고 삶에 변화를 가져오도록 도와주기 위한 것이다. 이것은 치료공동체의 인카운터 그룹의 일반적인 목적이 부정적인 행동과 사고, 그리고 감정 패턴을 변화시키는 것과 일맥상통한다. 영혼의 회복이 있는 공동체는 벽을 허물고 자신을 드러냄으로써 바닥을 치기에 안전한 장소가 되어야 하며, 단점까지 보여 줄 수 있는 공동체가 되어야 한다. 이런 공동체는 치유가 일어나는 장소로 이를 통해 치유가 일어나는 하나의 방편이 된다. 따라서 우리들교회의 셀 목회는 이러한 인성을 회복시키기에 긍정적인 역할을 한다. 다만 우리들교회 셀 목회는 생각하는 훈련, 내 생각과 욕심을 가지치기하는 훈련, 하나님에 대해 알아가는 날마다 큐티를 통해 후원 선교사와 후원 단체뿐만 아니라 아울러 파송 선교사를 개발하는 선교 방안을 개발하면 좋을 것이다.

4. 셀 목회를 통한 선교 방안

포스트 팬데믹 시대, 셀 목회를 통한 선교 방안 사례에서 제시하고 있는 교회들의 셀 목회는 건강한 교회를 위한 셀 구성과 셀 조직, 그리고 셀 지도자 형태로 진행되었다. 사례에서 제시된 교회들의 셀 목회가 성경에 기록된 내용을 통해 다음과 같은 방안을 제안해 보고자 한다.

1) 셀 목회 목표

효과적인 셀 목회를 위한 목표는 다음과 같다.[44] 첫째, 전도다. 가서 그리스도를 전파하는 것이다. 둘째, 양육이다. 세례를 베풀고 돌보아 주는 것이다. 셋째, 훈련이다. 가르쳐 지키게 함으로써 그리스도 안에서 완전한 자로 세우게 함이다. 그래서 예수님은 친히 가르치며 양육하는 사역의 본을 보이셨다(마 4:23, 9:35; 막 9:31; 눅 13:22). 예수 그리스도의 셀 목회의 방법은 어려운 것이 아니었고 우리 주변에서 쉽게 볼 수 있는 교재를 활용한 것들이었다. 일상을 통해 예수 그리스도는 모두 사람이 공감하는 주제를 가지고 아주 쉬운 방법으로 가르치셨다. 예수 그리스도는 제자들에게 자신이 누구인가에 대한 확신을 주신 후에 비로소 셀 목회의 훈련을 시작하셨다. 그 내용 역시 '가장 큰 자', '가장 으뜸이 되는 자'에 대한 것이 아니라 '자기희생', '섬기는 제자도'였다. 그리고 예수님의 부활 후에 제자들은 온 천하에 다니면서 복음을 전할 사명을 수행할 때까지 끊임없이 그들을 섬기고 함께 가르치는 삶을 사셨다(막 16:15). 그러므로 예수 그리스도의 셀 목회는 '살아 있는' 훈련이었다. 예수 그리스도는 제자 삼기 위해 함께 셀 지도자로 부르신 것이다. 그러므로 셀 목회는 제자를 부르는 곳이다. '제자도'를 실천하는 셀 목회에서는 마태복음 28장 19-20절에서 교회의 존재 목적을 찾는다. 여기서 명령형으로 된 동사는 "제자를 삼으라"가 하나뿐이며, 제자를 만드는 방법으로 제시한 것이 두 가지다.[45]

---

44 김남일, "소그룹리더 훈련을 통한 학원선교 방안에 관한 연구", 「복음과 선교」 37 (2017): 60.
45 이광수, "소그룹 목회의 이론과 실제", 80.

첫째, 아버지와 아들, 그리고 성령의 이름으로 세례를 주는 것이다. 이것은 당시에 생명을 내건 모험이었다. 다시 말해, 당시 진실하고 철저한 믿음이 없이는 도저히 세례를 받을 수 없는 시대였기 때문이다. 둘째, 가르치는 것이다. 예수님이 하신 모든 말씀을 지키며 살아가도록 가르치라는 것이다. 다시 말해, 예수님의 인격과 삶을, 그리고 믿음의 내용을 전수하는 것이다. 그러므로 셀 목회의 목표는 예수님의 제자로 만드는 것임을 분명히 해야 한다. 따라서 셀 목회는 철저한 제자를 만드는 하나님의 사랑과 이웃 사랑을 위한 선교 훈련이 뒷받침되어야 할 것이다.

2) 셀 목회 방안

효과적인 셀 목회를 위한 방안을 다음과 같이 제안한다.[46] 첫째, 셀 목회 구성원들이 하나님의 음성을 듣도록 한다. 하나님의 음성을 듣는 가장 좋은 방법은 셀 목회의 모임에서 조용히 성경 읽는 시간을 가지는 것이다. 둘째, 셀 목회 구성원들이 하나님께 응답을 받도록 한다. 셀 목회를 통해 구성원들이 기도와 찬양, 그리고 헌신하는 실제적인 행동이 나오고 자신들의 인생을 성경에 맞추어 재정립한다. 셋째, 셀 목회 구성원들이 상호 간에 서로 약점을 감추지 않고 솔직하고 진실하게 소통하도록 한다. 이러한 셀 목회는 삶의 변화를 일으키는 강력한 매개체가 된다. 넷째, 셀 목회를 통해 구성원들이 진리의 빛이 사라진 미로와 같은 세상에 예수 그

---

46 강문규, "한국 교회 청년부 부흥방안에 대한 연구: 소그룹 제자훈련을 중심으로", 「신학과 실천」 41 (2014): 413-414.

리스도의 메시지를 전하기 위해 책임지도록 한다. 셀 목회는 믿지 않는 이들에게 말씀의 진리를 전파할 의무가 있다. 한국교회는 셀 목회를 교회 침체에 대한 위기 극복의 일환으로 삼고 건강한 교회를 지향하였는데 이제는 셀 목회 모임조차도 어려워지게 된 것이다. 한국교회가 봉착한 이러한 상황에서 포스트 팬데믹 시대의 교회 공동체가 직면하게 될 여러 현상을 준비해야만 하며, 누구도 예기치 못한 이러한 사회적 현상과 변화에 직면한 한국교회가 어떻게 대응하여야 하는지 고민하지 않을 수 없다.[47] 이와 같이 포스트 팬데믹 시대에 셀 목회가 직면하고 있는 변화에 대응하기 위해 하나님의 사랑과 이웃 사랑을 위한 선교 방안을 마련해야 할 것이다.

나가는 말

지금까지 포스트 팬데믹 시대, 셀 목회를 통한 선교 방안 연구에 대하여 살펴보았다. 셀 목회를 통해 현대 사람들은 독립적인 동시에 자기중심적인 삶을 초월하는 기회를 경험하게 된다. 셀 목회는 현대인들의 마음속에 깊이 자리 잡은 관계와 사랑의 욕구를 충족시켜 주는 매우 중요한 기능 또한 담당한다. 하지만 이러한 셀 목회의 유익한 점과 더불어 셀 목회의 부정적인 영향 또한 고려해야 한다. 그것은 셀 목회에서 평신도 지도자가 훈련되지 않아 영적인 면과 인격적인 면이 성숙하지 않으면 셀 목회

---

47 김성진 · 유연우, "포스트 코로나 시대, 목회 본질 회복을 위한 멘토링 목회 연구", 748.

는 교회 지도자들과 갈등 관계에 이를 수 있다.[48]

　이로 인해 교회 공동체가 어려움을 겪게 될 수 있기에 셀 목회 지도자들은 자신들의 삶에서 성령의 인도하심을 따르려는 자세와 하나님을 깊이 의지하는 믿음을 가져야 한다. 그리고 포스트 팬데믹 시대, 암울한 상황 속에서 한국교회는 셀 목회를 통해 예수 그리스도 안에 있는 생명과 부활, 그리고 영생의 분명한 복음을 들고 사람들을 위로하며 격려할 시대적 사명을 발견하도록 해야 한다. 그래서 생명의 주관자 되시는 하나님과 부활과 영생으로 모든 사람을 인도하시는 예수 그리스도 재림의 약속, 그리고 지금 함께하시는 성령 안에서 인류는 오늘과 내일에 대한 소망을 가질 수 있다.[49] 무엇보다 코로나19 사태로 인해 방역 당국은 교회의 소모임인 셀 목회 모임까지도 자제할 지침까지 발표하기도 했다. 한국교회는 셀 목회의 성경적인 근거를 가지고 예배와 말씀, 그리고 교제와 돌봄을 통해서 교회의 모임과 셀 목회의 모임이 균형 있게 이루어질 때 크게 손상을 입지 않고 건강하게 성장해야 한다. 비대면 상황에서 가장 필요한 것은 셀 목회를 통한 선교 방안인 돌봄과 보살핌의 사역이다. 포스트 팬데믹 시대에 비대면 속에서도 한국교회는 지속적인 부흥과 성장을 이루기 위해서 셀 목회를 통해 건강한 교회로 세워나가야 할 것이다.

---

48 Cho, Yonggi, *Successful Home Cell Groups* (Plainfield: Logos International, 1981), 109-110.
49 안명준 외 45인, 『교회통찰』 (서울: 세움북스, 2020), 124-125.

참고문헌

강문규. "한국 교회 청년부 부흥방안에 대한 연구: 소그룹 제자훈련을 중심으로". 「신학과 실천」 41 (2014): 387-420.

구병옥. "인성회복을 이끄는 목회: 우리들교회를 중심으로". 「신학과 실천」 58 (2018): 525-550.

김남일. "소그룹리더 훈련을 통한 학원선교 방안에 관한 연구". 「복음과 선교」 37 (2017): 53-80.

김성진 · 유연우. "포스트 코로나 시대, 목회 본질 회복을 위한 멘토링 목회 연구". 「복음과 실천」 72 (2020): 715-741.

김한옥. "한국교회 소그룹 목회의 실태와 발전 방안". 「신학과 실천」 12 (2007): 9-37.

명성훈. 『소그룹 성장 마인드』. 서울: 교회성장연구소, 2002.

명성훈. 『부흥뱅크』. 서울: 규장, 1999.

박영철. 『셀 교회론』. 서울: 요단출판사, 2006.

안명준 외 45인. 『교회통찰』. 서울: 세움북스, 2020.

이광수. "소그룹 목회의 이론과 실제". 「신학과 실천」 23 (2010): 63-84.

정병관. 『도전받는 현대 목회와 선교』. 서울: 생명의말씀사, 1994.

정인교. "Post-Covid 시대의 설교". 「신학과 실천」 71 (2020): 147-174.

조귀삼. 『영산 조용기 목사의 교회성장학』. 군포: 한세대학교출판부, 2011.

조용기. 『희망목회 45년』. 서울: 교회성장연구소, 2004.

지구촌교회. 『지구촌교회 사역매뉴얼』. 서울: 두란노, 2014.

총회목회정보정책연구소 편. 『목회매뉴얼: 성장목회』. 서울: 한국장로교출판사, 2015.

채이석. 『소그룹의 역사』. 서울: 도서출판 그리심. 2020.

최상태. "소그룹 정체, 무엇이 문제인가?". 「교회성장」 220 (2011): 21-24.

한국복음주의 실천신학회. 『복음주의 교회성장학』. 서울: 생명의말씀사, 2012.

Coleman, Robet E. *The Master Plan of Evangelism*. Grand Rapids: Baker, 1987.

Gorman, Julie A. *Community That is Christian*. Wheaton: Victor Books, 1993.

Guder, Darrell L. 『증인으로의 부르심』. 허성식 역. 서울: 새물결플러스, 2016.

Icenogle, Gareth Welden. *Biblical Foundations for Small Group Ministry*. Dawners Grove: IVP, 1994.

Macthur, John F. *Twelve Ordinary Men*. Nashville: Thomas Nelson, 2002.

McGrath, Alister E. *An Introduction to Christianity*. Cambridge: Blackwell, 1997.

Nicholas, Ron. 외 4인. 『소그룹 운동과 교회 성장』. 신재구 역. 서울: IVP, 1995.

Shin, Sung Chul. *A Study on Growth of Church Plants Through Cell Ministry: Focused on Riverside Lord Love Church*. Pasadena: Fuller Theological Seminary, 2018.

Snyder, Howard A. 『그리스도의 공동체』. 김영국 역. 서울: 생명의말씀사, 1997.

Stevens, R. Paul. 『평신도가 사라진 교회?』. 이철민 역. 서울: IVP, 1995.

Yonggi, Cho. *Successful Home Cell Groups*. Plainfield: Logos International, 1981.

제 5 장

미디어를 통한
신앙교육 활성화 방안

제5장
미디어를 통한 신앙교육 활성화 방안

들어가는 말

한일장신대학교 기독교 교육학 교수였던 박화경은 한국교회는 지성을 상실하고 있으며 교회 교육에서도 신앙의 지적인 차원의 중요성을 제대로 인식하지 못하고 있으며, 설교나 교육을 통하여 하나님이 어떤 분이고, 기독교의 사상이 어떤 것인지 논리적이고 합리적으로 가르치기보다는 무조건 믿고 받아들이라고 강요하는 경우가 많아 반지성적인 경향이 있다고 지적하였다.[1] 한국교회는 교회의 본질적인 5대 기능 가운데 하나인 교육의 기능이 약화되고 있는 것으로 여겨진다. 그 결과 현대교회 성도들의 삶이 세상에서 소금과 빛의 역할을 하지 못한 것으로 드러나고 있다.

---

[1] 박화경, "한국교회교육의 변화를 위한 과제들", 「기독교교육논총」 27 (2011): 61-96.

목회자들의 칼부림 사건, 성도들의 대형사건 연루 등은 다양한 원인이 있겠지만 저자는 한국교회가 교육을 소홀히 하여 미성숙한 신자를 양산한 결과로 보고 있다.

루터는 로마 가톨릭의 행위 구원에서 이신득의를 강조한 것인데 한국교회는 루터의 이신득의 교리의 영향을 받아 지나치게 편협적 신앙관을 갖게 되었다. 역사적으로 한국교회는 청교도 신앙인들을 통하여 복음을 받아들였지만 루터의 이신득의 교리의 영향으로 행함을 강조하지 않아 양적인 성장은 기독교 역사상 가장 탁월한 업적을 이루어냈지만 영적인 성숙은 이루어내지 못하여 미성숙한 신자만 양산한 것으로 여겨지고 있다. 21세기 한국교회 신자들은 도시의 발달로 인하여 주거환경과 교회의 거리가 생활환경을 벗어나 일주일에 1회 주일에 모여 오전에 한 시간 내지 점심 식사 후 오후 1시간 정도만 참여하면 주일을 성수하고 성숙한 신앙인으로 여기는 현실이 확대되어 가고 있다. 이러한 교회와 주거환경이 생활 반경을 벗어나게 된 것은 교회나 성도들 모두 교회의 본질적인 교육의 기능을 소홀히 하게 하는 원인이 되었다고 할 수 있다.

또한 현대사회는 미디어의 발달로 인하여 어린아이부터 노년에 이르기까지 미디어 역기능에 노출되어 있다. 사회는 미디어 발달로 대량의 정보를 대중에게 신속하고 정확하게 전하고 있으며, 유아들의 교육 기관에서부터 대학에 이르기까지 미디어는 교육에 적극 활용되고 있는데 반하여 교회는 미디어의 역기능 때문인지, 교회의 본질적 기능인 교육을 포기함인지, 신앙교육에 효과적으로 활용하지 못하고 있는 것으로 여겨진다. 이처럼 교육의 약화 속에 한국 교회는 마이너스 성장을 지속하고 있다. 본장은 신앙교육의 약화로 위기에 처한 한국교회가 교회의 본질적인 기능을 미디어를 통하여 회복하여 성숙한 교회가 되기를 소망하며 미디어를 통한 신앙교육의 필요성과 구체적 방안을 제안하고자 한다.

1. 신앙교육의 필요성

신현광은 "목사가 염두에 두어야 할 목회의 우선적 기본과제는 성도들을 교육하고 훈련 시켜 교회를 형성하는 일로서 목사의 교육적 기능의 자각이 시급한 이유는 목사의 의식구조 갱신이 교육 목회를 향한 기초 작업이기 때문이다"라고 주장하였다.[2] 즉, 목사는 교육적 기능을 수행해야 하기 때문에 교회에서 신앙교육의 필요성은 아무리 강조해도 지나치지 않다. 그 이유는 먼저 하나님께서 신구약 성경을 통한 교육을 명령하셨기 때문이며, 교회 역사적으로 신앙교육의 유무에 따른 교회의 성장과 쇠퇴를 반복했기 때문이며, 아무런 열매가 없다고 해도 교육은 교회의 본질적 기능이기 때문에 그 필요성이 있다고 할 수 있다.

1) 성경적 배경

구약적 배경은 아담과 하와에게 하나님은 동산 중앙에 있는 열매는 먹지 말라고 명하셨으며, 아브라함에게 할례를 통하여 언약의 공동체로서

---

2 신현광, "교육목회에 있어서 목사의 역할에 관한 연구", 「신학과 실천」 42 (2014): 607-637.

삶을 살아가도록 하셨다. 또한 하나님께서 출애굽한 이스라엘 백성들과 함께 탈출한 자들에게 이스라엘 공동체로서 살아가는 교육이 필요했으며, 개종자들에 대한 교육도 필요하여 명하셨다. 그러나 구약성경의 대표적인 본문은 신명기 6장이라고 할 수 있다. 언약의 백성들에게 가나안 땅에 들어가 행해야 할 명령과 규례와 법도를 너와 네 아들과 네 손자들이 평생에 마음을 다하고 뜻을 다하고 힘을 다하여 하나님 여호와를 경외하도록 가르치라고 명하셨다. 교육의 구체적인 방법은 말씀을 마음에 새기고, 자녀에게 부지런히 가르치며, 강론할 것이며, 기호를 삼으며, 표로 삼고, 기록해야 한다.

모세의 뒤를 이어 새로운 지도자가 된 여호수아에게 하나님은 율법을 다 지켜 행하고 우로나 좌로나 치우치지 말라, 율법 책을 네 입에서 떠나지 말게 하며 주야로 그것을 묵상하여 그 안에 기록된 대로 다 지켜 행하라고 말씀하셨다. 민족적 위기에서도 이스라엘에는 에스라와 같이 여호와의 율법을 연구하고 준행하여 가르치기로 결심한 선지자가 있었기에 하나님께서 바사의 왕 아닥사스다의 마음을 감동하여 예루살렘으로 올라갈 뜻이 있는 자는 모두 가도록 허락하였으며, 에스라가 구하는 것은 궁중 창고를 열어 필요한 모든 것을 제공하여 성전을 재건하는 위대한 역사를 체험할 수 있었다. 또한 어떤 환경에서도 유대인들은 신앙 교육을 포기하지 않고 가정에서는 부모가 자녀들에게 교사가 되어 교육하고, 회당에서는 전문 교사를 세워 성경 낭독, 율법 강해 등을 지속하여 언약의 백성으로서의 삶을 지속할 수 있었다.

신약적 배경의 대표적 본문은 마태복음 5-7장이라고 할 수 있다. 또한 예수님은 제자들에게 너희에게 분부한 모든 것을 가르쳐 지키게 하라고 하셨다. 이외에도 마가복음 11장 17절, 누가복음 11장 1절에서 제자들의 요청을 받고 가르치신 장면이 기록되었다. 예수님은 탁월한 전도자였지만 구원받은 백성들에게 교육을 통해 참된 그리스도인으로 성장하도록 하시어 제자도를 실천하게 하셨다(마 28:19-20). 이러한 예수님의 가르침은 당시 랍비들과는 다른 권위가 있었음을 깨달았고, 많은 사람들은 그를 선생이라 부르게 되었다. 초대 교회는 날마다 모여 사도의 가르침을 받고 떡을 떼며 교제하고 기도하기를 힘썼으며(행 2:42-47), 바울은 에베소 교회에서 삼 년이나 밤낮 쉬지 않고 눈물로 각 사람을 가르치는 성경 교사로서의 사역을 감당하였다(행 20:31). 그는 많은 서신서를 아버지의 심정으로 눈물로 호소하며 오직 십자가 복음을 통한 구원의 복된 소식을 믿고 성숙하여 전도자의 삶을 살아가기를 바라는 마음으로 기록하였다(고후 2:4; 빌 3:18). 또한 믿음의 아들 디모데에게 보내는 편지에서 교육의 원리를 가르쳐 주었다. 바울이 디모데에게 명한 교육 방법은 자신에게 배운 내용을 충성된 자들에게 가르쳐서 그들이 또 다른 사람들을 가르치도록 하는 방법이였다(딤후 2:2). 더 나아가 디모데에게 내가 이를 때까지 읽는 것과 권하는 것과 가르치는 것에 전념하라고 하여 목회자의 참된 직무가 무엇이며, 교회의 기능이 무엇인지를 분명히 하였다(딤전 4:13).

2) 교회사적 배경

초대 교회는 유대주의 거짓 교사와 영지주의 사상 등 어려운 환경에서 믿음을 지켜야 하는 상황이었다. 이러한 고난이 초대 교회 신자들을 일정한 장소에 모여 사도들의 가르침을 받고 떡을 떼며 교제할 뿐 아니라 자신의 소유를 팔아 사도들의 발 앞에 갖다 두고 필요에 따라 공급하게 하였다(행 2:42-47). 특히 사도들은 매를 맞고 회유와 협박을 당했어도 예수는 그리스도라고 가르치기와 전도하기를 그치지 아니하였다(행 5:40-42). 어려운 환경에서도 초대 교회의 지속적인 신앙교육은 박해하던 로마가 기독교를 국교로 받아들이게 하는 원동력이 되었다.

속사도 시대라고 불리우는 교부 시대 교육은 거짓 교사들로부터 신자들을 보호하기 위하여 교리 교육이 중심이 되었으며, 디다케와 사도전승에 의하면 세례 예비자 교육을 통해 믿음의 사람이 어떻게 사랑을 실천하며 살아야 하는지에 대한 구체적인 방안이 담겨져 있다. 이는 이론만이 아니라 삶의 현장에서 어떻게 그리스도인으로 살아가는지에 대한 분명한 방향성이 중심 내용이 되었음을 알 수 있다. 속사도 시대의 교육은 신자들로 하여금 영적으로 성숙하여 세상에 소금과 빛의 역할을 감당하였으며, 또한 많은 박해를 극복하고 전도자의 삶을 살게 하는 원동력이 되었다.

영적인 암흑기라고 할 수 있는 중세 교회는 동·서방 교회 모두 "전통의 권위를 성경과 같이 중요하게 여기고 동정녀 마리아 숭배와 성인 숭배하여 성상을 만들고 유물을 숭배하였으며",[3] 하나님에 대한 관심은 하나님을 아는 것과 거룩한 속성에 참여라는 두 가지 큰 줄기를 따르게 되었다. 전자는 지성으로 하나님을 이해하기를 추구하는 신학과, 후자는 하

---

3 이양호, "세계교회의 분열과 일치 운동사를 본다", 「목회와 신학」(1995, 3): 58-68.

나님의 직접적인 환상을 추구하는 신비주의에서 표현을 찾았다.[4] 중세의 예배 형식은 발전되어 화려한 성전과 예전 등을 드러내는 상징 등은 발전하였으나 5세기를 정점으로 말씀에 대한 교육의 부재로 인하여 강단에서 복음은 희미하게 되고, 상징성을 드러내는 성찬 등은 확대되는 계기가 되었다. 물론 수도원 운동을 통하여 변화를 시도하였으나 큰 성과를 거두지는 못하였으나 신앙 성숙을 위한 시도는 교훈을 주었으며, 현대교회가 포기하지 않고 지속적인 교육을 실시해야 됨을 교훈하고 있다. 종교개혁 시대는 로마 가톨릭이 성경의 진리를 왜곡시켰을 때 오직 성경으로 돌아가도록 마틴 루터는 종교개혁을 하게 되었다. 종교개혁자인 루터와 칼빈은 성경 교육을 위한 교재를 집필하였다. 스위스 종교개혁자 울리히 쯔빙글리(Ulrich Zwingli, 1484~1531)의 청년 신앙교육은 당시 많은 영향력을 끼치게 되었다.

청교도 시대는 영국 국교회의 영적 약화로 인하여 새로운 국가를 형성한 청교도들은 다음과 같이 증언하였다.[5] "하나님의 도우심으로 이곳 뉴잉글랜드에 무사히 도착한 이후, 우리는 집을 세웠고 먹고 살 거리를 장만했으며, 좋은 예배 처소를 마련하고 시민 정부를 수립했다. 이제 우리가 소원하고 추구하는 것은 교육을 발전시키고 그것을 후손들에게 안정적으로 공급하는 일이다." 즉, 청교도들은 오직 하나님을 성경대로 섬기고 온전한 예배를 드리는 삶을 추구하기 위해 새로운 땅(Massachusetts)에 상륙하여 6년 후에 하버드대학(Harvad College)를 설립하였고, 이로부터 11

---

4 Lewis J. Sherrill, 『만남의 기독교』, 김재은 · 장기옥 역 (서울: 대한기독교출판사, 1981), 78.
5 Leland Ryken, 『청교도 이세상의 성자들』, 김성웅 역 (서울: 생명의말씀사, 1995), 314-315.

년 후 공립학교 체제의 근간을 이루는 법률을 제정하였다.[6] 이처럼 청교도들은 믿음 안에서 하나님을 영과 진리로 예배하고 자녀들을 말씀으로 교육하고 양육하는 삶을 추구하였다.

초기 한국에 내한한 선교사들은 한국인들의 교육에 대한 열망을 파악하고 복음을 교육을 통하여 전파하는 방안으로 선교 정책으로 채택하였다. 그 결과 선교사들은 교육기관 설립에 최선을 다하여 배재, 숭실, 경신, 이화, 정신 학교 등을 설립하였다. 설립된 교육기관에서 성경이 학습되자 교육의 기회를 갈망하던 한국인들은 교회에 찾아와 성경을 중심으로 교육을 받고 지도자가 되었다. 또한 신자들은 교육을 통하여 영적 성숙을 이루게 되었으며, 한국교회가 진리 위에 세워지는 초석이 되었다고 할 수 있다.

안양대학교 기독교 교육학 교수였던 이은규는 교회가 세상에서 영향력을 가지려면 반드시 성인 교육에 대한 역동적인 관심을 갖고 과감하게 성인 교육에 대한 개혁과 아울러 투자가 필요하며, 교회 성장과 세상에 대한 교회의 영향력은 성인 교육과 불가분리의 관계라고 주장하였다.[7] 특히 초기 선교사의 가족들은 어린이를 중심으로 성경 학교를 통하여 신앙 교육과 한글 교육을 통해 민족정신을 함양시켜 지도자를 배출하는 등 한국 사회 발전에 많은 공헌을 하였다. 또한 학습이란 제도를 통해 세례 준비를 시키면서 교인들을 교육하였고, 주일날 정기적으로 성경 공부를 시켰으며, 통신으로 성경을 공부하는 제도와 지도자 훈련을 위한 성경학

---

6 Roy B. Zuck & Gene A. Getz, 『교회와 장년교육』, 신청기 역 (서울: CLC, 1999), 13.
7 이은규, "성인기독교교육의 방향에 관한 연구", 「신학과 실천」 43 (2015): 401-431.

원이 있었으나 가장 중요한 것은 5일에서 2주까지의 일정한 기간 동안 집중적으로 훈련을 시키는 제도가 가장 효과적인 방법이었다고 주장하였다.[8] 초기 한국 교회 목회자들은 이러한 청교도 정신을 본받아 1년에 1-2차례 사경회를 통하여 성도들의 신앙 성숙을 도모하여 건강한 교회로 성장하였고, 핍박 가운데서도 소금과 빛의 역할을 감당하였음을 알 수 있다.

3) 교회의 본질적인 기능으로서의 배경

미국 포덤대학교(Fordahm University) 기독교 교육학 교수였던 마리아 해리스(Maria Harris, 1932~2005)는 교회 사역의 전형적인 활동을 첫째, 부활에 대한 말씀을 선포하는 활동인 케리그마, 교육의 활동인 디다케, 함께 모여 기도하고 빵을 나누는 기념 예전, 넷째, 궁핍한 사람들을 돌보는 디아코니아라고 주장하였다.[9] 호남신학대학교 기독교 교육학 교수였던 노영상은 전통적으로 교회는 말씀 선포, 교육, 교제, 봉사, 예배 또는 교회의 본질적인 5대 기능이 있다.[10] 고신대학교 기독교 교육학 외래교수였던 나삼진은 "한국교회는 그동안 교회의 본질적인 성격인 교육과 훈련에 충실하지 못하였고, 외형적인 성장에 집착하면서 교회의 건강성이 많이 훼손된 측면이 있다며 한국 교회가 교회의 본질적인 사역을 재발견해야 하며, 그 방향성은 교육과 훈련, 전도와 선교, 구제와 봉사를 균형있게 추구하는

---

8 신현광, "한국교회 초기 사경회와 신앙교육", 「신학과 실천」 36 (2013): 479-511.

9 Maria Harris, 『현대사회문제와 기독교적 답면』, 고용수 역 (서울: CLC, 1993), 15-20.

10 노영상, 『교회란 무엇인가』 (서울: 한국장로교출판사, 1999), 192.

것이어야 한다"라고 주장하였다.[11]

안양대학교 기독교 교육학 교수인 이정관은 "지금까지 교회 교육은 교육 전문가에 의한 교육과 삶의 자리에서 실재성의 원리를 가진 교육이 실행되지 못하였다고 전제하고 단지 성경 내용을 전달하는 주입식 교육을 진행해 왔다"라고 주장하였다.[12] 이러한 주장은 결국 교회가 존재하는 동안 어떤 상황에서도 교육의 기능을 감당해야 함을 보여주고 있다. 서술한 바와 같이 성경적 배경, 교회 역사적 배경, 교회의 본질적인 기능을 통해 볼 때 교회는 성도들의 신앙 성숙을 위한 신앙 교육을 반드시 실시해야 한다는 필요성에 그 누구도 이의를 제기하지 못할 것으로 여겨진다.

2. 미디어를 통한 신앙 교육의 필요성과 목표

단국대학교 한국어 문학 교수인 전병용은 미디어의 특성을 다음과 같이 주장하였다.[13] 첫째, 대중성과 대량성으로 미디어는 대량성이란 정보를 한 번에 대량으로 전달할 수 있는 능력으로 표현 수단이 문자이든 영상이든 대량성을 갖는다. 둘째, 보편성으로 미디어는 시간이 흐름에 따라 우리의 삶 속에 당연하다는 듯이 자리 잡아 삶의 일상이 된다. 셋째, 신속성과 확산성으로 빠르게 변화하는 세상 속에 가장 적합한 특성이 바

---

11 나삼진, 『교회학교 프로그래밍』 (서울: 생명의 양식, 2009), 16-17.
12 이정관, "청소년 기독교 신앙교육을 위한 가정과 교회의 교육연계", 「신학과 실천」 31 (2012): 457-482.
13 전병용, 『매스미디어와 언어』 (서울: 청동거울학술총서, 2002), 21.

로 신속성과 확산성일 것이다. 인간의 지적 욕구는 사회가 발전함에 따라 증가되었고, 현대 사람들은 어떠한 정보를 빠르게 알리려 하고 알고 싶어 하는 경향이 있다. 넷째, 공공성으로 미디어를 통해 전달되는 내용은 공유물이 되는 현상으로 언론을 통하여 전달되는 내용 대부분이 많은 사람들에게 같은 정보를 공유하도록 하기 때문에 공공의 특성을 지닐 수 있다. 이처럼 미디어는 커뮤니케이션의 수단으로 대량의 정보를 저장하거나 대중에게 전달하는 도구라고 할 수 있다.

이은규는 교육은 개인의 성장과 육성을 통해 바람직한 인간 즉, 성숙한 인간을 길러내기 위한 활동이라고 전제하고 주체성이 뚜렷한 사람, 자율적인 사람, 타인의 의견을 존중하고 따라줄 줄 아는 사람, 가족 부양을 책임질 줄 아는 사람, 자신의 결점을 인식할 줄 아는 사람, 사회 기대에 능동적으로 적응할 수 있는 사람이라고 주장하였다.[14] 교회는 미디어를 통하여 신자들로 하여금 신앙의 정보를 전달받아 삶의 성숙을 추구하여 교회 공동체에서만이 아니라 그가 속한 모든 조직에서 성숙한 삶을 실천하여 믿지 않는 이들에게 복음을 전하는 삶을 살도록 해야 한다.

1) 필요성

백석대학교 기독교 교육학 교수인 정정미는 기독교 교육의 콘텐츠가 바로 성서이자 신학이고 구원의 역사 그 자체라면 그 콘텐츠를 어떻게 엮어서 살려 갈 것이냐 하는 방법으로 한국 교회가 거시적인 안목을 가지고

---

14 이은규, "21세기 한국교회를 위한 양육하는 공동체", 「신학과 실천」 28 (2011): 683-713.

교육에 접근하면 미시적인 교육도 아울러 가능해진다고 주장하였다.[15] 그는 또한 "기독교 교육 현장에서 미디어에 대한 교육이 일반적으로 미디어를 통해서 받는 메시지가 옳은 것인지 아닌지를 판단하고 분별할 수 있는 능력을 키우거나 아니면 어떤 미디어를 언제 어떻게 사용하는지에 대한 교육으로 그쳤다면 이제는 미디어에 대한 교육의 전환이 필요하다" 라고 주장하였다.[16] 연세대학교 기독교 교육학 명예교수인 오인탁은 미디어의 특성에 따라 간단한 정보의 기억은 귀를 통한 미디어가 더 효과적이나, 귀와 눈을 합친 미디어는 기억을 더욱 향상시키며, 복잡하고 깊은 사고를 필요로 하는 문제에 대해서는 인쇄 미디어가 방송 미디어보다 더 효과적이기 때문에 기독교 교육에 있어서도 미디어를 통한 교육의 필요성을 주장하였다.[17]

　미디어는 현대사회의 다양한 부분에서 영향력을 발휘하고 있지만 교회의 신앙 교육에 대한 미디어 활용 방안은 미디어의 역기능 때문에 부정적인 경향이 있었다. 그러나 어린아이를 비롯하여 모든 세대가 미디어를 사용하고 있으며, 미취학 아동부터 노년을 대상으로 하는 교육 현장에 미디어가 활용되고 있는 상황이며, 특히 교육 기관에서 미디어 활용은 없어서는 안 되는 필수 도구가 되었으며, 미디어를 활용하여 사이버 대학까지 운영되고 있는 상황이 되었다. 교회 내에서도 이미 미디어를 활용하여 예배를 드리고 있으며, 심지어 대형 교회를 중심으로 위성 예배가 드려지고

15　정정미, "예배 갱신에 대한 교육적 견해: 교육미디어로서의 예배에 대한 재인식", 「기독교교육논총」 26 (2011): 367-394.

16　정정미, "예배 갱신에 대한 교육적 견해: 교육미디어로서의 예배에 대한 재인식", 367-394.

17　오인탁, 『기독교교육론』 (서울: 대한기독교교회협회, 1989), 271-274.

있는 상황에 이르렀기 때문에 더 이상 미디어를 통한 교육에 대한 부정적 이미지를 벗어버리고 적극 활용해야 할 때 임을 알 수 있다.

한국 교회는 교육이 본질적인 기능임에도 불구하고 현대인의 바쁜 일정 가운데 모임이 점차 줄어들고 있는 상황이 되어 예배 시간을 제외하고 교육을 위한 모임이 점차 감소하는 어려운 상황이 지속되고 있다. 이러한 상황에서 교육의 방법론적 대안으로 미디어를 통한 교회 교육 기능은 긍정적인 측면에서 재고되어야 하며, 교육의 부재는 곧 그리스도의 제자로서의 삶을 살도록 성장시킬 수 없기 때문에 현대사회에서 미디어 활용을 통한 신앙 교육은 순기능 측면에서 실시되어야 한다.

성결대학교 기독교 교육학 교수인 박미라는 "학습자의 측면을 고려하지 않는 교수활동은 의도한 목표를 달성하기 어려우며, 따라서 교수자가 어떤 방법을 사용하면 교육의 목표를 달성할 수 있을지 고민함과 동시에 학습자들이 어떤 방법을 통해 학습하게 되는지에 대한 고민도 이루어져야 한다"라고 주장하며,[18] "의도한 교육의 목적과 맞는 여러 매체들을 고려하여 단계적으로 방법을 선택한다면 효율적인 교육이 될 것이다"라고 주장하였다.[19]

서울신학대학교 기독교 교육학 교수인 박향숙은 "신생 성인에게는 획일화된 집단적 형태의 신앙 교육은 적합하지 않다며, 그들이 스스로 선택하고 참여할 수 있는 다양한 신앙교육구조가 내재된 네크워크 공동체가 필요하며 이를 통하여 스스로 자신의 신앙의 상태를 점검하고 자신의 신

---

18 박미라, "신앙교육을 위한 교육방법론 연구", 「기독교교육논총」 32 (2012): 357-383.
19 박미라, "신앙교육을 위한 교육방법론 연구", 357-383.

앙이 더욱 성숙, 성장할 수 있도록 지원해주는 시스템이 이상적인 시스템이다"라고 주장하였다.[20]

합동신학대학원대학교 기독교 교육학 교수였던 정정숙이 주장한 기독교 교육을 통해 신앙 교육을 위해서는 첫째, 신학이 체계화한 기독교에서 주어지는 내용을 적용, 해석, 전달, 가르치는 행동과학이 되어야 하며, 둘째, 기독교 신앙에 관한 교육으로 신앙공동체에 의한 교육을 말하며 교육의 장으로는 교회, 가정, 학교, 사회 등이며, 셋째, 중생한 신앙인이 총체적, 전체적, 신앙 고백적 삶의 형태로서 추구하도록 해야 한다.[21]

신앙 교육이 학습자로 하여금 하나님과의 만남이 이뤄지게 하고 보이지 않는 하나님과의 관계를 알게 하는 일은 그리 쉬운 일이 아니며, 추상적인 개념과 성경에 나타난 오래 전 사실들을 현실의 경험 속에서 사건화 되도록 돕는 것은 너무 어려운 일이다.[22] 그러므로 신앙 교육에 있어서도 미디어의 활용이 절실히 요청된다며 다음과 같은 순기능을 주장하였다.[23] 첫째, 복잡한 사상을 재구성하고 그 구체성과 감각적인 기반으로 단순화하고 손쉬운 이해 형태로 제시함으로써 학습의 의미를 뚜렷하게 한다. 둘째, 학습에서의 흥미를 부여해 학습자 스스로의 힘으로 사고를 전개해 나가도록 이끌어 확실한 이해와 인상적이고 기억이 오래가는 학습을 할 수 있게 해준다. 셋째, 시간과 공간의 다리 역할을 해 학습경험을 넓힐 수 있다. 넷째, 학습자에게 공통의 경험을 줌으로써 학습자가 가

20 박향숙, "신생 성인기를 위한 기독교신앙교육", 「기독교교육논총」 37 (2014): 295-323.
21 정정숙, 『기독교 교육학』 (서울: 도서출판 베다니, 2000), 22.
22 오인탁, 『테크노미디어 시대의 학교와 교회교육』 (서울: 한국기독교학회, 2003), 166-167.
23 유태영·호재숙 공저, 『시청각 교육』 (서울: 교육과학사, 1978), 36-37.

지고 있는 경험의 차이 때문에 단지 교사의 설명만을 듣거나 책을 읽는 것만으로는 목적한바 학습의 효과를 얻기 곤란한 결점을 해소할 수 있다.

미디어의 순기능을 목회자들이 인식하고 미디어를 활용하여 첫째, 하나님의 존재를 의식하게 하고, 둘째, 종교적인 감성을 느끼게 하며, 셋째, 시간과 공간의 차이를 현실과 연결시켜주며, 넷째, 추상적인 교훈을 구체적인 생활로 옮기는 역할을 하게 해야 하며, 다섯째, 흥미를 느끼고 참여하도록 해야 한다.

2) 목표

성결대학교 기독교 교육학 교수인 이은성은 일반적으로 교육이란 "학습자의 내재된 가능성을 밖으로 이끌어 내어주는 일이라는 면에서 인간과 사회공동체의 성장과 성숙을 위한 활동"이라고 하였다.[24] 이정관은 기독교 교육의 측면에서 "교회 신앙 교육의 중심과제는 성숙한 신앙을 갖도록 하는 것"이라고 하였다.[25] 예수님의 교육목표는 십자가와 부활에서 나타난 하나님 나라 실현과 인간이 하나님께 나아가고 하나님의 뜻을 이루는 것이다.[26] 성결대학교 기독교 교육학 교수였던 김국환은 한국 교회의 위기 현상을 기독교 인구의 감소, 반기독교 세력의 확산, 복음의 계승 단절로 구분하고 본질적 원인을 첫째, 한국 교회의 외적 위기는

---

24 이은성, "교회 신앙교육에서의 사회봉사교육과 실천과제", 「신학과 실천」 43 (2015): 485-512.
25 이정관, "100세 시대의 노인에 대한 기독교 교육적 돌봄의 과제", 「신학과 실천」 39 (2014): 61-83.
26 박종희, "교회성장을 위한 새신자 훈련에 대한 역사적 고찰", 「개혁주의 교회성장」 3 (2008): 1-46.

예수께서 유대교와 지도자들에게 기회가 주어질 때마다 책망과 경각심의 메시지를 전해주셨는데 이와 같은 영적 정체성 상실과, 둘째, 이웃과 사회 및 삶의 주변을 헤아리는 성숙한 신앙 상태를 추구하는 공적 신앙의 미형성에서부터 비롯되었다고 주장하였다.[27] 김재은은 교육을 "변형(transformation)으로 규정하고 변형은 삶을 해석하는 분석력을 가지는 의식의 변화와 그 의식의 변화가 삶을 변화시키는 능력화를 뜻하는 것이며, 성경은 이것을 그리스도의 장성한 분량이 충만한 데까지 이르러 풍조에 밀려 요동하지 않는 상태"라고 주장하였다.[28] 이은규는 "전체 교육과정이 움직여 나갈 방향을 제시하고 프로그램과 자료의 단계적 사용을 위한 일반기초를 제공한다. 그리고 나아가고자하는 방향으로 점진적인 단계를 취할 수 있도록 안내자 역할을 하며, 평가의 근거를 마련해 준다"라고 주장하였다.[29] 정정숙은 "그리스도의 성품과 행위를 배우게 하는 교육으로 그리스도를 닮아가는 것이 목적이다"라고 주장하였다.[30] 그러므로 한국교회는 첫째, 영혼을 하나님 말씀으로 구원하기 위하여, 둘째, 언약의 백성으로 구별된 삶을 살아가도록(딤후 2:2), 셋째, 그리스도의 장성한 분량에 이르게 하기 위하여, 넷째, 오직 십자가의 복음을 믿고 전파하는 삶을 살도록 해야 한다.

---

27 김국환, "한국교회 성장을 위한 기독교교육적 방안 모색", 「기독교교육논총」 21 (2009): 61-83.
28 김재은, 『기독교 성인교육』 (서울: 기독교교육학회, 2012), 27-28.
29 이은규, 『청소년교육』 (안양: 잠언, 2008), 31.
30 정정숙, 『기독교 교육과정』 (서울: 대한예수교장로회총회, 2000), 79.

3. 미디어를 통한 교육의 방안

박종희는 예수님의 교육 방법을 첫째, 생활을 통한 교육, 둘째, 생활 현장에서 자유롭게 실시하는 교육, 셋째, 다양한 방법을 통한 교육, 넷째, 생활에서 부딪치는 경험을 통한 교육, 다섯째, 사람들의 삶의 현장을 찾아가 함께 생활하심을 통한 교육, 여섯째, 개인의 영혼에 관심을 집중시키는 교육, 일곱째, 영적 성숙의 단계에 따른 교육, 여덟째, 개인 상담을 통한 교육, 아홉째, 훈련된 제자들을 통한 교육으로 정의하였다.[31] 즉, 예수님의 교육 방법은 삶의 현장에서 다양한 도구와 방법을 활용하는 교육이라고 할 수 있다. 그러므로 교회 지도자들은 전자 문화와 영상 문화에 익숙한 현대인들에게 미디어는 신앙 교육 현장에서 교육의 좋은 도구라는 인식의 전환이 필요하다. 한국 교회는 미디어의 발달로 인하여 미디어를 적극적으로 수용하고 있다. 이미 개설된 교회 홈페이지를 신앙 교육의 장으로 활용하고, 신앙 교육을 위한 사이버 강의, 각종 동영상 제작, 어플리케이션을 통해 약화된 신앙 교육을 강화해야 한다. 다만 각종 미디어 개발자와 미디어를 생활 속에서 적극 활용 하는 현대인들이 미디어를 정보 전달이나 흥미를 추구하는 것을 인식하고, 미디어를 통한 신앙 교육이 흥미에 그치지 않도록 해야 한다. 즉, 미디어를 통한 신앙 교육이 하나님 중심 신앙, 성경 중심의 신앙, 삶의 현장에서 실천할 수 있는 신앙의 원리[32] 중심에서 벗어나지 않도록 철저한 준비가 필요하다고 할 수 있다.

---

31 박종희, "교회성장을 위한 새신자 훈련에 대한 역사적 고찰", 1-46.
32 정정숙, 『기독교 교육과정』, 75-76.

1) 홈페이지를 통한 방안

교회의 홈페이지는 대부분 교회 소개와 설교문과 동영상, 예배 안내, 교회 소식 등으로 이용되고 있는데 교회에서 실시하는 각종 신앙 교육 프로그램을 제시하여 교육 목회 철학이 드러나도록 해야 한다. 홈페이지를 통한 신앙 교육의 구체적 방안으로 첫째, 인쇄 미디어 활용 방안으로 신앙 교육 교재를 홈페이지에 탑재하여 신자들로 하여금 스스로 학습할 수 있도록 하는 방안이다. 둘째, 교회가 추구하는 비전과 목표에 부합되는 신앙 서적을 소개하거나 내용을 요약하여 탑재하는 방안이다. 셋째, 신앙의 입문편에서 부터 성숙을 추구하는 그리스도인, 영적 리더들이 학습할 수 있는 내용까지 탑재하는 방안이다. 넷째, 도서를 지정해 주고 성도들이 책을 읽은 후 독후감을 기록하게 하는 방식이나 질문과 답을 할 수 있도록 하는 방안이다. 다섯째, 교회력의 의미와 삶에 적용 부분을 홈페이지에 탑재하는 방안으로 교회력에 읽어야 할 성경 본문을 게시하거나, 실천해야 할 사항 등을 성도들이 직접 보고 실천하여 신앙 성숙을 도모하도록 하는 방안이다.

2) 사이버 강의를 통한 방안

목회자나 신학자가 신앙에 관한 동영상 강의를 제작하여 다양한 미디어를 통하여 성도들로 하여금 사이버 강의를 듣게 하는 방안이다. 고가의 장비가 없이 노트북 컴퓨터만 있어도 사이버 강의를 제작하여 미디어를 통하여 동영상 강의를 신자들 스스로 학습할 수 있기 때문에 신앙 교육에 관한 내용을 목회자와 신학자를 통하여 수준 높게 제작하여 교육할 수 있는 방안이다. 한국 교회는 특정한 이단이 출현하면 많은 혼란에 빠지는 현상을 반복하고 있는데 이는 철저한 신앙 교육의 부재가 큰 원인이라고 할 수 있다. 수준 높은 사이버 강의를 통해 성도들이 신앙 성숙에 이르게 되면 분별력을 갖게 되기 때문에 어떤 이단이 출현하여도 흔들리지 않게 되며, 이단에 대한 대처도 사이버 강의를 활용하여 언제 어디서나 미디어를 통하여 신속하고 정확하게 대처할 수 있는 장점이 있다. 사이버 강의를 장기적인 안목에서 교단의 교육부가 교단 내 전공자들을 선정하여 강의를 맡기고 신자들의 평생 교육 차원에서 관리하게 한다면 개교회의 재정 부담이나 목회자의 시간 절약에도 도움이 될 뿐만 아니라 사이버 강의의 수준도 높일 수 있을 것으로 여겨진다. 특히 어린이 주일학교를 비롯하여 중·고등부와 청년부 및 장년부 구역 강사 등을 위한 단계별 교육 방안은 한국 교회의 시급한 과제로 여겨지고 있다. 또한 사이버 강의가 일방적인 전달방식을 탈피하여 쌍방향 커뮤니케이션이 될 수 있도록 다양한 미디어 기술을 활용할 뿐 아니라 학습 후 묻고 답하기를 할 수 있도록 제작한다면 더욱 효과적인 교육 방안이 될 수 있다. 단 담당자가 항상 답을 할 수 있도록 관리에 철저해야 한다.

3) 블로그와 유튜브를 통한 방안

신앙 교육에 유익한 동영상을 제작하거나 편집하여 블로그와 유튜브에 게시하여 성도들로 하여금 스스로 학습하게 하는 방안이다. 동영상을 활용하는 멀티미디어는 시각·청각·촉각·후각·미각을 통해 이해하고 만족하게 하기 때문에 구두로 하거나 매스미디어의 한계를 극복할 수 있는 방안이 될 수 있다. 신앙 교육에 적합한 기도, 전도, 교제, 봉사, 예배, 선교 등 주제별 동영상을 교회력이나 월별 목회 계획에 따라 정기적으로 블로그와 유튜브에 게시하게 된다면 반복 교육의 효과까지 기대할 수 있다. 대부분의 성도들이 기도의 요소와 순서인 찬양, 감사, 회개, 도고, 간구를 학습 받지 않은 결과로 때에 맞는 기도가 제대로 시행되고 있지 않은 것으로 여겨진다. 또한 예배에 대한 교육이 이루어지지 않아 산 제물로 드려지는 예배 보다는 받는 예배로 여겨져 기복신앙을 갖게 하는 원인이 되기도 하였다.

정정미는 "예배 교육이 충분하지 않으면 예배 의식이 예배자들에게 아무런 변화도 가져오지 못하여 습관과 의무로 전락하게 되고 교회는 이에 대한 대책으로 설교나 찬양에서만 찾으려는 노력을 하게 되지만 이 모두가 예배의 일부분일 뿐이라는 사실을 직시하고 교육이 필요하다. 예배와 예전에 대한 교육을 받지 못한 성도들은 예배의 의미를 충분히 찾아낼 수 없고 결국 이들에게 예배란 기독인으로서의 의무일 뿐 그 이상도 이하도 아닌 것이 되고 만다"라고 주장하였다.[33] 그러므로 가장 기본적인 신앙생활의 내용부터 성숙한 그리스도인의 삶을 살 수 있도록 성경적으로 제작하여 블르그와 유튜브를 통해 신앙 교육을 확대해야 한다. 제작에 많은 비용이 소요된다면 이미 제작된 다양한 신앙적인 동영상을 블로

---

[33] 정정미, "예배 갱신에 대한 교육적 견해: 교육미디어로서의 예배에 대한 재인식", 367-394.

그와 유튜브에 올리는 방안도 고려해 볼 수 있다. 즉, 복음적인 교회 예배 동영상이나 예배 실황을 링크해 놓아 신자들로 하여금 보고 자신의 예배에 대한 방향성을 찾게 하는 방법도 하나의 방안이 될 수 있다고 본다. 또한 고난 중에 믿음으로 극복한 다양한 신앙인들의 간증을 블로그와 유튜브를 통해 교육하는 방안과 성경적인 절기와 교회력에 약한 면이 있는 한국 교회가 절기와 교회력에 따라 삶에 적용점이 가능한 동영상을 블로그와 유튜브를 통해 신앙 교육에 활용한다면 1년 내내 예수 그리스도의 구속사의 관점에 따른 삶을 실천하여 성숙을 가져오는 교육 방안이 될 수 있다. 단, 현대인들은 5분 이상으로 길어지게 되면 보지 않는 습성이 있기 때문에 이를 고려하여 5분 이내로 편집하되 임팩트 있도록 하면 교육 효과의 극대화를 이룰 수 있다. 이를 더 많은 대중에게 전달하고자 할 때는 SNS를 이용하면 다중의 사람들에게 신앙 교육에 유익한 내용을 전달하여 신앙 성숙에 이르게 할 수 있다.

4) 어플리케이션을 통한 방안

현재 한국 교회도 대형 교회를 중심으로 300여 교회가 어플리케이션을 제작하여 설교와 교회 소식을 알리고 있으며 큐티와 영성 일기 등을 할 수 있도록 하고 있다. 그러나 대부분의 교회들이 체계적인 신앙 교육으로는 활용하지 못하고 있어 안타까운 현실이다. 교회의 막대한 재정을 투입하여 개발한 어플리케이션을 적극적으로 신앙 교육에 활용해야 할 때가 되었다. 어플리케이션은 휴대폰만 있으면 언제 어디서나 신자들이 신앙 교육을 받을 수 있기 때문에 개 교회보다는 교단적으로 제작할 때 보다 효과적인 방안이 될 수 있다. 또한 일부 교회들이 어플리케이션을 기독교 방송국과 연계하여 주제별로 영상을 볼 수 있도록 하고 있는데 이 또한 개 교회보다는 초기 한국에 내한한 선교사들이 교육을 위하여 연합 활동을 적극적으로 실시하여 성장과 성숙에 공헌한 사실을 기억하여 교단 혹은 범 교단적으로 접근할 때 더 효과적인 방안이 될 수 있다.

나가는 말

3C연구소장(Christian Education, Christian Family, Counseling) 이철승은 "교회 공동체는 예배와 교육의 공동체인데 교육은 여전히 지도자와 성도들의 관심으로부터 사라지고 있다고 규정하고, 새로운 소망과 도전으로 교육적 의미의 재발견과 행함을 통하여 새로운 다음 세대를 길러내는 일에 앞장서게 될 때 한국 교회의 미래에 대한 소망을 갖게 된다고 주장하며, 지도자들의 실천적 의지의 필요성과 열매를 위한 시간과 투자가 실천될 때 한국교회의 희망을 살리는 일"이라고 주장하였다.[34] 나삼진은 "교회의 본질적인 성격으로서의 목적과 기능에 충실하지 못하고 외형적인 성장에 치중하여 교회의 건강성이 많이 훼손된 측면이 있다"라고 주장하였다.[35] 안양대학교 기독교 교육학 외래교수 민화규는 "초기 한국 교회의 선교 주

---

34 이철승, 『교회교육의 회복』 (서울: CLC, 2011), 33-34.
35 나삼진, 『교회학교 프로그래밍』 (서울: 생명의양식, 2009), 55.

체는 시대가 무엇을 요청하고 있는지를 알아차리고 있었으나 현대교회는 이 시대가 요구하고 있는 것이 무엇인지 알아차리지 못하는 것 같다"라고 주장하였다.[36] 한국 교회의 쇠퇴에 대하여 교회의 본질적 기능인 교육을 회복하면 신앙 성숙에 따른 열매가 맺어지게 되며 그 열매는 하나님께 영광이 될 뿐 아니라 건강한 교회 성장의 출발점이 되기 때문에 중요한 과제라고 할 수 있다. 21세기 미디어 시대를 맞이하여 미디어에 오히려 신앙교육의 환경을 빼앗긴 한국교회는 교육 공동체라는 인식을 갖는 전환점이 필요하다고 할 수 있다. 이를 위해 개 교회 목회자들이 먼저 교육 공동체의 인식을 갖고 본질적인 교육 목회 철학이 필요하며, 지방회(노회)와 총회, 더 나아가 범 교단적 차원에서 다양한 미디어를 활용한 교육 방안을 추구해야 한다.

다양한 미디어를 통하여 신앙 성숙을 추구하는 효과적인 신앙 교육 방안이 되기 위해서는 재정적인 투자가 있어야 하며, 신앙 교육의 내용의 질을 높이기 위해서는 교회의 협력과 범 교단적 차원에서 접근하는 것이 바람직하다고 할 수 있다. 교회 건물과 음향 시설 등을 위해서는 막대한 예산을 투자하여 설교와 예배를 위한 영상 등을 위해서는 적극 사용하면서도 신앙 교육을 위한 미디어 활용 방안에 대해서는 소극적인 상황에서 교계 지도자들의 인식의 전환이 시급한 실정이다.

21세기 현대교회는 세상의 문화와 미디어의 발달을 앞서갈 수 는 없는 상황에 이르게 되었다. 현대사회는 다양한 미디어 활용을 통해 정보 홍

---

36 민환규, "초 · 중등학교에서 기독인 학부모에 의한 신앙교육에 관한 연구", 「신학과 실천」 16 (2008): 309-350.

수 시대라고 부르고 있는데 교회는 이미 개발된 다양한 미디어를 신앙 교육에 활용하지 못하여 성도들의 신앙 성숙을 도모하지 못하는 안타까운 현실이 되었다. 혹자는 오히려 너무 늦었다고 할 수도 있겠지만 미디어를 통하여 복음의 정보를 성도들에게 대량으로 전달하여 전도와 선교의 기능을 발휘하고, 대상과 신앙의 정도에 따른 교육의 활성화를 통하여 예수 그리스도의 장성한 분량에 이르게 하여 소금과 빛으로 살아가게 해야 한다. 한국 교회가 제2의 부흥과 영적 성숙을 갈망한다면 교회의 본질적인 교육의 필요성을 인식하여 미디어 시대에 맞는 미디어 활용을 통한 신앙 교육에 적극적인 대처가 필요하다. 특히 미디어의 역기능을 극복하고 순기능을 발휘하여 신앙 교육이 활성화되도록 목회자와 신학자들이 함께 논의하고 대안을 구체화하는 작업이 시급하다고 할 수 있다. 끝으로 미디어를 통한 교육의 단점을 보완하기 위하여 첫째, 온라인과 오프라인을 통한 교육의 기회를 목회자들이 잘 활용하는 지혜가 필요하며, 둘째, 미디어를 통한 교육을 위한 전문가 양성이 필요하며, 셋째, 범 교단적인 연합이 필요함을 인식하고 교육을 위한 다양한 연합의 정신이 발휘되기를 바란다.

참고문헌

김국환. "한국교회 성장을 위한 기독교교육적 방안 모색". 「기독교교육논총」 21 (2009): 61-83.

김재은. 『기독교 성인교육』. 서울: 기독교교육학회, 2012.

나삼진. 『교회학교 프로그래밍』. 서울: 생명의 양식, 2009.

노영상. 『교회란 무엇인가』. 서울: 한국장로교출판사, 1999.

민화규. "초·중등학교에서 기독인 학부모에 의한 신앙교육에 관한 연구". 「신학과 실천」 16 (2008): 309-350.

박미라. "신앙교육을 위한 교육방법론 연구". 「기독교교육논총」 32 (2012): 357-383.

박종희. "교회성장을 위한 새신자 훈련에 대한 역사적 고찰". 「개혁주의 교회성장」 3 (2008): 1-46.

박향숙. "신생 성인기를 위한 기독교신앙교육". 「기독교교육논총」 37 (2014): 295-323.

박화경. "한국교회교육의 변화를 위한 과제들". 「기독교교육논총」 27 (2011): 61-96.

신현광. "한국교회 초기 사경회와 신앙교육". 「신학과 실천」 36 (2013): 479-511.

신현광. "교육목회에 있어서 목사의 역할에 관한 연구". 「신학과 실천」 42 (2014): 607-637.

오인탁. 『테크노미디어 시대의 학교와 교회교육』. 서울: 한국기독교학회, 2003.

오인탁. 『기독교교육론』. 서울: 대한기독교협회, 1989.

용석범. "교회목회를 위한 프리젠테이션 활용법". 『멀티미디어 예배와 멀티미디어 교회교육』. 김진년 편저. 서울: 성서출판사, 2000.

유태영·호재숙 공저. 『시청각 교육』. 서울: 교육과학사, 1978.

은준관. 『기독교교육현장론』. 서울: 한들출판사, 2007.

이양호. "세계교회의 분열과 일치 운동사를 본다". 「목회와 신학」 (1996, 3): 58-68.

이은규. 『청소년교육』. 안양: 잠언, 2008.

이은규. "성인기독교교육의 방향에 관한 연구". 「신학과 실천」 43 (2015): 401-431.

이은규. "21세기 한국교회를 위한 양육하는 공동체". 「신학과 실천」 28 (2011): 683-713.

이은성. "교회 신앙교육에서의 사회봉사교육과 실천과제". 「신학과 실천」 43 (2015): 485-512.

이정관. "100세 시대의 노인에 대한 기독교 교육적 돌봄의 과제". 「신학과 실천」 39 (2014): 61-83.

이정관. "청소년 기독교 신앙교육을 위한 가정과 교회의 교육연계". 「신학과 실천」 31 (2012): 457-482.

이철승. 『교회교육의 회복』. 서울: CLC, 2011.

전병용. 『매스미디어와 언어』. 서울: 청동거울학술총서, 2002.

정일웅. 『한국교회와 실천신학』. 서울: 여수룬, 1999.

정정미. "예배 갱신에 대한 교육적 견해: 교육미디어로서의 예배에 대한 재인식". 「기독교 교육논총」 26 (2011): 367-394.

정정숙. 『기독교 교육학』. 서울: 도서출판 베다니, 2000.

정정숙. 『기독교 교육과정』. 서울: 대한예수교장로회총회, 2000.

Benson, Clarence H. *A Popular History of Christian Education*. Chicago: Moody Press, 1943.

Fickett, Harold L. *Hope for your Church: ten principles of church growth*. Glendale: Division of G/L, 1972.

Fowler, James W. *Becoming adult, becoming christian: Adult development and christian faith*. San Francisco: Jossey-Bass, 2000.

Harris, Maria. 『현대사회문제와 기독교적 답변』. 고용수 역. 서울: CLC, 1993.

Havighurst, Robert J. *Developmental tasks and education*. New York: David Mckay Company, Inc, 1952.

Parks, Sharon D. Big questions, *worthy dreams: mentoring young adults in their search for meaning, purpose, and faith*. New York: Jossey-Bass, 2000.

Parks, Sharon D. *Big questions, worthy dreams: mentoring emerging adults in their search for meaning purpose, and faith*. New York: Jossey-Bass, 2011.

Ryken, Leland. 『청교도 이세상의 성자들』. 김성웅 역. 서울: 생명의 말씀사, 1995.

Seels, B. & Richey, R. *Instructional Technology: The definition and domains of the field*. Bloomington. IN: AECT, 1994.

Lewis, Sherrill. 『만남의 기독교』. 김재은 · 장기옥 역. 서울: 대한기독교출판사, 1981.

Stroup, George W. *The promise of narrative theology*. Atlanta: John Knox Press, 1981.

Zuck, Roy B. & Getz, Gene A. 『교회와 장년교육』. 신청기 역. 서울: CLC, 1999.

다음 세대 신앙교육을 통한
선교 방안

제6장
다음 세대 신앙교육을 통한 선교 방안

들어가는 말

지난 1세기 동안 한국교회는 양적 성장 중심 혹은 개교회 중심의 목회적 패러다임 중심에서도 양적 성장을 이루었고, 두 번째 선교사 파송국이 되었다. 선교의 동기와 목적이 하나님과 예수 그리스도를 위한 것이 아니라 개인이나 단체를 위한 비본질적인 동기가 개입하게 되어 역기능이 발생하게 되었다.[1] 그 결과 예상치 못한 부작용 또한 나타나게 되었는데, 우선적으로 교회 성장 중심의 목회는 성장제일주의의 가치관을 확신시켰고, 팽창주의와 업적주의와 결합 되어 교회 내에 물량주의와 물질주의 가치관을 조장하게 되었다.[2]

지난 2017년 종교개혁 500주년(Reformation 500th Anniversary)을 맞이한 전 세계

---

1 Micheal H. Romanowski, & Teri McCarthy, 『타문화권 교육 선교』, 김덕영 · 김한성 역 (서울: CLC, 2019), 31.
2 박원길, "선교적 교회를 위한 목회 리더십의 연구", 「한국실천신학회정기학술대회」 60 (2016): 99.

기독교는 그것을 기념하고 축하할 일로만 여길 수 없었다. 양적으로 많이 위축된 상태이기도 했지만 기독교가 질적으로도 종교개혁의 본래 정신을 상실했다는 자성의 소리가 높았다. 특히 한국교회는 500주년을 기념하기보다는 성찰의 기회로 삼아야 했다. 많은 이들은 한국교회의 신앙 형태를 기복적이며 무속적인 개인주의 영성에 매몰되어 있다고 비판하였다.[3] 이러한 한국교회의 문제점을 극복하는 방법에 있어서 다음 세대 신앙교육은 현 한국교회가 발전시켜야 할 중요한 틀이다.[4] 그 틀에서 예수님의 3년 동안 공생애 사역은 다음 세대 신앙교육과 복음 전파, 그리고 섬김으로 구분된다(마 4:23).

윌리엄 캐리(William Carey, 1761-1834) 이후, 기독교 선교 운동에서도 위의 3가지 사역은 미션스쿨을 통한 다음 세대 신앙교육, 복음 전도를 통한 교회 개척 선교, 선교병원이나 진료소를 통한 의료선교, 그리고 다양한 형태의 구제 사역으로 추진되었다. 이러한 선교 전통에 따라 한국을 내한한 선교사들도 교회 개척, 의료선교, 다음 세대 신앙교육 등의 사역에 매진하였음을 알 수 있다.[5] 초기 한국교회는 선교사들에 의해 교육기관이 설립되어 다음 세대를 위한 다양한 교육이 실시되었다. 양적으로 성장한 한국교회는 교육의 위기 속에 다양한 교육기관[6]을 설립하여 운영하고 있다. 특히 한국교회가 쇠퇴기에 접어들면서 다음 세대를 위한 신앙교육에 노력을 기울이고 있다. 그 가운데 교회가 특수목적을 위해 어린이학교 과

---

3 성석환, 『공공신학과 한국 사회』 (서울: 새물결플러스, 2019), 319.

4 KWMF, 『한국 선교의 반성과 혁신』 (서울: 예영B&P, 2015), 223.

5 변창욱, "내한(來韓) 선교사의 교육선교(1884~1940): 한국교회의 교육선교에 주는 선교적 함의", 「선교와 신학」 36 (2015): 142.

6 본 연구에서 교회가 설립한 교육기관은 Mission School이 아니라 Christian School로 제한하였다.

정 교육을 비롯하여 고등학교 과정 교육에 이르는 교육기관을 설립하여 운영하고 있다. 문제는 교회가 설립한 교육기관에 신앙교육의 목적이 교육과정을 분석해 볼 때 분명하지 않은 것으로 여겨진다. 한국교회가 다음 세대를 위한 교육기관을 설립하여 운영하는 것은 고무적인 현상이다. 그러나 설립목적이 불분명하다면 또 다른 역기능이 발생하게 될 것이다. 본장에서는 교회가 설립한 교육기관이 다음 세대를 위한 신앙교육의 목적을 분명하게 드러내어 다음 세대를 예수 그리스도의 장성한 분량에 이르게 하여 선교에 헌신하게 되기를 바라며 연구하게 되었다.

1. 다음 세대 신앙교육의 개념 이해

다음 세대 신앙교육이란 하나님과 세계와의 화해(reconciliation)를 통해 참 인간성을 회복하려는 하나님의 선교(Missio Dei)에 동참하도록 모든 사람에게 열려 있는 예수 그리스도의 초청에 참여하는 방법이다.[7] 신명기 6장 7절에서 "네 자녀에게 부지런히 가르치며 집에 앉았을 때에든지 길을 갈 때에든지 누워 있을 때에든지 일어날 때에든지 이 말씀을 강론할 것이며"라고 하였다. 여기에서 하나님은 자녀가 다음 세대 신앙교육의 대상임을 분명히 드러내셨다. 잠언 22장 6절에서도 하나님은 "마땅히 행할 길을 아이에게 가르치라 그리하면 늙어도 그것을 떠나지 아니하리라"라고 하셨다. 찰스 멜처트(Charles F. Melchert)는 다음 세대 신앙교육에 대하여 말

---

7 Letty M. Russell, 『기독교교육의 새 전망』, 정웅섭 역 (서울: 대한기독교서회, 1972), 82.

하기를, "학습자인 성도를 돕는 행위이다"라고 하였다.[8] 멜처트는 교육을 다른 목회들로부터 선교가 구별되는 것은 알고자 하는 인간의 욕구에 진정한 도움을 주는 것, 그리고 나면서부터 경험하고 있는 험난한 세상으로부터 뜻을 이루고자 의욕을 갖도록 도와주는 것으로 보았다.[9] 이처럼 다음 세대 신앙교육은 사람들로 인해 그들의 경험을 통해서 성장하도록 효과적인 방법을 제시하여 도움을 주는 것이다. 아울러 다음 세대 신앙교육은 개인 성장뿐만 아니라 신앙공동체를 통한 선교 방안에도 큰 영향을 끼치고 있다. 그래서 브루스 파워즈(Bruce P. Powers)는 다음 세대 신앙교육에 대하여 신앙공동체의 삶과 선교에로 사람들을 인도하는 노력으로 보았다.[10] 구체적으로 볼 때, 다음 세대 신앙교육은 사람들로 하여금 기독교의 가르침을 이해함과 동시에 헌신함과 이를 통해 실천할 능력을 개발시켜주는 데 있다.

1) 예수 그리스도의 다음 세대 신앙교육

예수 그리스도의 다음 세대 신앙교육을 이해하고 서술하는 일은 쉬운 일이 아니다. 당시 예수님이 사셨던 종교적 상황은 유대주의 종교와의 연속성과 비연속성, 예수님 자신이 선포하셨던 하나님 나라의 메시지, 그리고 예수님이 실시하셨던 다음 세대 신앙교육의 방법이 예수님의 교육행위를 구성했

---

8 Charles F. Melchert, "What is the Education Ministry", *Relious Education vol. 73* (Ja.-Feb. 1978): 445.

9 Charles F. Melchert, "What is the Education Ministry", 445.

10 Bruce P. Powers, *Christian Education Handbook* (Nashville: Broadman Press, 1981), 15.

던 요소들이었기 때문이다. 예수님이 사셨던 정치적 상황은 로마제국의 통치로 인해 억압되어 있었으며, 그들의 독점적인 상업 지배, 그리고 희랍 문화의 영향까지 팔레스타인에 침투하면서 극도로 혼란스러운 시기였다. 그 속에서 예수님은 하나님 나라를 선포하셔야만 했다.[11] 예수님은 하나님 나라의 주권성을 이 땅에 선포하러 오셨다. 그리고 바로 이 하나님 나라의 성격은 신앙교육의 내용과 방법을 결정지었다. 예수님의 신앙교육에 있어 가장 중요한 형태는 선포로서 기쁜 소식을 선포한다는 선교의 의미도 가지고 있었다. 예수님의 신앙교육은 하나님 나라를 선포하는 하나의 통로였다. 예수님은 하나님 나라를 선포하는 신앙교육의 과정과 현장은 가장 비공식적인 방법을 사용하여 제자들의 생활, 즉 인간의 삶의 자리 한복판에 찾아가서 그곳에서 부르셨고, 대화하셨고, 가르치셨다.[12] 그래서 마태복음 18장 10절에서 예수님은 다음 세대 신앙교육의 대상자에 대하여 "삼가 이 작은 자 중의 하나도 업신여기지 말라 너희에게 말하노니 그들의 천사들이 하늘에서 하늘에 계신 내 아버지의 얼굴을 항상 뵈옵느니라"라고 하셨다. 이는 교회가 어린아이 때부터 신앙교육을 해야 함을 분명하게 드러내고 있다.

그래서 하나님 나라의 실현이라는 예수님의 다음 세대 신앙교육은 선교 방안을 위한 필수 도구라고 할 수 있다. 예수님은 자신의 선교 방안에서 신앙교육을 일차적인 전략으로 삼았기 때문에 그 당시 초대교회 성도들도 다음 세대 신앙교육에 힘썼다. 선생이신 예수님이 제자들을 가르치는 일을 게을리하셨다면 그것은 선교 방안에 있어서 참으로 모순적인 일일 것이다.[13]

---

11 은준관, 『교육신학』 (서울: 도서출판 동연, 2019), 112.

12 은준관, 『교육신학』, 112-114.

13 Lucien E. Coleman, Jr, 『교육하는 교회』, 박영철 역 (서울: 요단출판사, 1994), 37.

모든 세대에 걸쳐 가장 뛰어난 선생이신 예수님의 지상명령이 "내가 너희에게 분부한 모든 것을 가르쳐 지키게 하라"(마 28:20)고 볼 때 다음 세대 신앙교육은 매우 중요하다.[14] 이것은 제자들을 통한 예수님의 지상명령이요 신앙교육 명령으로 예수님과 그분의 교훈에 대해서 자기들이 알고 있던 모든 것을 제자들에게 넘겨주어 맡기고 있다. 그래서 예수님의 제자들은 그분이 가르치는 내용을 알 뿐만 아니라 그분의 가르침에 순종했기 때문에 그들의 삶에서 진정한 차이가 드러난 것이다.[15]

이렇게 예수님은 그의 추종자들에게 가르치는 일, 즉 신앙교육을 특별히 부탁하신 것이다. 그리고 누가복음 4장 5절에서 예수님은 "친히 그 여러 회당에서 가르치시매 뭇 사람에게 칭송을 받으시더라"라고 기록되어 있는 것으로 보아 가르치는 일부터 그의 공적인 신앙교육을 시작하셨다(마 4:23; 막 1:21). 당시 회당은 중요한 다음 세대 신앙교육의 장이었다.[16] 따라서 예수 그리스도의 다음 세대 신앙교육은 오늘날 시대별로, 나라별로, 그리고 교단별로 달라질 수 있겠지만 인간의 인성과 지성, 그리고 영성을 키우며 유일무이하신 삼위일체 하나님에 대한 가르침을 통해서 각 개인의 가치관을 성경에서 말하는 신앙의 기준으로 변화시키는 일일 것이다.[17]

2) 초대교회의 다음 세대 신앙교육

예수 그리스도를 주(主)로 고백했던 초대교회는 전 세계에 복음을 선포

---

14 조귀삼, 『전략이 있는 선교』 (안양: 세계로미디어, 2014), 58.
15 Michael J. Wilkins, 『제자도 신학』, 황영철 역 (서울: 국제제자훈련원, 2015), 403.
16 Lucien E. Coleman, Jr, 『교육하는 교회』, 26-27.
17 조귀삼, 『영산 조용기 목사의 교회성장학』 (군포: 한세대학교 출판부, 2011), 184-185.

하는 다음 세대 신앙교육을 위해 쓰임 받았다. 그리고 이 사명을 수행함으로써 초대교회는 비로소 모이는 교회(Assembling Church)와 복음을 선포하는 흩어지는 교회(Scattered Church)가 되었다. 여기서 궁극적인 증언의 매개는 설교(preaching)와 가르침(teaching)이었다. 바로 여기에 초대교회 다음 세대 신앙교육의 의미가 존재한다. 그래서 초대교회의 설교[18]와 가르침은 예수 그리스도의 복음을 내용 구조로 하였고, 신자를 훈련하는 일과 이방인을 전도하는 매개체가 되었다.[19]

초대교회의 다음 세대 신앙교육은 전 공동체 생활 자체가 교육이었던 것이 특징이다. 즉 공식적인 교육형식으로 자리 잡기 전에 초대교회의 다음 세대 신앙교육은 오순절 경험[20]과 그리스도인들의 신앙생활 지도, 그리고 사도들

---

18 초대교회가 실시했던 설교는 크게 세 가지 부분으로 이루어졌다. 첫째 설교는 예수 그리스도의 생애에 관한 선포였다. 그것은 역사 속에 오셔서 인간과 자신을 동일시하여 인간과 함께 생활하며 말씀하셨던 예수의 역사적 생애에 대한 선포였다. 둘째 설교는 히브리 성서 속에 나타난 예언자들에 대한 증언이었다. 다시 말해, 메시아를 기다렸던 예언자의 예언과 그 예언의 완성으로 오신 예수 그리스도를 선포하는 것이었으며, 예수의 죽음과 부활 사건에 대한 증언, 그리고 신앙고백이었다. 셋째 설교는 회개와 믿는 행위의 결단을 촉구하는 일이었다. 회개는 죄로부터 떠나 하나님께로 전 생애를 돌리는 행위이며, 세례는 그 증거가 되었다. 동시에 믿는 행위로의 결단은 예수를 주로 고백하는 초청이었다. 이처럼 설교는 예수를 선포하는 나팔 소리였고, 그 설교는 선교적이며 동시에 교육적이었다. Lewis J. Sherrill, *The Rise of Christian Education* (New York: MacMillan Co, 1944), 140.

19 은준관, 『교육신학』, 116-117.

20 초대교회에서 가장 중요한 내용은 분명히 오순절 체험이 첫 세대 기독교로 하여금 자신을 본질적으로 하나님의 영의 운동으로 보고, 성령으로 갱신되고 성령이 부어져 찬양, 예언, 증거, 행동에 영감을 받은 백성에 관한 고대 예언의 성취로 보는 데 확신을 준 주요 요인이었다. 새로운 운동의 자기 이해를 지배하는 특징이 예수를 향한 초점이라는 것은 곧 드러났다. 이 초점은 우리로 하여금 초대교회의 이 두 측면을 무시하거나 밀쳐두도록 하지 않아야 한다. 만일 부활과 승천이 기독교의 온전한 구성 요소가 예수에게 일어난 일에 대한 그리스도인의 이해임을 상기한다면, 오순절은 그리스도인들이 자신의 종교를 성령의 종교로 이해했다는 점을 결단코 잊을 수 없게 한다. James D. G. Dunn, 『초기교회의 기원(상권)』, 문현인 역 (서울: 새물결플러스, 2019), 246-247.

의 가르침, 성도의 교제, 기도, 떡을 함께 떼는 일 등, 공동체의 모든 일상생활에서 이루어진 것이다.[21] 초대교회의 다음 세대 신앙교육은 한 마디로 교회공동체를 장으로 하는 선교 방안이었다. 그러므로 초대교회의 다음 세대 신앙교육을 위해 당시 교회의 직분자들은 모든 성도들을 온전케 하여 봉사의 일을 하게 하였고, 그리스도의 몸을 세웠다(엡 4:12). 그리고 예수 그리스도의 장성한 분량에 이르게 하였다(엡 4:13). 초대교회의 다음 세대 신앙교육을 위한 이방인 선교사였던 바울은 모든 성도들이 육에 속한 자나 육신에 속한 자가 아닌 신령한 그리스도인이 되게 하였던 것이다(고전 2:14~15, 3:1).

초대교회의 다음 세대 신앙교육은 아직도 예수 그리스도를 알지 못하는 사람들에게 예수 그리스도를 가르치고 선교함으로써 믿음의 사람을 만드는 것과 이미 예수 그리스도를 믿는 사람들을 더 잘 믿게 함으로써 자신에게 주어진 사명을 감당하는 온전한 그리스도인을 만드는 교육의 기능을 가졌다. 이처럼 초대교회의 다음 세대 신앙교육은 불신자들을 신자가 되게 하고, 신자들은 더욱더 헌신 된 성도들로 만드는 것으로서 당시 선교의 방안 자체가 신앙교육이 되었던 것이다.[22]

3) 한국교회의 다음 세대 신앙교육

한국교회가 선교에 헌신하게 된 원인은 다양하겠지만 다음 세대 신앙교육에 공헌이 가장 지대하다고 할 수 있다. 서구의 학문과 과학이 먼저 크게 발

---

21 은준관, 『교육신학』, 117-120.
22 손윤탁, 『선교교육과 성장목회』 (서울: 한국장로교출판사, 2011), 12.

전했기 때문에 선교 현지의 사람에게는 서구 문명에 대한 호기심과 함께 배우려는 열망이 있었기 때문이다. 미국 선교사가 타고 온 자전거를 처음 보고 많은 사람들이 몰려와 놀라며 자전거를 탄 선교사를 보고 귀신으로 의심할 정도로 감탄했다고 한다. 이처럼 선교사를 통해 들어 온 서구 문명의 발명품과 의료기술, 그리고 과학과 다음 세대 신앙교육이 선교 현지에서 큰 호기심을 일으킨 것이다. 서구 기독교를 통해 교육이 들어오기 전에 한국의 교육은 서당(書堂)이었고, 학문은 한문으로 사서삼경(四書三經)을 공부하는 것이 전부였다. 1882년 미국과 조미수호통상조약(朝美修好通商條約)이 체결되고, 1883년 미국 공사관이 서울 정동(貞洞)에 개설되면서 미국 장로교와 감리교 선교부는 조선 선교의 가능성을 타진하기 시작하였다. 굳게 닫혀있던 한국 선교의 빗장을 연 것은 바로 다음 세대 신앙교육이었다.[23]

그런 가운데 1886년에 각도에서 엄선한 16명의 학생들을 받은 호레이스 알렌(Horace N. Allen, 1858-1932) 선교사는 호레이스 언더우드(Horace. G. Underwood, 1859-1916) 선교사와 존 헤론(John W. Heron, 1856-1890) 선교사를 교수진에 포함시켜 '제중원 의학당'(Medical and Scientific School)을 설립하였다. 이 학교는 1886년 3월 29일에 개교하여 최초로 한국교회의 다음 세대 신앙교육의 시초가 되었다. 알렌이 화학을, 언더우드는 영어와 화학, 그리고 물리를, 헤론이 의학을 가르쳤다. 그리고 해부학과 약조제법, 간호법 등을 가르쳤고, 수업은 오전 7시에 시작하여 오후 4시경까지 진행하였다.[24] 한국 여성 근대교육의 산실인 이화학당(梨花學堂)의 시작도 메리 스

---

23 변창욱, "내한(來韓) 선교사의 교육선교(1884-1940): 한국교회의 교육선교에 주는 선교적 함의", 144.

24 최재건, 『한국교회사론』 (서울: CLC, 2018), 143.

크랜튼(Mary F. Scranton, 1832~1909) 선교사가 1986년 5월 31일에 어느 소실한 명을 데리고 가르치기 시작하였는데 이때 영어교육이 주된 교과목이었다.[25] 장기적으로는 미션스쿨을 설립하여 기독교 신앙을 가진 인재와 영적 지도력을 갖춘 목회자들을 양성해나갔다.[26]

공개적인 선교가 허락되지 않던 한국에 입국하기 시작한 선교사들은 교회부터 시작한 것이 아니라 다음 세대 신앙교육에 먼저 착수하였다. 1888년부터 선교활동이 허용되던 때도 다음 세대 신앙교육은 계속하여 추진되었고, 한국교회가 급성장하면서 교육사업에 대한 필요성이 절실해졌다.[27] 한국에서의 초창기 선교사들은 다음 세대 신앙교육을 위해 새로운 학문을 교육함으로써 많은 대중들의 사랑을 받을 수 있었다. 이처럼 한국교회의 다음 세대 신앙교육은 국가 성장과 개인 성장, 그리고 교회 성장에 밀접한 관계를 가지고 있을 뿐만 아니라 한국경제가 부흥하게 된 대표적인 사례라고 볼 수 있을 것이다.

2. 다음 세대 신앙교육 사례

다음 세대 신앙교육은 사람을 전문가로 키워 그 나라의 주요한 인재로 성장할 수 있게 만들 뿐만 아니라 그들로 인해 예수 그리스도의 위대한 가치가

---

25 최재건, 『한국교회사론』, 322.
26 변창욱, "내한(來韓) 선교사의 교육선교(1884-1940): 한국교회의 교육선교에 주는 선교적 함의", 145.
27 변창욱, "내한(來韓) 선교사의 교육선교(1884-1940): 한국교회의 교육선교에 주는 선교적 함의", 165.

그 나라에 전해지도록 만들 수 있는 주요 원동력이다. 과거 아펜젤러 선교 사와 언더우드 선교사가 한국에 정성을 쏟아 한국교회 성장의 밑거름이 된 것처럼, 앞으로 세계의 신앙교육에 더 많은 관심과 기도가 요구되는 시점이 다.[28] 따라서 한국교회가 설립한 교육기관이 단순한 학교 교육의 연장이 아 니라 신앙교육을 통해 성숙한 지도자를 배출하여 선교에 헌신하여야 되기 때문에 샘물교회와 오륜교회, 그리고 중앙교회의 다음 세대 신앙교육 사례를 살펴보고자 한다.

1) 샘물교회

샘물교회(채경락 목사)의 다음 세대 신앙교육 사례는 샘물 학교로 교회와 학 교, 그리고 가정에 필요한 기독교적인 삶을 실천하도록 하는 데 있다. 샘물교 회가 설립한 샘물 학교는 2006년 3월에 개교하여, 유치원 5세~7세 반 30명, 초 등학교 1~4학년 60명으로 시작하였다.[29] 첫째, 유치원이다. 유치원은 공동 육 아방 형태의 아이샘으로 학부모들의 주도하에 교과과정, 교사 선발까지 이 루어졌다.[30] 과정은 5세, 6세, 7세 반으로 구성되어 있다. 영적인 영역은 말 씀 암송하기, 이야기 성경 듣기와 읽기, 말씀과 찬양이다. 신체 운동 건강영 역은 체육, 일상 나들이, 식습관 지도이다. 의사소통 영역은 이야기 나누기, 영어, 동화 및 동시, 동극 및 역할, 속담이다. 사회관계 영역은 성품 훈련, 기

---

28 황인상, "새로운 선교 트랜드 '교육선교'", 「LA크리스챤투데이」 (2018년 03월 22일).

29 박은조, 『그래도 교회가 희망이다』 (서울: 생명의말씀사, 2013), 158-163. (더 자세한 내용은 샘 물 학교 홈페이지를 참조할 것).

30 박은조, 『그래도 교회가 희망이다』, 158.

본생활 습관, 전래놀이다. 예술 경험영역은 음악, 새 노래, 음악 감상, 악기연주, 미술 만들기 및 그리기, 감상하기, 신체 표현이다. 자연 탐구 영역은 과학, 동식물 기르기 및 관찰하기, 요리하기, 텃밭 나들이, 음악, 퍼즐 맞추기, 칠교놀이, 바느질하기, 색종이 접기이다. 둘째, 초등학교이다. 초등학교 과정의 기초 배움은 성경, 국어, 역사, 수학, 과학, 체육, 음악, 미술, 영어, 성품, 독서, 노작, 실과이다. 공동체 배움은 샘물 배움, 봉사와 섬김이다. 다양한 배움은 아침 열기, 체험학습이다. 샘물 초등학교는 공동체의 헌신과 수고로 세워져 교회가 언약의 자녀를 하나님의 백성으로 기우겠다는 의지의 표현으로 교회공동체의 쉐마의 말씀에 순종하는 열매로 세우기 위한 것이다. 샘물 학교는 교회와 함께 하는 기독교 학교의 모델이다. 셋째, 샘물 중학교이다. 샘물 중학교는 "교과를 초월한 21개 교회의 담임목사들이 이사로 참여한 샘물 중학교는 기독교 세계관을 기초로 한 기독교 교육을 통해 섬김의 제자들을 키워나가는 것"을 목표로 설립되었다.[31] 샘물 중학교 이사로 참여한 교회 목회자들은 학생들에게 장학금을 지원하고, 학교를 후원한다. 샘물 중학교는 장애인 비장애인이 함께하는 통합교육을 한다. 교육의 기초인 성경, 토론과 글쓰기 활동인 도덕 수업, 다양한 언어활동을 통해 사고력 표현력을 기르는 국어 수업, 일상생활에서 의사소통 능력을 배양하는 영어 수업, 섬기는 제자의 마음과 민주시민의 소양을 가르치는 사회 수업 등을 진행한다. 또 수학 과학과 예체능 기술을 공동체 놀이를 통해 자율적으로 배울 수 있도록 하고 있다.

이처럼 샘물교회가 설립한 샘물 학교는 기독교적 삶을 실천하는 공간

---

31 노희경, "한국의 WCA' 기독 대안학교 샘물중 3월 개교", 「국민일보」 (2009년 02월 23일).

으로 언약의 자녀를 키우기 위해 교회와 학교, 그리고 가정의 동역과 교회가 연합을 추구하는 좋은 사례라고 할 수 있다. 샘물교회의 샘물 학교는 다음 세대 신앙교육을 통한 선교 방안이 학교 설립목적으로 드러나고 있다. 다만 샘물 학교는 통전적 선교 방안을 분명히 한다면 한국교회에 좋은 모델이 될 것으로 여겨진다.

2) 오륜교회

오륜교회(김은호 목사)의 다음 세대 신앙교육 사례는 꿈미 학교로 학생을 영성, 인성, 재능을 갖춘 하나님의 사람으로 키우는 데 있다. 꿈미 학교는 학생들에게 영성을 키워 하나님을 사랑하고, 인성을 키워 이웃을 섬기며, 재능을 키워 세상 문화를 바꾸는 삶을 살게 하는 데 있다. 여기서 꿈미 학생이 갖출 15 역량은 영성은 기독교 세계관, 하나님과 교제, 제자도이다. 인성은 자기 이해, 공감, 긍휼, 협동, 자기관리, 체력이다. 재능은 독서력, 융합사고력, 예술성, 도구 사용력, 글로벌 역량, 의사소통 능력, 문제해결력이다.[32]

오륜교회의 꿈미 학교는 예비 초등 학년, 초등(1~5) 5년, 중등(6~8) 3년, 고등(9~11) 3년, 인생 학교(12) 1년으로 13년 과정이다. 각 학령에서의 교육과정으로 예비 초등 학년은 하나님 알기, 초등은 나를 알기, 중등은 하나님 형상 회복과 세상 알기, 고등은 소명 알기와 진로선택, 인생 학교는 진로 준비, 세상의 샬롬 회복이다. 꿈미 학교는 기독교 가정의 자녀를 대상으로 미래를 열어갈 하나님의 사람을 키우는 데 집중한다. 꿈미 학교의 목표는 하나님의 사

---

32 최기영, "기독교 대안학교 '꿈미학교'의 꿈", 「국민일보」 (2018년 08월 08일).

람으로 키우는 학교, 배움이 즐거운 학교, 공동체 문화가 꽃피는 학교이다. 기독교 학교가 우리 사회에서 여전히 공교육의 대체 기관으로 머물고 있다는 일부 지적에 대해서는 세상 문화를 이겨 낼 만큼의 의식 함양이 관건이라고 강조한다. 그리고 학교의 지도그룹, 학부모, 학생이 교육과정에서 세속적 문화에 대항할 수 있는 세계관을 공유한다. 학생의 정체성과 소명에 관한 성경적 답을 찾고 이를 바탕으로 진로를 탐색하는 과정에 가정과 교회, 학교가 함께한다면 분명히 교육기관으로서의 영향력도 강화될 것이다.[33]

이처럼 오륜교회가 설립한 꿈미 학교를 통한 다음 세대 신앙교육 사례는 신앙교육을 위한 정체성이 분명하다. 특히 꿈미 학교는 교육과정이 하나님 형상 회복을 통한 소명 의식을 갖게 하는 목표는 다음 세대로 하여금 예수 그리스도의 제자로 세우게 할 수 있는 것으로 여겨진다. 다만 꿈미 학교의 전체적 교육과정은 대형교회만이 할 수 있는 물량주의 교육방식에 머무를 위험성이 있다. 이를 극복하기 위해 꿈미학 교가 실시하고 있는 사회적 기부 활동을 건강한 작은 교회와 함께 협력하는 것이 필요할 것으로 여겨진다. 더 나아가 이러한 연합활동 선교로 이어지도록 하는 데 보다 더 구체화 및 확대할 필요성이 있을 것이다.

3) 중앙교회

중앙교회(고명진 목사)의 다음 세대 신앙교육 사례는 중앙학원을 중심으로 한 중앙기독유치원, 중앙기독초등학교, 중앙기독중학교, 중앙예닮학

---

33 최기영, "위기의 다음세대 위해 학교 가정 교회 연합해야", 「국민일보」 (2017년 08월 08일).

교로 이루어져 가정과 교회, 그리고 학교가 함께 예수 그리스도의 온전한 제자로 양육하는 교육 공동체이다. 교육목표는 협동하는 사람, 바른 가치관을 지닌 사람, 전인격적인 사람, 시대를 앞서가는 사람을 양성하는 데 있다. 첫째, 중앙기독유치원이다. 중앙기독유치원은 중앙침례교회 원로 목사님 김장환의 부인 트루디 김(Trudy Kim)에 의해 효과적인 복음 전도를 목적으로 설립되었으며, 교육과정은 다음과 같다.[34]

기독교 교육은 기독교 세계관 통합 수업과 기독교 교육 교사연구팀 운영, 경건의 시간, 기도회 날, CCA 기도 모임, 성품 교육, 정기예배, 교육과정에서의 통합적 교육이다. 협동 교육은 가정방문, 협동 교육 및 협동학습 연구실 운영, 협동학습, 장애 유아와 일반유아와의 통합교육, 가정과의 연계, 학부모 섬김이다. 창의성 교육은 유아의 미술교육 놀이, 유아의 교구를 활용한 창의적인 놀이이다. 둘째, 중앙기독초등학교이다. 어린이들에게 세계관을 심어주고 기도가 수단이 아닌 목적이 되도록, 삶에서 기도가 중심이 되고, 기도하는 사람이 되어 사랑의 실천을 강조하는 중앙기독초등학교 교육과정은 다음과 같다.[35] 기독교 교육은 절기 예배, 선교팀으로 분류되며, 창의성 교육은 교과 심화 운영, 은사 반 운영, 여름 캠프, 열매 축제로 구성되었다. 협동 교육은 가정방문, 학부모 자원봉사, 협동 교육 및 협동학습 연구팀 운영, 여러 행사들, 장애아동과 일반 아동과의 통합교육이며, 통학 교육은 통학 교육지원실(은사발표회, 가족의 날 행사,

---

34 김요셉, 『삶으로 가르치는 것만 남는다』 (서울: 두란노, 2007), 62-65. (더 자세한 내용은 중앙기독유치원 홈페이지를 참조할 것).

35 김요셉, 『삶으로 가르치는 것만 남는다』, 77-138. (더 자세한 내용은 중앙기독초등학교 홈페이지를 참조할 것).

지원실 여름 캠프, 놀이캠프, 태도 개선 프로그램, 일반학급 교육과정 수정, 일반 교사 교육, 부모 교육) 운영으로 구성되었다. [36] 셋째, 중앙기독중학교이다. 교육과정은 공동체 교육과 창의적 교육, 그리고 협력적 교육으로 이루어지는 데 다음과 같다. 국어, 도덕(기독교 세계관), 사회, 역사, 수학, 과학, 기술과정, 음악, 미술, 체육, 영어, 중국어, 한문, 플립 티칭이다. [37] 넷째, 중앙예닮학교(중학교, 고등학교)이다. 중학교 교육과정은 진로, 태권도, 특색활동(악기연주), 주제 선택(과학/국어), 동아리 활동, 스포츠클럽, 주제 선택(영어/수학), 창의적 체험 활동이다. 그 외에 TMD 행진 진로 코칭 프로그램(영성캠프, TMD, 직업군 특강, 진로 발표제, '나 발견' 작품전시회, 중등 필독도서), 진로상담 교수제 및 멘토링(국내외선교, 진로상담 교수제, 비전 목장<포트폴리오>, 진로 발표제, '공동체' 작품전시회, 진로 필독도서), 진로상담 교수제 및 멘토링(비전 캠프, 졸업전야제, 진로상담 교수제, 비전 목장<포트폴리오>, 진로 발표제, '비전' 작품전시회, 진로 필독 도서) 등이 있다. 고등학교 교육과정은 기독교 세계관에 기초한 신앙교육으로 교육과정은 다음과 같다. 공통기초, 탐구 필수, 교양선택, 탐구 심화 선택이다. [38]

중앙교회가 설립한 교육기관이 실시하는 신앙교육은 다음 세대로 하여금 기독교 세계관을 가지고 선교 사명을 갖게 하는 것으로 여겨진다. 선교는 그리스도인에게 주어진 주님의 지상명령이기 때문에 중앙교회 교육기관은 이를 신앙교육 내용에 포함한 것으로 여겨진다. 다만 중앙교회 교육기관은 규모가 크고, 정규학교 과정 중심이기 때문에 신앙교육 약

---

[36] 김무정, "1천 1백여 명 '사랑의 삶' 다짐", 「국민일보」 (1997년 02월 15일).

[37] 중앙기독중학교, "학교소개", 「중앙기독중학교 교수학습도움센터」, 접속 2020. 1. 22., http://suwoncca.ms.kr/board.list?open=1022&mcode=1310&cate=1310.

[38] 김나래, "예수님 닮아 영성과 성품 균형잡힌 지성인으로 키웁니다", 「국민일보」 (2018년 03월 02일).

화에 대한 우려가 있다. 또한 교회 구성원들이 적극적으로 참여하지 못한 점과 중앙교회 단독으로 운영하고 있음이 극복해야 할 과제로 여겨진다. 이를 극복하기 위해 교회 구성원 중심으로 후원회를 조직하고 교회의 연합 방안이 마련되어야 할 것으로 여겨진다. 또한 교육과정을 신앙교육 측면에서 더 구체화 및 확대할 필요가 있으며, 교사들에 대한 신앙교육이 지속성 있게 진행되어야 한다.

3. 다음 세대 신앙교육을 통한 선교 실천방안

다음 세대 신앙교육을 통한 하나님의 선교 지상명령인 마태복음 28장 18부터 20절에 "예수께서 나아와 말씀하여 이르시되 하늘과 땅의 모든 권세를 내게 주셨으니 그러므로 너희는 가서 모든 민족을 제자로 삼아 아버지와 아들과 성령의 이름으로 세례를 베풀고 내가 너희에게 분부한 모든 것을 가르쳐 지키게 하라"라고 하였다. 이것은 하나님의 지상명령 사역을 제자들에게 위임하신 중요한 다음 세대 신앙교육을 통한 실천방안이다. 하나님의 말씀이 증거 되는 모든 곳에서 가르치는 선교 실천 방안이 있어야 한다.[39] 하나님의 선교사역을 위임받은 교회는 다음 세대 신앙교육을 통해서 온 천하에 복음을 증거 할 인재들을 양성해야 하기 때문이다. 이를 구체화하기 위해 다음과 같은 방안을 제안한다.

---

39 조귀삼, 『전략이 있는 선교』, 68.

1) 다음 세대 신앙교육의 패러다임 변화

교회는 모든 민족을 제자 삼아 예수께서 분부하신 모든 말씀을 가르쳐 지키도록 신앙교육의 완성에 이르게 해야 한다.[40] 아브라함을 비롯하여 모든 부름받은 하나님의 사람과 예수 그리스도의 반석 위에 세워진 교회는 제자도를 실천해야 한다. 예수께서는 복음전파와 가르침, 그리고 섬김을 통해 하나님 나라를 이루어 가셨다.[41] 그러므로 교회와 교육기관은 신앙교육이 지식으로 끝나지 않고 궁극적으로 복음이 땅끝까지 전파되는데 헌신하도록 해야 한다. 한국교회가 개교회 중심의 양적 성장을 위한 신앙교육에서 선교적 삶을 추구하도록 패러다임이 변화되어야 한다. 특히 다음 세대 신앙교육이 선교로 열매를 맺기 위해서는 교회 지도자들뿐 아니라 모든 구성원까지 신앙교육에 대한 패러다임이 변화되어야 한다. 많은 교회가 다음 세대 신앙교육을 어린이나 청소년을 단순히 양육하는 측면에서 접근했다면 이제는 그들을 다음 세대의 선교 주체로 보아야 한다. 장년 중심의 목회는 수많은 어린이와 청소년들을 교회 밖으로 내보는 결과를 가져오지 않았는지 의식의 전환이 필요하다. 교회 지도자들이 다음 세대를 위한 신앙교육의 목적이 단순히 자신들의 교회를 유지하고, 성장하는 데 자연 성장 혹은 생물학적 성장 도구로 인식해서는 안 된다. 특히 교회가 설립한 교육기관이 학교 교육 연장이 되어서는 아니 된다.

교회가 설립한 교육기관의 패러다임의 변화를 추진하기 위해서는 교회

---

40 김남식, "한국교회 프로그램식 전도의 현실과 문제, 그리고 대안", 「신학과 실천」 46 (2015): 506.

41 실천신학대학원대학교, 『하나님 나라를 목회하라』 (서울: 도서출판 드림북, 2019), 109-110.

교육기관 운영위원회를 구성해야 한다. 운영위원회는 다음 세대 신앙교육을 통한 선교 로드맵을 완성해야 하는 데 인적 자원과 물적 자원을 확보하여 사업계획서를 작성하고 실천해야 한다. 특히 운영위원들은 다음 세대들의 문화를 이해하고 그들의 눈높이에 맞춰 미래 선교를 볼 줄 아는 세계관이 형성되어야 한다. 단순히 위원들을 위한 조직이 아니라 신앙교육을 통한 선교의 목적에 맞는 세계관을 가진 자가 되어야 한다. 운영위원회 모임은 정기적으로 가지며 구체적으로 신앙교육을 받아 교회와 교육기관이 추진할 신앙교육을 지원해야 할 것이다.

2) 다음 세대 신앙교육의 로드맵이 필요

다음 세대를 신앙교육을 통해 선교 주체로 세우기를 원한다면 이에 대한 로드맵이 필요하다. 로드맵은 다음 세대뿐 아니라 모든 교회 구성원들이 선교를 위한 동역자로 참여하게 할 뿐 아니라 지속적인 신앙교육을 점검하고 수정 보완할 수 있도록 하기 때문이다. 로드맵은 다음과 같은 요인이 분명해야 한다. 첫째, 교회나 교육기관은 선교 비전, 목표, 전략, 단계별 실천사항 등이 구체화 되어야 한다. 둘째, 선교와 필요성, 헌신자 발굴 방법과 시기, 단계별 교육과정이 필요하다. 선교 헌신자를 어려서부터 선교에 대한 사명감을 깨달은 다음 세대를 발굴하고 양육해야 할 것이다. 선교 헌신자가 그리스도와 관계성에 기초한 정체성을 갖도록 해야 하다. 셋째, 선교를 위한 단계별 교육과정에 맞는 교재 개발이 필요하다. 물론 선교단체가 발행한 교재는 사용하겠지만 창조-타락-구속이라는 성경적 배경에서의 개발이 시급하다. 지금까지 선교에 대한 교재가 미전도 종족에게 초점이 맞춰져 있었다면 이제는 다음 세대에게 초점이 맞춰진 교재가 필요하다. 성숙한 그리스도인은 하나님과 관계 속에서 하나님의 뜻을 찾고 복음이 땅 끝까지 전파되는데 헌신할 수 있기 때문이다. 교재 내용은 공적신앙 형성을 위한 신앙교육이 되도록 해야 한다. 세상에서 하나님의 통치가 구현되는 사회를 만드는 가장 효과적인 접근중의 하나라는 관점에서 기독교의 신앙교육에서도 다루어야 할 핵심적인 교육내용의 하나가 되기 때문이다.[42] 공적 신앙은 헌신자로 하여금 독립적이고 인격적 주체로서 신앙 공동체뿐만 아니라 타자들을 주체로 인식하고 상호 관계를 통하여 정체성을 형성해 나가기 때문이다. 넷째, 부모와 함께할 프로그램이 구체화 되어야 한다. 특히 다음 세대를 하나님 나라의 일군으로 양육하고 파송함에 있어 부모의 역할이 중요하기 때문에 부모와 함께 할 수 있는 방안도 마련되어야 한다. 다섯째, 교사가 확보되어야 한다. 다음 세대에게 신앙교육을 실시할 사역자 자격과 확보 방안이 구체화 되어야 한다. 또한 현재 감당하고 있는 교사들을 위한 훈련 프로그램이 필요하다. 학교 교육은 지식전달을 목적으로 학생들을 지나칠 정도로 경쟁을 유도하고 있다. 그러나 신앙교육은 단순한 지식전달이 아니라 서로 용서하고, 사랑하고 존중하며 동역자로서 인격적 관계가 중요하다. 그러므로 이런 자격과 사명감을 가진 교사 확보와 훈련 프로그램이 구체화 되어야 한다. 다섯째, 사이버 공간을 통한 신앙교육 방안이다. 다음 세대는 물론 지금 세대는 사이버 공간에서 다양한 커뮤니케이션 활동을 하고 있다. 사이버 공간에서 대부분의 시간을 보낼 다음 세대

---

42 이은성, "교회 신앙교육에서의 사회봉사교육과 실천과제", 「신학과 실천」 43 (2015): 487-488.

를 위해 교회는 다양한 콘텐츠를 개발하여 신앙교육은 물론 선교 도구로 활용해야 한다. 또한 다음 세대에게 사이버 공간에서 어떻게 복음을 전파할 것인지에 대한 노력이 지속되어야 한다. 물론 사이버 영역의 자유로움과 새로움, 그리고 다양함으로 인해 기존 교회들이 쉽게 영역을 확보하기 어려운 점은 있으나 사이버 영역은 결코 포기할 수 없는 블루오션이라고 할 수 있다.[43]

21세기 정보화 시대에 사이버 공간을 신앙교육과 선교에 적극적으로 활용해야 한다.[44] 복음은 시대마다 다양한 매체를 통해 전파되어 왔다. 구약시대에는 구전과 글로 전달되었고, 신약시대에는 설교와 편지, 그리고 필사된 양피지와 파피루스로, 이후 인쇄술의 발달로 인쇄물에 의해 복음이 전해졌다. 그러므로 다음 세대 신앙교육은 사이버 공간을 통해 영원불변의 진리인 하나님의 말씀을 교육하여 복음을 땅끝까지 전해야 할 것이다.

3) 선교대회를 통한 다음 세대 신앙교육

교회는 다음 세대 신앙교육을 실시하는 교회나 교육기관 지도자를 초청하여 다음 세대 선교대회를 진행해야 한다. 정기적인 선교대회는 지역 교회와 교단, 그리고 교육기관 지도자들이 함께하도록 해야 한다. 선교대회를 통한 구체적 방안은 첫째, 세미나를 개최한다. 다음 세대 신앙교육을 통한 선교에 필요한 학자와 목회자는 물론 어린이부터 시작해서 부모 세대까지

---

43 조귀삼, 『전략이 있는 선교』, 66-67.

44 이금만 · 옥장흠 공저, 『21세기 정보화 시대의 기독교교육 방법』 (오산: 한신대학교 출판부, 2003), 225.

함께 할 수 있는 세미나를 통해 신앙교육을 통한 선교 방안을 확산하도록 해야 한다. 샘물기독학교는 정기적으로 샘물 기독교 교사 아카데미를 개최하고 있다. 전문가를 통해 기독교 학교의 신앙적 기초와 교육철학, 운영, 기독교 교사로의 부르심, 기독교 학교에서 학부모와 동역하기, 교실을 배움 공동체로 만들기, 기독교 학교의 시대적 사명과 전망 등을 발표하도록 하고 있다. 수강생들에게는 샘물 학교 수업 참관의 기회도 제공하고, 수료자는 교서 선발 전형에 지원할 기회도 주어진다.[45] 둘째, 교재 개발을 위한 워크샵을 개최해야 한다. 로드맵에서 확정한 교육과정에 맞는 선교적 세계관을 학습할 수 있는 교재가 개발되어야 한다. 셋째, 미전도 종족에 대한 정보를 제공한다. 다음 세대가 관심을 집중해서 선교할 지역에 대해 이해도를 높일 수 있는 정보를 제공하여 다음 세대로 하여금 준비할 수 있도록 해야 한다. 넷째, 선교 참여 방안을 제공한다. 세대별, 사역별, 동역자에 따른 다양한 선교에 참여할 기회를 제공하는 것이다. 교회가 설립한 교육기관 신앙교육 대상자를 대상으로 선교지 방문 등을 정기적으로 참여할 수 있도록 하는 것이다. 초기에는 다양한 국가를 방문하는 것을 시작하지만 점점 관심 있는 나라를 구체화하여 목표를 정해 선교할 수 있도록 동기부여를 제공한다. 특히 선교지 방문은 부모와 함께 자녀들이 참여하는 방안, 그리고 교회가 바자회 등 다양한 방법을 통해 다음 세대가 재정적 부담이 없이 참여할 수 있도록 해야 한다. 다섯째, 사례 보고를 하게 한다. 따라서 교회와 교육기관에서 실시하고 있는 다음 세대 신앙교육과 선교에 대한 사례를 발표할 수 있는 장이 마련되어야 할 것이다.

---

45 윤중식, "샘물 기독교사 아카데미", 「국민일보」 (2011년 05월 26일).

4) 네트워크 형성을 통한 다음 세대 신앙교육

선교는 교회나 교단을 위한 사역이 아니다. 선교는 하나님 나라를 확대해 나가는 것이다. 그럼에도 불구하고 지금까지 선교는 주로 개교회 중심이나 교단, 선교단체 중심으로 진행되었다. 교회가 설립한 교육기관에서 신앙교육을 실시하고, 선교에 동참하게 해도, 오직 하나님 나라에 대한 목적에서 벗어나게 되면 일반 기업과 다를 바가 없다. 이러한 선교 방식은 지나친 경쟁의식과 폐쇄성, 제도주의의 함정에 빠질 위험성이 있다. 교회는 왕으로서의 삼위일체 하나님의 다스림을 받는 성도의 공동체이며, 왕의 통치가 가장 중심적인 장소이며, 왕의 통치의 예견되는 표적이다. 교회의 신앙교육 사명은 왕의 통치에 대한 지식을 확산시키는 일이다.[46] 하나님 나라는 이러한 범위에 있어서 교회보다 더 포괄적이며, 시간성에 있어 무한정하며, 상태에 있어 더 완전하며, 성장에 있어 교회보다 더 함축적이며, 교회를 통해서 사역하게 된다.[47] 기독교 가치관과 특수한 목적성을 유지하는 가운데 모든 구성원들이 유연한 지혜를 가지고 협력해야 한다.[48] 이처럼 교회와 하나님 나라의 관계성 위에서 교회가 설립한 교육기관에서 신앙교육이 실시 될 때 교회는 세상 속에서 하나님 나라의 증인이 되어야 할 사명을 책임을 느끼고 자기 안일과 자기만족, 그리고 타성의 의무에서 벗어날 수 있다. 하나님 나라를 위해 교회는 협력과 일

---

46 Charles E. Van Engen, *The Growth of the True Church* (Amsterdam: Rodopi, 1981), 281-290.

47 Charles E. Van Engen, *The Growth of the True Church*, 291-299.

48 김병석, "기독교학교의 선교지향인 신앙교육을 통한 학습자의 신앙형성에 한 연구", 「신학과 실천」 57 (2017): 410.

치를 추구하게 되고 인간 삶의 모든 영역에서 삼위일체 하나님의 통치를 증거 하며 개교회 차원을 뛰어넘어 민족 복음화와 세계 선교 사명을 종말론적인 긴장감 가운에 감당할 수 있을 것이다.

한국교회는 개교회 지상주의의 올무에서 벗어나 하나님 나라를 위한 신앙교육을 지향하여 복음을 예루살렘과 유대와 사마리아와 땅끝까지 전파하는 일에 앞장서야 한다. 그러기 위해 개교회나 교단을 넘어 다음 세대 신앙교육을 통한 선교를 위한 사명이 있는 개인과 교회와 교육기관과 교단이 네트워크를 구축해야 한다. 네트워크가 구축되면 행정적인 역할 뿐만 아니라 교육의 과정에서도 특수한 언어, 과목 등에 대한 전문가를 통해 지속적인 교육과 파송이 가능하기 때문이다. 특히 다양한 선교 지역에 대한 정보 확보에도 네트워크가 구축되면 공유를 통한 협력이 수월하게 되며, 새로운 정보를 지속성 있게 업그레이드할 수 있을 것이다.

나가는 말

한국교회는 다음 세대 신앙교육을 통해 쇠퇴기를 넘어 다시 한번 성장의 기회로 삼고자 노력하고 있다. 이를 위해 유치부 과정부터 고등학교 과정까지 다양한 교육기관을 설립하여 운영하고 있다. 이를 통해 그리스도인은 물론 믿지 않는 학생들까지 교회가 설립한 교육괴관에서 교육을 받는 학생 수가 증가하고 있다. 교회가 설립한 교육기관은 신앙교육을 위한 목적임이 분명하다. 신앙교육은 한 사람을 그리스도의 제자가 되게 하는 가장 중요한 과정이며, 신앙교육은 선교로 인하여 제자 된 그를 온전한 신자, 균형 잡힌 사람으로 만들어 가는 과정이기 때문이다.[49] 이처럼 교육과 선교는 교회의 본질적 기능이다. 교육이 없는 선교는 일회성으로 그치거나 동기와 목적이 비성경적일 가능성이 높다. 그러나 어려서부터 교회를 통해 선교에 대한 올바른 가치관이 형성되면 하나님께서 기뻐하시는 선교에 동참할 수 있다.

교회가 설립한 교육기관에서 기독교 가치관과 세계관에 입각하여 예수 그리스도의 복음을 입체적인 메타포로 응용하여 세속문화에 기독교 신앙이 창조적으로 도출되도록 해야 한다.[50] 선교는 신앙교육을 통해 현재의 삶을 반성한 후 변화를 이끄는 목적을 가지고 설계되어 기독교 복음에 대한 신앙형성을 지향하기 때문이다.[51] 한국교회는 예수 그리스도의 진정한 섬김이자 교회의 본질인 신앙교육을 통한 성경적 선교로 돌아와 다음 세대가 삶의 자리에서 실천되도록 가르치고 훈련해야 한다. 왜냐하면 신앙교육은 선택해야 할 사항이 아니라 교회가 추구해야 할 그리스도의 근본정신이기 때문이다. 선교를 이루어 가기 위한 신앙교육은 봉사의 영역뿐만 아니라 교회운영과 예배, 그리고 교회 전 영역에서 이뤄져야 하며, 사역의 방향 자체가 그리스도인들의 모든 삶의 영역에 초점이 맞춰져야 할 것이다.[52] 이제 한국교회는 설립한 교육기관의 교육과정을 점검하고 신앙교육에 더 집중해야 한다. 교회가 설립한 교육기관을 통해 다음

---

49 신현광, "Letty M. Russell의 교육론에 대한 연구", 「신학과 실천」 39 (2014): 335-336.

50 한상진, "인성에 대한 교육적 의미", 「신학과 실천」 54 (2017): 417.

51 김병석, "기독교학교의 선교지향인 신앙교육을 통한 학습자의 신앙형성에 한 연구", 402-403.

52 실천신학대학원대학교, 『하나님 나라를 목회하라』, 494.

세대가 사명을 감당하도록 온전한 그리스도인이 되게 하는 신앙교육의
실천을 간과하지 말아야 할 것이다.

참고문헌

김나래. "예수님 닮아 영성과 성품 균형잡힌 지성인으로 키웁니다". 「국민일보」 2018년 03월 02일.

김남식. "한국교회 프로그램식 전도의 현실과 문제, 그리고 대안". 「신학과 실천」 46 (2015): 479-510.

김무정. "1천 1백여 명 '사랑의 삶' 다짐". 「국민일보」 1997년 02월 15일.

김요셉. 『삶으로 가르치는 것만 남는다』. 서울: 두란노, 2007.

김병석. "기독교학교의 선교지향인 신앙교육을 통한 학습자의 신앙형성에 한 연구". 「신학과 실천」 57 (2017): 401-422.

노희경. "한국의 WCA' 기독 대안학교 샘물중 3월 개교". 「국민일보」 2009년 02월 23일.

박원길. "선교적 교회를 위한 목회 리더십의 연구". 「한국실천신학회정기학술대회」 60 (2016).

박은조. 『그래도 교회가 희망이다』. 서울: 생명의말씀사, 2013.

변창욱. "내한(來韓) 선교사의 교육선교(1884-1940): 한국교회의 교육선교에 주는 선교적 함의". 「선교와 신학」 36 (2015): 139-172.

성석환. 『공공신학과 한국 사회』. 서울: 새물결플러스, 2019.

손원탁. 『선교교육과 성장목회』. 서울: 한국장로교출판사, 2011.

신현광. "Letty M. Russell의 교육론에 대한 연구". 「신학과 실천」 39 (2014): 329-354.

실천신학대학원대학교. 『하나님 나라를 목회하라』. 서울: 도서출판 드림북, 2019.

윤중식. "샘물 기독교사 아카데미". 「국민일보」 2011년 05월 26일.

이금만·옥장흠 공저. 『21세기 정보화 시대의 기독교교육 방법』. 오산: 한신대학교 출판부, 2003.

이은성. "교회 신앙교육에서의 사회봉사교육과 실천과제". 「신학과 실천」 43 (2015): 485-512.

은준관. 『교육신학』. 서울: 도서출판 동연, 2019.

중앙기독교중학교. "학교소개". 「중앙기독중학교 교수학습도움센터」. 접속. 2020. 1. 22. http://suwoncca. ms. kr/board. list?open=1022&mcode=1310&cate=1310.

조귀삼. 『영산 조용기 목사의 교회성장학』. 군포: 한세대학교 출판부, 2011.

조귀삼. 『전략이 있는 선교』. 안양: 세계로미디어, 2014.

조귀삼. "기독교 대안학교 '꿈미학교'의 꿈". 「국민일보」 2018년 08월 08일.

최기영. "오륜교회 김은호 목사 "위기의 다음세대 위해 학교·가정·교회 연합해야". 「국민일보」 2017년 08월 08일

최기영. "위기의 다음세대 위해 학교 가정 교회 연합해야". 「국민일보」 2017년 08월 08일.

최재건. 『한국교회사론』. 서울: CLC, 2018.

한상진. "인성에 대한 교육적 의미". 「신학과 실천」 54 (2017): 417-444.

황인상. "새로운 선교 트랜드 '교육선교'". 「LA크리스찬투데이」 2018년 03월 22일.

Coleman, Jr. Lucien E. 『교육하는 교회』. 박영철 역. 서울: 요단출판사, 1994.

Dunn, James D. G. 『초기교회의 기원(상권)』. 문현인 역. 서울: 새물결플러스, 2019.

KWMF. 『한국 선교의 반성과 혁신』. 서울: 예영B&P, 2015.

Melchert, Charles F. "What is the Education Ministry". Relious Education vol. 73 (Ja.-Feb. 1978): 429-445.

Powers, Bruce. P. *Christian Education Handbook*. Nashville: Broadman Press, 1981.

Romanowski, Micheal H. & McCarthy, Teri. 『타문화권 교육 선교』. 김덕영 · 김한성 역. 서울: CLC, 2019.

Russell, Letty M. 『기독교교육의 새 전망』. 정웅섭 역. 서울: 대한기독교서회, 1972.

Sherrill, Lewis J. *The Rise of Christian Education*. New York: MacMillan Co, 1944.

Van Engen, Charles E. *The Growth of the True Church*. Amsterdam: Rodopi, 1981.

Wilkins, Michael J. 『제자도 신학』. 황영철 역. 서울: 국제제자훈련원, 2015.

제 7 장

가정사역을 통한
선교 방안

제7장
가정사역을 통한 선교 방안

들어가는 말

한국사회의 이혼율은 경제협력개발기구(OECD) 평균보다 높은 것으로 나타났다. OECD가 2019년 발표한 《한눈에 보는 사회 2019》에 따르면, 한국의 조이혼율(인구 1,000명당 이혼율)은 2016년 기준 2.1명으로 1990년(1.1명)보다 2배 가까이 높아졌으며, OECD 평균(1.9명)도 넘어섰다. 아시아 국가 중 이혼율이 1위다.[1] 세계적으로 높은 이혼율이 말해 주고 있는 것처럼 한국사회의 가정들은 심각한 가정의 위기를 맞고 있다. 미국 다음으로 선교사를 가장 많이 보내는 나라로 알려진 한국사회의 이혼율이 세계적으로 높은 사실은 한국교회가 간과해서는 안 되는 현실이다. 기독교 가정 가운데 이혼 가정과 정서적인 이혼 상태에 있는 가정들의 숫자까지

---

1 김수정, "[special]이혼, 풀어야 할 '쩐의 공식' 있다", 「매거진 한경」, (2021.3), 접속 2021.4.29., https://magazine.hankyung.com/money/article/202103205072c.

생각해 보면, "한국 교회 내에 건강한 가정들이 과연 몇 퍼센트나 될까?" 라는 문제가 제기된다.[2] 아울러 이혼율의 증가와 미혼 부모의 증가, 그리고 심각한 성적 방종, 부모의 자녀 양육 포기 등으로 인해 가정사역의 필요성은 높아만 가고 있다. 현대인들이 새로운 문화적 가치관을 갖게 되면서 교회도 해야 할 역할이 더욱 많아지는 실정이다. 올바른 가정을 세우는 일은 가족 구성원들의 영적 성장에 전보다 훨씬 더 큰 영향을 미치기 때문이다.[3]

이러한 오늘날 가정의 문제는 한국 사회뿐만 아니라 한국 교회에도 영향을 끼친다. 건강한 교회와 가장 성장은 하나님의 뜻이다. 온전한 성장은 자기 성장과 가정성장, 그리고 교회 성장이다. 특히 가정성장은 건강한 교회 성장에 매우 밀접한 요소로 작용하고 있다. 그만큼 가정이 건강해야 교회가 건강할 수 있다. 성경적 관점에서 결혼을 통하여 맺어진 부부나 부모와 자녀의 관계는 일방 또는 쌍방적인 계약관계를 넘어서 헌신에 기초한 언약으로 볼 수 있다. 사실 가정사역의 입장에서 결혼은 쌍방이 서로의 이해관계에 기초한 결합이 아니라 헌신과 섬김을 통하여 성장하기 위한 관계로 이해되어야 한다. 그러나 현대 가정은 다양한 모습으로 변화하고 있어 성경적 가치관에 의한 가정의 모습을 찾아보기 어렵다. 이처럼 성경적 가치관에서 벗어난 가정의 모습을 성경적 가치관으로 정립되도록 기독교 역할이 중요하다고 할 수 있다.[4] 따라서 가정사역을 통해 하나님께서 세우신 건강한 가정과 같은 교회, 건강한 교회와 같은 가정

---

2 엄예선, 『한국 교회와 가정사역』 (서울: 생명의말씀사, 2007), 4.
3 George Barna, 『성장하는 교회의 9가지 습관』 조계광 역 (서울: 생명의말씀사, 2001), 183-184.
4 김태형, "현대 가정의 다양한 유형 및 이에 대한 선교적 관점", 「신학과 실천」 53 (2017): 610-611.

이 형성되어 하나님 나라를 세우는 선교방안 연구에 대한 필요성을 갖게 되었다.

1. 가정사역의 개념 이해

가정을 하나님이 창조하신 신적인 구조로 인식하느냐 아니면 인간의 편리에 따라 만든 인간의 창조물로 인식하느냐에 따라 가정에 대한 기대가 달라진다. 보편적으로 인간은 가정을 인간 상호 간의 단순한 계약이거나 사회적인 인습에 불과하다고 생각한다. 이런 경우 가정은 창조주 하나님 앞에서 책임을 져야 한다는 개념이 없다. 이러한 관점은 성경의 가르침에서 이탈하는 것이다. [5]

미국 롤링힐즈제일교회의 담임목사인 티모시 존스(Timothy P. Jones)는 가정사역에 대하여 "자녀의 제자훈련에 주된 책임을 지고 있는 부모를 일깨우고 훈련시키며 책임을 지게 함으로써 교회의 정책과 사역을 의도적으로, 그리고 지속적으로 재조정하는 과정이다"라고 주장했다. [6] 따라서 기독교적 가치관에 따라 가정사역에 대한 예를 발견할 수 있기에 구약성경과 신약성경에서의 가정사역, 초대교회에서의 가정사역, 그리고 한국교회에서의 가정사역에 대하여 고찰하고자 한다.

---

5 George A. Reker, 『가정 상담』, 오성춘 역 (서울: 도서출판 두란노, 2002), 31.
6 Timothy Jones, 『가정사역 패러다임 시프트』, 엄선문 · 박정민 역 (서울: 생명의말씀사, 2014), 45.

1) 구약성경에서의 가정사역

기독교에서는 하나님이 친히 가정을 창조하셨다는 성경의 가르침을 전통적으로 믿고 있다. 스위스 취리히대학교(University of Zurich)의 조직신학과 실천신학 교수였던 에밀 부르너(Emil Brunner, 1889~1966)는 구약성경을 배경으로 "가정은 창조의 한 질서이다"라고 주장했다.[7] 구약성경에서 가정 혹은 가족은 히브리어로 '바이트'(בַּיִת)와 '미쉬파하'(משפחה)이다. 바이트는 '집'이나 '가옥'의 의미로 사용되고(레 25:29; 느 2:8), 또 한편으로는 '가족', '식구', '권속'의 의미로도 사용되었다(민 1:2, 16:32, 17:2, 18:31). 반면에 '미쉬파하'는 '종족', '족속', '가정'의 의미로 사용되었다(창 10:5, 18; 출 12:21; 레 25:45). 이 용어 모두 가정을 이루는 사람을 의미하지만 '바이트'는 집의 의미로도 사용되었다.[8]

구약성경에서 가장 먼저 가정사역의 모습이 나타난 곳은 하나님이 아담을 위해 하와를 창조하시고 평생을 결혼 언약으로 그들을 하나가 되게 만드셨다. 여기서 하나님과 남자와 여자라는 삼자 간의 언약이 포함된다(창 2:22-24; 사 49:15). 이처럼 하나님이 지으신 가정은 이 땅에 하나님의 형상을 반영하는 것으로, 하나님은 그들에게 생육하고 번성하라고 명령하셨다(창 1:27-28).[9] 즉 가정은 하나님의 창조 질서 안에 있는 것이다. 창세기 1장 27절에서 하나님은 그들을 남자와 여자로 창조하셨다. 그리고 이어서 28절에서 하나님은 그들에게 자식을 낳고 번성하여 땅을 채우라

---

7 Emil Brunner, *The Divine Imperative* (London: Lutter Worth Press, 1932), 348.
8 이성찬, "신약성서에 나타난 가정", 「성서마당」80 (2006): 51.
9 George A. Reker, 『가정 상담』, 31-32.

고 복을 허락하셨다. 이렇게 이루어진 첫 가정은 하나님의 창조의 극치인 동시에 하나님께서 허락하신 복이라고 할 수 있다.[10] 비록 최초의 가정이 타락했으나 하나님은 그 구속 사역을 포기하지 않으시고 가정을 통하여 지속하셨다. 그래서 노아와 그의 가정은 구원 사역의 주체가 되어 방주를 지었는데 여기서도 하나님은 구원 사역에서 노아 가정을 그 통로로 사용하셨다. 이어서 아브라함과 그 가정이 선택되었음은 주지의 사실이며 그 이후에 다윗과 그 가족이 약속을 받게 되었다.[11]

구약성경은 여기서 머물지 않고 이스라엘 민족과 하나님과의 관계를 설명함으로 가족 용어를 그대로 사용하고 있다. 예를 들어, 출애굽기 4장 22절에서 이스라엘은 하나님의 '첫아들'로 불리며, 모세는 신명기 32장 6절에서 이스라엘을 창조하신 아버지로서의 하나님을 언급했다. 말라기 2장 10절에서는 창조주이신 하나님과 하나님의 자녀들로서의 이스라엘의 이미지를 그리고 있다. 따라서 하나님은 가정에 특별한 명령을 주셨는데, 가장 안에서 식구들 각자의 역할을 위임하셨다. 가정사역의 제일 목적은 하나님을 영화롭게 하는 것이며, 하나님 나라를 확장 시키는 것이다. 구약성경에서 가정사역은 하나님이 허락하시는 대로 자녀를 낳고 그 자녀들이 하나님 말씀에 순종하며 살도록 훈련시킴으로 하나님의 목적을 성취할 수 있다고 가르치는 것이다.

---

10 Ernst Wurthwein, & Otto Merk, 『책임』, 황현숙 역 (서울: 대한기독교서회, 1981), 149.
11 Michael Green, *Evangelism in the Early Church* (Grand Rapids: Eerdmans, 2004), 209-210.

2) 신약성경에서의 가정사역

신약성경에서 여성 명사인 '오이키아'(οικια)는 구조물로서 '집'의 의미(마 2:11; 행 10:6)와 함께 한 집 안에 있는 구성원으로 '식솔', '가족', '가정'의 의미로도 사용되었다(마 12:25; 막 3:25; 요 4:53; 고전 16:15). [12] 그리고 남성 명사인 '오이코스'(οικος)는 역시 거주를 위한 구조물인 '집', '가정'이라는 의미(마 9:6; 막 7:30; 눅 7:36; 행 2:2; 롬 16:5; 고전 11:34; 몬 2: 히 3:3)와 함께 사람이 거주하는 '가족'과 '식구', '집'의 의미로 사용되었다. [13] '오이키아'(οικια)와 '오이코스'(οικος)는 신약성경에서 상호교차적으로 사용된 예가 많다. [14] 가정에 대한 수많은 명령은 신약성경에서 찾을 수 있다. 예수님의 어머니는 자기와 요셉이 예물을 드리고 아기 예수를 성전에 데리고 와서 약속의 복을 받았을 때 받은 복이 예수님의 생애 동안에 일어날 것이라는 기대를 가졌다. 또한 예수님은 성전에서 장로들과 함께 앉아 있으면서도 자기 부모님들에게 순종했다고 가르친다(눅 2:22-51). 누가복음 2장 52절에서 예수님은 성장할 때 육체적, 사회적, 정신적, 영적인 가정생활이 균형 있게 유지되었다. 신앙공동체의 삶에 참여하는 것은 예수님의 영적 성장에도 매우 중요했으며, 기독교 가정사역의 모범을 제공했다. 이러한 성경적인 가정사역의 모델은 가족들이 서로 다른 역할과 기능, 그리고 능력을 가졌다고 가르치면서도 동시에 공동의 선을 위해 함께 노력해야 한다고 권면한다. 그래서 성경은 가정사역에서 남편과 아버지의 역할, 아내와 어머니의 역할을

---

12 Frederick W. Danker, 『신약성서 그리스어 사전』, 김한원 역 (서울: 새물결플러스, 2017), 394.
13 Frederick W. Danker, 『신약성서 그리스어 사전』, 395.
14 김한원, 『올댓보카 신약헬라어』 (서울: 감은사, 2020), 109.

분명하게 가르치고 있다.[15]

예수님께서 하신 구체적인 가정사역은 가나 혼인 잔치에서 시작되었다. 당시 혼인 잔치에서 포도주가 없는 것은 상상할 수 없는 일이었다. 그때 예수님은 물이 변하여 포도주가 되는 기적을 통해 메시아이심을 드러내시며 혼인이 문제가 발생하지 않도록 그 가정에 복을 허락하셨다(요 2:1-12), 또한 예수님은 베드로 장모의 열병을 치료해 주시고(마 8:14-15), 야이로의 딸을 소생시키시고(눅 8:40), 어떤 과부의 외아들을 살리시고(눅 7:11-17), 마리아와 마르다의 형제 나사로를 살리심으로써 그들의 가정을 회복시키셨다(요 11; 막 15:40-41). 구약성경에서 하나님이 이혼을 미워하셨던 것처럼 신약성경에서도 예수님은 이혼을 금지하셨다(막 10:5-12).[16] 이처럼 가정은 하나님이 주신 기능과 목적이 분명하다. 또한 하나님께서 가정을 통해 역사하고 계신다는 사실이다. 그러므로 기독교는 성경적 관점에서 가정사역을 통한 하나님의 기본적 계획을 수립하고 실천해야 한다. 하나님은 가정사역을 통해 하나님 나라를 위하여 적극적으로 봉사하며, 하나님의 계획을 이 땅 위에서 실현하기를 원하시기 때문이다. 하나님은 현대 교회가 성경적 목적을 확인하고 실천하기를 원하신다(마 28:18-20; 딤전 2:15-3:13; 고전 7:2-16).[17] 따라서 신약성경에서 가정사역은 가정을 세우고, 회복시키고 격려하며 그들을 향하신 하나님께 영화롭게 하는 사역이라고 할 수 있다.

---

15 George A. Reker, 『가정 상담』, 93-94.
16 David. N. Freedman, *Eerdmans Dictionary of the Bible* (Grand Rapids: Eerdmans, 2000), 279.
17 George A. Reker, 『가정 상담』, 34.

3) 초대교회에서의 가정사역

　초대교회가 수많은 핍박과 박해를 이겨내고 로마제국 전 지역에 선교를 성공적으로 할 수 있었던 이유는 지금까지 알려진 바로 로마제국의 3백 년간의 평화 시기와 도로 발달, 그리고 그리스어 통용, 박해, 순교 때문이라고 보는 견해가 우세했다. 이러한 일반적 요인이 초대교회를 확장시키는데 일등 공신이라고 주장한 학자로는 미국 트리니티복음주신학교(Trinity Evangelical Divinity School) 선교학 교수였던 허버트 케인(J. Herbert Kane, 1910~1988)과 미국 역사신학자인 후스토 곤잘레스(Justo L. Gonzales, 1937~) 등이 있다. 그런데 최근 새로운 주장은 소위 가정이 요인이라고 주장했다. 대표적인 학자로 『가정교회와 선교』(House Church and Mission, 2004)라는 저서를 쓴 로저 게링(Roger W. Gehring)과 브래들리 블루(Bradley B. Blue), 그리고 빈센트 브라닉(Vincent Branick), 델 버키(Del Birkey)와 같은 인물들이다. 이들의 공통점은 종전의 일반적 요인도 초대교회의 선교에 큰 공헌을 했지만 이와 함께 가정사역이 오히려 더 큰 영향력을 끼쳤다고 주장했다.[18] 당시 초대교회 기독교인들은 주로 가정에서 모임을 가졌다. 사도행전 12장 12절은 마가 요한의 어머니 집에서, 사도행전 16장 15절에서는 루디아의 집에서, 로마서 16장 5절에서는 아굴라와 브리스가의 집에서, 고린도전서 1장 16절에서는 스데바나의 집이다. 그리고 골로새서 4장 15절에서 "라오디게아에 있는 형제들과 눔바와 그 여자의 집에 있는 교회에 문안하고"를 보면 '집에 있는 교회'라는 표현이 나온다. 당시 가정은 교회로서 초대

---

18 안희열, "초대교회의 가정교회가 헬라권 선교에 끼친 영향", 「복음과 실천」 50 (2012): 349-350.

교회의 선교 중심이 되어 로마제국 전 지역에 하나님 나라를 확장 시키는 데 큰 공헌을 했다.

사실 1세기까지만 해도 사도 바울의 제1차, 2차, 3차 전도 여행으로 형성된 교회들이 로마제국에 일부 세워졌다. 2세기는 복음이 좀 더 확장되어 현재 터키인 소아시아에 이르기까지 교회가 지속적으로 증가했고, 유럽까지 확산되어 로마제국 북쪽인 프랑스 일부 지역과 북부 아프리카까지 교회가 세워졌다. 3세기경에는 교회가 가장 폭발적으로 확장된 시기로 소아시아 전 지역뿐만 아니라 유럽에서는 스페인, 프랑스, 독일 지역을 뛰어넘어 영국까지 확장되었고, 더욱이 북부 아프리카에서의 교회 증가가 폭발적이었다.[19] 로마로부터 엄청난 박해와 핍박 가운데 가정사역은 포기하지 않고 오히려 복음 확장의 불씨가 되어 로마제국 전 지역에 교회를 세우는 데 큰 공헌을 했다. 그 이유는 바로 가정이라는 정신 때문이었다. 따라서 초대교회에서 가정사역은 다양한 사람들이 모여 예배를 드리며 누구든지 세례를 받으면 성과 직위, 그리고 종족에 상관없이 그리스도 안에서 '한 몸'이라는 진리를 배웠다. 신분 차별이 심한 시대에 유대인들과 헬라인들, 그리고 여성들과 종들이 세례를 받고 난 후 아무런 차별 없이 서로 '하나'라고 하는 것은 혁명과도 같았다.[20]

당시 초대교회의 가정사역은 차별이 없는 모임이 집에서 열리다 보니 회당과는 차원이 달랐다. 그래서 갈라디아서 3장 27절부터 28절에서 "누구든지 그리스도와 합하기 위하여 세례를 받은 자는 그리스도로 옷 입었

19 J. Herbert Kane, 『세계 선교역사』, 신서균 역 (서울: CLC, 1993), 13-18.
20 안희열, "초대교회의 가정교회가 헬라권 선교에 끼친 영향", 371-372.

느니라 너희는 유대인이나 헬라인이나 종이나 자유인이나 남자나 여자나 다 그리스도 예수 안에서 하나이니라"라고 했다. 사람들은 가정으로 몰려들기 시작했고 가정을 통한 교회는 기하급수적으로 확장되었다. 섬김과 희생, 그리고 사랑이 듬뿍 묻어난 가정사역은 유대인뿐만 아니라 헬라인들, 여성들, 종들의 마음을 뒤흔드는 무기가 되었다.[21] 이러한 초대교회에서 가정사역의 모임은 한국교회와 선교지에서도 회복되어야 할 것이다.

4) 한국교회에서의 가정사역

오늘날 한국교회는 성장이 둔화되었을 뿐만 아니라 이제 쇠퇴하고 있다. 한국교회가 쇠퇴하고 있는 원인은 여러 방면에서 찾을 수 있다. 가장 중요한 이유 가운데 하나는 아마도 교회를 구성하고 있는 기본 단위인 가정에서 신앙교육이 제대로 이루어지지 않았기 때문이다.[22]

한국교회 내의 가정 문제의 원인은 구체적으로 다음과 같다.[23] 첫째, 교인들의 성경적 가치관이 확립되지 못했기 때문이다. 한 가정이지만 부부 간에, 부모와 청소년 자녀 간에, 그리고 자식 세대와 노부부 세대 간에 서로 다른 가치관으로 인해 가정불화를 일으킨다. 둘째, 교인들이 건강한 가족상과 가족관계에 대한 올바른 지식이 부족하기 때문이다. 가정에서 발견하는 갈등 해결의 기술과 의사소통 기술, 그리고 가족관계에 관한 실제적인 관계성 기술 훈련도 부족했다. 이처럼 가정에 대한 선행학습

---

21 안희열, "초대교회의 가정교회가 헬라권 선교에 끼친 영향", 371-372.

22 신현광, "교육목회와 가정의 신앙교육에 대한 고찰", 「신학과 실천」 47 (2015): 375.

23 엄예선, 『한국 교회와 가정사역』, 349-50.

부재로 충분히 예방될 수 있는 문제들이 한국교회 가정들을 파괴하고 있다. 셋째, 가족 구성원들이 함께 가정에서 예배드리고, 대화하며 쉴 수 있는 가족 간의 시간이 부족하기 때문이다. 넷째, 가족을 쉽게 붕괴시키는 세속주의 가치가 횡행하는 사회 환경 속에서 교인들이 살고 있으므로 더 이상 개별 가정의 노력만으로는 건전한 가정을 지켜나가기가 힘들기 때문이다. 건강한 믿음의 선배들이 멘토가 되어준다면 예방될 수 있기 때문이다. 다섯째, 자녀들에 대한 신앙교육이 가정에서 이루어지지 않고 있기 때문이다. 그리스도인인 부모들이나 비 그리스도인 부모들이 자녀들의 입시 교육에 급급한 나머지 인격교육과 올바른 신앙교육을 가르치지 못하고 있다. 여섯째, 교회 교육 부재의 원인 때문이다. 교회에서 신앙 열정을 위한 다양한 노력은 기울인 반면 성경적 가치관을 형성하게 하는 교육의 부재가 그 원인이라고 할 수 있다. 교회 내에 정서적, 인격 장애적 문제를 안고 있는 사람들을 위한 교육도 실시되어야 한다. 교육의 부재로 인한 문제가 설교나 제자훈련이나 선교 훈련 프로그램만으로 해결될 수 없기 때문이다.

그러므로 일차적으로 교회 교육이 먼저 선행되고 상담과 정신과 치료, 그리고 동료 소집단 경험, 멘토링 등의 다각적인 가정사역이 진행되어야 한다. 일곱째, 교회는 가정생활을 위협하는 자살문화, 이혼문화, 음주 도박 마약 문화, 타락한 성도덕과 외도문화, 가정폭력, 범죄, 청소년 비행, 탈세, 불의한 상거래, 비인간화된 상품시장과 노동시장의 문제들 중의 사회적 경제적 문제들을 예방하고 해결하기 위한 사회 변혁적인 역할들을 감당해야 한다.

2. 가정사역의 선교방안 변화

가정사역은 기독교 신앙과 목회 사역에 절대적인 자리를 차지한다. 가정사역에 대한 체계적인 이론 정립으로 유명한 찰스 셀(Charles M. Sell)은 가정사역에 대하여 "가정사역은 가정뿐 아니라 가정이 올바로 세워짐으로 교회가 바로 세워지고 성장하기를 기대하는 사역이다. 가정사역은 단순히 교회의 일이 아니라 교회의 본질과 깊이 관련되어있으며, 교회조직 속의 한 부속물이 아니라 교회 생활의 한 요소가 되어야 한다"라고 주장했다.[24]

가정사역은 단순히 가정을 위해 행하는 사역이라는 관점에서 볼 수 있지만 교회 현장뿐만 아니라 일반사회까지 폭넓은 관점에서 정의할 수 있다.[25] 교회와 가정의 중요성은 가정사역에서 결정되기 때문에 가정사역의 선교방안 변화에 대하여 살펴보고자 한다.

1) 가정사역의 가르침

가정사역에 대해 학자들은 가정이 붕괴하고 있으며 벽과 벽 사이를 이루고 있는 재료는 힘을 잃고 있다고 경고했다.[26] 오늘날 교회 지도자들

---

24 Charles M. Sell, 『가정사역』, 양은순 · 송헌복 역 (서울: 생명의말씀사, 1994), 102.

25 추부길, 『Family Ministry』 (서울: 한국가정상담연구소, 2005), 27. 가정사역은 가정 목회로 부르기도 한다. 오이코스라는 단어를 사용하기도 하고, 오이코스 사역이라고 부르기도 한다. 오이코스는 '누구누구의 집'이라는 뜻인데 사도행전 10장의 고넬료 가정의 전도 사례에서 비롯된 것이다.

26 Hazen Werner, *Look at the Family Now* (New York: Abingdon, 1970), 19.

도 가정을 위기에 몰아넣고 있는 문제들에 대해 제일 먼저 경각심을 느끼고 있다.[27] 시대를 초월해서 가정의 중요성은 아무리 강조해도 지나치지 않다. 특히 기독교인들에게 더욱더 중요한 것은 가정은 하나님이 직접 만드신 최초의 기관이기 때문이다. 이 세상에 존재하는 기관과 단체 가운데 하나님이 직접 만드신 곳은 가정과 교회밖에 없다. 그러므로 가정은 영적 사역의 기초가 되는 곳이다. 가정에서 행복한 사람은 교회에서도 행복하다. 반면 가정에서 문제가 있는 성도는 교회 생활에서 많은 어려움을 겪을 수 있다. 목회 현장도 마찬가지로 행복한 가정이 뒷받침되어야 목회에서 참다운 행복을 기대할 수 있다. 가정은 인간 고독의 문제에 대한 하나님의 가장 효과적인 처방이다.[28] 가정사역은 현대 목회의 가장 중요한 사역 가운데 하나라고 할 수 있다. 성도의 가정은 물론 그렇지 않은 가정도 가정만큼은 최대의 가치를 부여한다. 교회는 적응하기 힘들면 바꿀 수가 있다. 하지만 가정은 쉽게 바꿀 수가 없다. 교회를 멀리하는 젊은 사람들일지라도 가정의 행복을 위해서라면 어떤 대가도 치를 준비가 되어있어 가정성장은 교회 성장과 매우 밀접하다. 이렇게 중요한 가치를 지닌 가정이 갈수록 파괴되고 있는 현실은 매우 안타까운 일이다.[29]

통계청의《2020년 혼인 이혼통계》에 따르면, 결혼은 21만 4천 건, 이혼은 10만 7천 건으로 나타났다.[30] 이런 가정의 문제는 비단 이혼만의 문제일 뿐만 아니라 가정폭력과 자녀탈선, 그리고 동반자살 등의 가정 파괴

27 Charles M. Sell, 『가정 사역』, 21.
28 명성훈, 『부흥뱅크』 (서울: 규장, 1999), 309.
29 명성훈, 『부흥뱅크』, 310.
30 문화체육관광부, "2020년 혼인·이혼통계", 「대한민국 정책브리핑」 (2021. 3), 접속 2021. 4. 29., https://www.korea.kr/news/policyBriefingView.do?newsId=156441779.

는 갈수록 늘어만 가고 있다. 특히 1997년 IMF 경제위기 이후, 한국 사회는 부모가 자녀들을 살해하고 함께 자살하는 비극적 상황이 속출하고 있다. 따라서 그 어떤 사역보다 가정을 진리 위에 세우고, 다양한 문제에서 회복시키고 성장시키는 가정사역의 중요성은 아무리 강조해도 지나침이 없다. 가정사역은 대형 교회만이 할 수 있는 것이 아니라 중소형은 물론 개척교회와 작은 규모의 교회라도 얼마든지 실천이 가능하다.[31] 그러므로 교회는 가정사역에 대해 더 깊은 관심을 가져야 할 것이다.

2) 가정사역의 정체성 연구

우선 가정과 가정사역에 관한 책과 자료를 모으는 것은 매우 중요하다. 특히 가정사역에 대한 체계적인 이론을 정립한 찰스 셀(Charles M. Sell)의 『가정사역』(Family Ministry)이나, 잭 볼스위(Jack O. Balswick) 부부가 쓴 『크리스천 가정』(The Family) 등은 이 분야의 필독서라고 여겨진다. 그리고 이를 위해 가정사역의 현장에 참여하는 것도 좋은 방법이라고 할 수 있다. 명성훈은 가정사역을 위해 한 가지 주의할 점에 대하여 "이 모든 노력과 체험들이 개교회 특성에 맞는 커리큘럼으로 재구성되어야 한다. 그 어떤 프로그램이나 교육과정도 모든 상황에서 다 맞을 수 없다. 그러므로 일방적인 모방이 아니라 목회자와 목회 철학, 그리고 교회 상황에 적합한 가정사역 모델이 설정되어야 한다. 자료에 대한 이론적 접근과 가정사역 전문프로그램의 접촉, 개교회에서의 임상적 경험 등을 삼위일체로 접목하

---

31 명성훈, 『부흥뱅크』, 310-311.

는 가장 효과적이고 실제적인 가정사역 커리큘럼을 제정해야 한다"라고 주장했다.[32]

셀은 "많은 가정이 마치 응급 처치가 필요한 사고 희생자와 같다. 그렇지 않은 가정들도 사고가 나기를 기다리는 것 같다. 교회가 왜 가정을 도와야 하는가 하는 이유는 교회는 무엇인가를 할 수 있는 가장 최적의 위치에 있기 때문이다"라고 주장했다.[33] 즉 교회가 새로운 패러다임의 가정사역을 실천하며, 무너져 가는 많은 가정을 일으켜 세울 수 있다. 교회가 이 시대에 가정사역 분야의 리더 역할을 해야 한다.[34] 따라서 한국교회도 가정을 성경적 원리에 따라 세우고, 다양한 문제를 예방해 주고 또한 고통 중에 있는 가정들을 치유해 줄 수 있어야 한다. 특히 가정사역은 부분적으로 상담과 멘토링, 소집단 세미나, 일부 프로그램 등에 머무를 것이 아니라 목회의 한 축으로 여기고 성경적으로 접근하여야 한다. 그 과정에서 가정사역을 위한 성경적 프로그램이 개발되어야 할 것이다.

3) 가정사역의 상황 분석

목회자는 항상 성도 개인뿐만 아니라 그 성도의 필요에 관심을 가진다. 그래서 목회자는 가정사역을 위해서 성도를 바라볼 때 개인보다 가정 단위로 대하는 태도가 필요하다. 이렇게 가정 단위로 성도를 대할 때

---

32 명성훈, 『부흥뱅크』, 311-313.
33 Charles M. Sell, 『가정 사역』, 31.
34 George Barna, 『성장하는 교회의 9가지 습관』, 184.

두 가지의 장점이 있다.[35] 첫째, 여성 성도 위주의 교회에서 부부 위주의 교회로 바뀔 수 있다. 둘째, 자녀들에 대한 영적 관심이 자연스럽게 증대되어 주일학교가 활성화될 수 있다. 그래서 가정 같은 교회, 교회 같은 가정이 가능해지는 것이다. 따라서 목회자는 가정의 문제와 필요가 무엇인지를 파악해야 한다. 목회자는 가정의 가치와 공통적인 필요는 물론 계층별 특별한 필요를 분석해야 한다. 그리고 가정을 유형별로 분류하여 그 유형에 맞는 가정사역을 실시해야 한다. 연령별, 가족별, 직업별, 지역별, 신앙경력별로 가정의 유형을 결정한 후, 가정의 문제와 필요가 수시로 접촉되고 접수되는 채널을 만들어야 한다. 개교회에서 ≪가정문제연구소≫ 등을 조직하는 것도 지역사회를 이해하고 섬기는 데 도움이 될 것이다. 경제적 위기로 가정의 문제가 심화되는 상황에서 교회는 교인들의 가정뿐만 아니라 지역주민의 가정 문제까지 해결해주는 센터가 될 수 있다면 선교에 큰 도움이 될 수 있다. 특히 실직한 가정의 자녀들이 겪고 있는 고통, 부부관계 및 가족 갈등이 심각한 가정 등은 상담자의 역할을 기다리고 있다. 실제로 모 교회에서는 실직한 가정이 교회에 도움을 요청할 때 무조건 매달 20만원 씩 생활보조금과 성미를 제공함으로써 교회가 지역주민들의 필요에 많은 관심을 가졌다. 교회는 가정을 살리는 구조선(救助船)이 되어야 할 것이다.

---

35 명성훈, 『부흥뱅크』, 314-315.

4) 가정사역을 위한 목회자 교육

교회와 가정을 위한 가정사역은 목회자들의 적절한 역할이 중요하다. 목회자는 영혼을 돌보는 것과 설교하는 일이 업무 중에 큰 비중을 차지하고 있다.[36] 목회자의 가정사역은 아무리 강조해도 지나치지 않다. 이를 위해 목회자는 담당할 내용을 분명히 하고, 기존의 조직을 활용하고 지속적인 가정사역을 위해 가정위원회를 조직하는 것이 전략의 한 방안이다.[37] 가정사역을 위해 목회자들은 교회 안에서 원활한 가정사역이 이루어질 수 있는 분위기를 조성하는 한편 그에 필요한 재정적인 지원을 아끼지 않아야 한다. 목회자가 가정사역의 중요성을 알고 있으면서도 구체적으로 강조하지 않는 경우, 성도들의 가정은 마땅히 받아야 할 도움을 받지 못하게 된다. 교회는 매우 복잡한 활동을 하는 조직이기에 영향력 있는 사람이 가정사역의 중요성을 강조하지 않으면 아무도 그 일에 관심을 두지 않는다. 가정사역을 하는 교회의 경우에 대부분 담임 목회자가 앞장서서 가정사역의 중요성을 역설하고 있기 때문에 가능하다.[38]

이처럼 효과적인 가정사역을 위해 목회자들이 먼저 그 중요성을 인식해야 하기 때문에 신학교 교육과정과 교단 차원에서 재교육 과정을 통해 가정사역에 대한 목회자 교육이 선행되어야 한다. 신학교와 교단 차원에서 혼전교육, 부모교육, 건전한 기독교 가족상에 대한 교육, 건강한 가정생활에 필요한 지식과 기술에 관한 교육, 가정의 위기 대처 교육, 상담

---

36 Franklin Segler, 『목회학개론』, 이정희 역 (서울: 요단출판사, 1977), 193.
37 지영택, 『교회성숙을 위한 가정사역』 (전주: 전주대학교 출판부, 1997), 81-82.
38 George Barna, 『성장하는 교회의 9가지 습관』, 200-201.

및 정신과 치료에 관한 교육, 가정과 일과 교회 생활 사이의 균형을 맞추게 하는 교육 등[39]을 실시함으로써 가정 문제의 예방은 물론 효과적인 선교가 되도록 해야 한다.

5) 가정사역의 프로그램 개발

교회는 가정사역을 위해 성경적 원리에 입각한 세미나와 공동체 프로그램을 개발해야 한다. 오늘날 가정들은 현대사회의 비인격적인 환경 속에서 가정의 일치감이 상실되고 있다. 부부는 대화의 시간이 줄어들고, 부부의 역할은 강조되나 부부간의 논의가 많지 못하다.[40]

그래서 가정사역의 중요성은 그 본질을 이해하고 실제 가정들의 상황을 파악하여 성경적 가치관에 따른 프로그램을 개발하여 실시해야 한다. 첫째, 가장 효과적인 방법은 가정세미나를 정기적으로 실시한다. 교회 규모에 따라 다를 수 있지만 가능한 자주 가정사역 세미나 또는 부부 세미나를 실천해야 한다. 가정세미나 시간을 통해서 모든 성도에게 가정사역의 중요성을 일깨워 주는 시간이 되도록 해야 한다.[41] 둘째, 가정사역의 프로그램을 확보해야 한다. 이 프로그램은 가족 중심의 주말 프로그램과 여름 가족 캠프, 그리고 부부 세미나 등 개교회적으로 실천하고 있다. 하이패밀리 대표 송길원은 가정사역으로 지역사회의 중심이 되기 위해서

---

39 엄예선, 『한국 교회와 가정사역』, 383-394.

40 정정숙, 『성경적 가정사역』 (서울: 도서출판 베다니, 1994), 449.

41 명성훈, 『부흥뱅크』, 314. 가정사역의 프로그램은 주일이나 평일 저녁 시간보다는 주일에 배 시간부터 시작하는 것이 참석률이나 효과적인 면에 있어서 더 효율적일 것이다.

'노인대학', '아내 행복 교실', '자녀교육', '부부성장학교', '패밀리 코칭', '부부치료학교', '가족 대화법', '아버지학교', '어머니 학교', '싱글 사역' 등 한국교회에 새로운 패러다임을 제시하였다.[42]

최근 이러한 프로그램을 진행할 경우 단순한 교제나 수련회가 아닌 가정을 치유하는 전문 공동체 훈련으로 활용할 수도 있다. 공동체 훈련은 지식을 전달하는 교육이 아니라 함께 참여하고 나누는 훈련이 되어야 한다. 그러므로 인도자는 정보나 지식을 가르치려고 하는 것이 아니라 모든 부부가 많이 참여하도록 동기부여가 우선되어야 한다. 준비된 교육내용보다 함께 나누는 부부들의 참여가 훨씬 더 역동적인 학습을 가능하게 해주기 때문이다. 가정사역은 꼭 교회에서만 할 필요는 없다. 필요에 따라 교회 밖의 공간과 현장에서 이루어질 때 더 효과적일 수 있다. 그것은 비신자들이 참여할 수 있는 가정사역은 교회 건물 안에서보다 밖에서가 더 효과적이기 때문이다. 부부 세미나 경우, 교회에서 하는 것보다 호텔이나 다른 적당한 장소에서 할 때 비신자를 초청을 수월하게 만드는 방법이 될 수 있을 것이다.

미래에는 제도적 교회보다 비 조직이고 비형식적인 가정 모임 형태의 교회를 통해 복음이 전파될 확률이 더 높을 수 있다.[43] 2015년 캠핑 인구 추산 300만 시대에 캠핑은 산이나 바다, 들에서 텐트를 설치하고 야영을 했던 과거의 캠핑에서 '글램핑'(glamping)이라는 새로운 형태의 캠핑까지 형성되었다. 오늘날 시대가 급변하면서 많은 사람은 레저 캠핑 붐에 휩싸이

---

[42] 이대웅, "'가정사역 통한 교회성장' 직접 눈으로 보자", 「크리스챤투데이」 (2008. 4), 접속 2021. 4. 19., https://www.christiantoday.co.kr/news/191396.

[43] 명성훈, 『부흥뱅크』, 315-319.

고 있다. 기독교인들도 휴가철과 주말이 되면 가족들과 함께 휴가를 가는 데 여기에 대해 교회는 속수무책이다. 이러한 실정에서 가정사역을 위한 프로그램을 개발한다면 현대사회에서의 다양한 문화접근을 시도할 수 있으며, 사회 속에서 기독교 문화 형성이 가능할 것이라고 여겨진다. 기독교인들의 삶의 문화가 교회라는 공간에 제한되지 않고 현실적인 방안으로 이루어져 잠재력과 가능성을 결집하고 개발할 수 있다.[44]

가정사역은 뉴노멀(New Normal)의 현실 속에서 부모와 자녀가 신앙으로 양육할 수 있는 좋은 선교방안이다. 다양한 분리의 문제를 경험하고 있는 한국교회의 현실 속에서 앎과 삶을 일치하게 하고 주일과 주중의 분리를 막아 줄 수 있으며 교회와 가정을 연계할 수 있도록 도와주는 프로젝트 기반 가정사역을 기획하고 실천해야 할 필요가 있다. 이를 통해 뉴노멀 시대, 부모와 자녀가 함께 성숙한 신앙을 가질 수 있게 될 것이다.[45]

3. 가정사역을 통한 선교 사례

교회에서의 가정사역은 가정으로 하여금 하나님이 본래 세우신 가정들이 회복될 수 있도록 가정을 섬기고 세우는 일이다. 그리고 가정의 구성원으로 하여금 하나님이 창조하신 본래의 인간으로 회복하도록 섬기고 세우며 교육하는 일이다. 가정사역은 가정들이 모인 교회가 회복되기를

---

44 정정숙, 『성경적 가정사역』, 465.
45 함영주, "뉴노멀 시대 프로젝트 기반 가정예배의 원리와 방법에 대한 고찰", 「신학과 실천」 72 (2020): 541-542.

기대한다. 개인과 가정과 교회가 하나님의 뜻 안에서 관계가 회복되는 과정에는 교육적인 요소를 포함하고 있다.[46] 가정사역을 통한 선교 사례에서는 목회에서 가정사역을 중요한 축으로 여기고 실시하여 효과적인 선교를 감당하는 세 교회의 사례를 분석하고자 한다.

1) 공주 꿈의교회

공주 꿈의교회(안희묵 목사) 가정사역의 사례는 모든 성도가 하나님 나라에 대한 거룩한 비전을 가지고 세상을 향해 나아가 사람들에게 복음을 증거하고 그들을 교회 공동체 안에서 훈련하고 세워서 가정과 직장, 더 나아가 지역사회와 세상 속에서 주님의 목회자로서 공헌하는 축복된 삶을 살게 하는 데 있다.[47]

공주 꿈의교회의 구체적 프로그램은 첫째, 처음 학교다(생후 7개월-11개월). 교회에서 출산한 엄마들이 아이들을 잘 키울 수 있도록 필요한 정보들을 제공하고 아기와 함께 하는 가정사역 프로그램이다(예배, 이야기 나눔, 엄마 품 놀이, 또래 맘 모임, 미션). 둘째, 아기 학교다(생후 20개월-28개월). 엄마와 아이가 함께 하며 아이들이 오감으로 경험하며 인지, 정서, 신체 발달을 돕도록 하는 가정사역 프로그램이다(예배, 유아체육, 통합활동, 나눔). 셋째, 드림키즈다(미취학 아이들). 미취학 아이들에게는 무한한 성장 가능성이 있음을 신뢰하며, 예수님의 제자로 자랄 수 있도록 훈련한다(체조, 기도, 말씀, 놀이). 넷째,

---

46 이정관, "교회 교육과정으로서의 가정사역 실행계획", 「신학과 실천」 24 (2010): 264.
47 김사라형선, 『가정사역 길라잡이』 (대전: 침례신학대학교출판부, 2019), 31-260.

드림아이(초등학생)다. 대한민국 유일의 초등학생만을 위한 주중 아동 예배로서 주 1회 함께 모여 기쁨으로 예배하는 어린이로 날마다 삶의 예배를 드리며, 하나님과 동행하는 삶을 결단케 하는 기쁨의 예배 프로그램이다(예배 준비, 찬양, 설교, 특별활동, 간식과 귀가 지도). 다섯째, 드림하이다(모든 중고등학생). 하나님이 세운 건강한 교회가 되고 변화되어 하나님 나라의 교회를 온전하게 세우는 제자의 삶을 살게 하는 데 있다(찬양, 말씀, 기도, 특화된 교육 시스템과 비전 프로그램). 여섯째, 청소년 비전 캠프다(중고등학생). 캠프를 통해 다음 세대 학생들에게 꿈을 찾아주는 것과 동시에 그 꿈을 이룰 수 있도록 학생들의 행동 변화를 이끌어 내기 위함이다(자아 탐색, 사명과 비전 수립, 전략과 로드맵, 액션플랜, 발표, 선포식, 부모와 자녀의 촛불 기도회&편지 낭독 시간). 일곱째, 결혼 예비학교다(크리스챤 싱글들과 예비 커플 30명). 크리스챤 젊은이들에게 올바른 이성 교제와 결혼의 원리를 배우게 함으로 건강한 가정을 이루도록 한다. 여덟째, 사랑의 순례다(결혼한 부부 100쌍). 부부간의 성격과 기질 차이를 극복하고 부부의 삶 회복을 통해 하나님의 복을 누리는 건강한 가정이 되어 행복한 신앙생활을 하는 특권을 누리도록 돕는다(기질 세미나, 만찬, 모의 장례식, 앙코르 웨딩). 아홉째, 가정을 깨운다(결혼한 부부 12쌍). 가정을 깨운다는 12쌍의 부부가 참여하는 10주간의 소그룹 활동이다. 말씀에 근거한 성경적 원리와 심리 상담학적 이론, 실질적인 가르침의 균형을 통해 건강하고 행복한 가정을 세우도록 돕는 교회 프로그램이다(실제적인 이론과 워크샵, 특별순서: 환영식, 모의 장례식, 밀월여행, 앙코르 결혼식). 열 번째, 자녀와 함께 하는 아빠 캠프다(초등3-6학년 자녀와 아빠). 아빠 캠프를 통해 자녀와 아빠와의 관계가 회복되며, 대화를 통해 서로의 필요와 마음을 알아가는 데 목적을 두며 이를 통해 건강한 가정을 세울 수 있도록 한다(가족 식사하기, 자녀와 함께 놀이하기: 골든벨, 레일바이크, 서바이벌게임, 별빛 체험, 필독서 읽기). 열한 번째, 가족 캠프다(4인 기준 30가정). 꿈의 가족 캠프를 통해 건강한 가족으로 성장하도록 돕고 함께 하는 다른 가족들과의 친밀한 교제를 통해 행복한 교회 공동체의 일원으로 헌신하게 한다(부모교육, 가족 이벤트: 무비 페스티벌, 바비큐 파티, 가족 페스티벌, 등산, 가족 캠프 이후). 열두 번째, 시니어 대학이다(어르신 누구나). 노년기에 필요한 지성과 감성과 영성 프로그램을 제공함으로 행복한 노년, 신명 나는 노년, 아름다운 노년으로 살아갈 수 있도록 돕는다(시니어 연합목장 모임, 시니어 목자 및 멘토 수련회, 개강 행사, 종강 행사, 정규 프로그램: 예배, 난타 교실, 찬양 교실, 노래 교실, 사물놀이, 백세 체조, 중창단, 웃음 치료, 소풍, 문화교류 행사).

따라서 공주 꿈의교회의 가정사역은 매우 다양하고 모든 교회의 구성원들은 가정사역의 실제 안에서 성장하고 있다. 다만 공주 꿈의교회의 프로그램은 첫째, 가정사역 프로그램 가운데 성경적 원리에 따른 프로그램이 아홉 번째에만 있는 것이 전체 프로그램으로 확대되어야 할 것으로 사료된다. 물론 모든 프로그램이 성경적 원리에 따른 것이라고 주장할 수 있겠지만 기독교 가정사역은 성경적 원리에 의해 개발되고 진행되어야 하기 때문이다. 둘째, 교회 밖에 있는 사람들을 위한 프로그램 확보가 필요할 것으로 분석되었다. 특히 믿지 않는 이들을 위한 가정사역 프로그램이 정착된다면 선교에 효과적인 결과를 기대할 수 있을 것이다.

2) 할렐루야교회

할렐루야교회(김승욱 목사)의 가정사역은 하나님이 하나님 나라의 모형으로 창조하신 가정의 원래 모습을 회복하는 것을 비전으로 삼고 있다. 가정 안에서 하나님의 사랑과 용서를 체험하고, 그 안에서 치유 받고 안식하는 행복한 변화를 목표로 한다. 가정사역 목적은 건강한 성경적 부부상을 제시하고 교육하며, 부부의 연합이 다음 세대 교육의 근본임을 교육하며, 위기의 부부에게 복음 안에서 회복의 기회를 제공함으로써 건강한 부부들이 미래 교회의 건강한 리더십으로 이어지도록 인도하는 데 있다.[48]

할렐루야교회의 구체적 프로그램은 첫째, 아침을 깨우는 아버지들의 모임이다(할렐루야교회의 모든 아버지). 일명 '아깨모'(아침을 깨우는 아버지들의 기도 모임)는 잃어버린 아버지의 영적 제사장 역할을 회복하기 위한 모임으로 말씀과 기도 시간을 통하여 가정의 영적 제사장의 권위를 회복하고, 소그룹 안에서 서로의 어려움을 함께 나눌 때 하나님이 주시는 치유와 회복과 자유를 경험하게 된다. 가정에서의 구체적인 실천을 계획하고 가정 미션을 통해 삶으로 적용하게 된다(말씀 선포, 간단한 식사와 소그룹모임, 체육활동 등 교제의 시간). 둘째, 마더 와이즈다(고등학생 이하의 자녀를 둔 어머니). 마더 와이즈 사역은 '지혜', '자유', '회복' 3권의 교재를 순차적으로 사용하며, 지혜와 자유 편은 10주, 회복 편은 8주 과정으로 매주 목요일 오전에 진행되고 있

---

48 할렐루야교회, "선교와 사역: 가정사역", 「할렐루야교회」(2001. 4), 접속 2021. 4. 11., http://hcc.or.kr/share001_04_01.do.

다. 처음 시작하는 분들은 어느 과정에서 시작하여도 무방하며 여러 번 반복하면 더 큰 은혜가 임하는 것을 경험하게 하는 프로그램이다. 비슷한 또래의 자매님들로 구성된 소그룹에서 함께 하나님의 말씀을 묵상하고, 중보기도하고, 받은 은혜를 나누며, 멘토링 하는 시간을 통해 하나님과의 관계를 정립하고, 성경적인 지혜로운 아내, 하나님이 기뻐하시는 어머니의 모습을 회복하여 하나님을 경외하는 복된 가정을 세우는 사명을 이루어 가도록 하고 있다. 셋째, 카나프다(배우자를 사별한 70세 이하의 여성, 타교인 가능). '카나프'는 사별에 의한 슬픔 가운데 혼자된 자의 정서적인 상실감과 두려움을 함께 하고 예배와 소그룹모임을 통해 하나님이 주시는 복음의 평안, 소망을 알아가는 가운데 영적 치유와 회복을 경험하도록 돕는 프로그램이다. '카나프'는 날개라는 뜻을 가진 히브리어인데 성경에서의 날개는 다양한 의미가 있지만 주요한 의미는 여호와의 보호와 인도, 또는 안전을 뜻한다. 하나님이 한 영혼, 한 영혼을 주의 날개로 감싸주실 때 '카나프'는 하나님의 거룩한 임재가 있는 지성소가 된다. '카나프'는 주의 날개 그늘에 함께 모여 하나님의 인도하심과 보호하심 안에 거하는 자리라고 할 수 있다. 그 거룩한 임재 안에서 예배하고, 삶의 거친 파도 앞에서 주와 함께 날아오르는 새 힘과 새 소망을 얻도록 하고 있다. 2019년 새롭게 시작된 카나프는 배우자를 사별한 70세 이하의 여성분들이 함께 주의 임재를 경험하고 새 힘과 새 소망을 얻으며 위로와 사랑을 나누는 은혜로운 공동체를 형성하게 하고 있다(찬양과 예배, 소그룹 활동'한 주간의 은혜와 기도 제목 나눔, 금요부흥회 참석', 특별모임'공연 관람 등 문화행사, 야외예배 및 수련회, 특강: 외부 강사 초빙').

할렐루야교회의 가정사역은 첫째, 성경적 원리에 근거한 프로그램으로 평가되었다. 둘째, 아버지와 아들로 시작하여 노년에 1인 가구까지 참여할 수 있도록 진행하고 있는 것이 특징이라고 할 수 있다. 셋째, 이웃 교회까지 개방하는 것은 긍정적 요소라고 분석된다. 다만 장년 위주 프로그램이 중점적으로 진행되고 있다. 이를 보완하기 위해 청소년과 어린이까지 참여할 수 있는 프로그램이 확대된다면 효과적인 선교가 될 것으로 사료된다.

3) 싱가포르 한인교회

싱가포르 한인교회(윤장훈 목사)의 가정사역은 하나님이 주신 작은 천국, 가정. 이곳에 사랑의 씨앗이 뿌려졌다. 한 알의 씨앗이 싹을 틔우고 꽃을 피워 열매 맺기까지 때에 맞는 햇빛과 물, 영양분이 필요하듯 가정에 뿌려진 사랑의 씨앗에도 따사로운 햇볕과 단비를 뿌려주는 노력이 필요하다. 하나님이 계획하고 만들어 주신 그 모습 그대로 모두의 가정이 아름다운 열매를 맺어가는 그 여정을 함께 걷는 데 있다.[49]

싱가포르 한인교회의 구체적 프로그램은 첫째, 가정 예배팀이다(모든 가정). 각 가정이 가정예배를 통해 하나님을 기억하고 감사함을 나누며 가정예배 회복으로 믿음 안에서 가정이 세워지도록 돕고 지원한다(가정신앙교육자료, 가정 예배자료집, 가정예배의 날, 가정 예배세미나). 매주 수요일 가정예배를 돕

---

49 싱가포르 한인교회, "양육·섬김: 가정사역", 「싱가포르 한인교회」 (2021. 1), 접속 2021. 4. 11., http://koreanchurch.sg/family.

는 예배자료를 홈페이지와 다양한 채널을 통해 제공하며, 가정예배 가이드, 다양한 가정 예배자료 및 예배모델 안내, 가정예배를 사모하는 가정을 초청하여 격려와 축복(3월과 11월 진행), 가정과 교회연계 신앙교육세미나를 개최한다(5월, 10월 진행). 둘째, 임산부학교다(임산부 및 예비 임산부). 새로운 생명의 탄생을 준비하는 임산부와 임신 예정자들에게 전문적 강의와 다양한 태교 프로그램을 제공한다. 아울러 믿음 안에서 행복한 태교, 출산, 양육이 이루어지도록 운영한다(임산부 다이어리 만들기, 산부인과 및 소아과 강의, 임산부를 위한 올바른 영양제 복용법 강의, 신생아 초점 책 만들기). 셋째, 아기 학교다(엄마와 아기). 엄마와 아기와 함께 하나님 말씀을 온몸으로 배우고, 경험하게 한다. 임산부가 하나님의 자녀로 하나님 나라의 기쁨을 누리며 세상에 하나님을 자랑하게 하는 프로그램이다(찬양, 말씀, 기도와 다양한 신체 놀이, 음악 놀이, 미술 놀이, 요리 활동, 체육활동 등). 넷째, 마더 와이즈다(여성). 이 모임은 삶의 다양한 관계 안에서 말씀으로 여성을 성숙하게 세워주는 여성 소그룹모임이다(하나님과의 관계 1. 말씀 위에 삶의 기초 세우기, 하나님과의 관계 2. 사랑, 신뢰, 순종을 배우기, 나 자신과의 관계: 나를 사랑하고 받아들이기, 남편과의 관계 1. 복종, 제대로 이해하기, 남편과의 관계 2. 남편 섬기기, 자녀와의 관계 1. 경건한 자손 낳기, 자녀와의 관계 2. 훈육에 관한 질문들, 세상과의 관계: 여성의 일과 사역). 다섯째, 어머니 기도회다. 하나님이 우리에게 주신 역할과 사명을 다시금 점검하고, 하나님의 거룩한 자녀로서 굳게 서는 기회가 되게 한다. 여섯째, 어머니 학교다. 싱가포르 어머니 학교는 2019년까지 15기에 걸친 어머니 학교를 통해 1,110명이 어머니 학교를 수료했으며, 그들이 하나님을 기쁘시게 하는 신실한 삶을 통해 가정과 사회를 온전히 이끌어 가도록 하고 있다(성경적 여성상의 회복, 아내로서의 사명, 어머니의 영향력, 기도하는 어머니, 십자가와 사명). 일곱째, 아버지학교다. 오늘날 우리 사회가 안고 있는 문제는 바로 가정의 문제다. 가정의 문제는 바로 아버지의 문제라는 인식 위에 올바른 아버지상을 추구하며 실추된 아버지의 권위를 회복시키고, 아버지가 부재한 가정에 아버지를 되돌려 보내자는 목적으로 세워졌다. 처음에는 교회에서 개설이 되었으나 종교를 초월한 대한민국 아버지, 남편이라면 누구나 거쳐야 할 필수 프로그램으로 인식되어 전 세계 70여 개국 240여 도시에서 동일한 커리큘럼으로 아버지학교가 진행되고 있다(아버지의 영향력, 아버지의 남성, 아버지의 사명, 아버지의 가정, 아버지의 영성). 싱가포르 한인교회의 가정사역은 교육의 장일 뿐만 아니라 신앙과 사랑과 신뢰를 기반으로 공동체를 이루도록 진행되고 있다. 싱가포르 한인교회 프로그램은 첫째, 예배를 통해 하나님을 영화롭게 하는 가정예배의 중요성을 드러내었다. 둘째, 다양한 프로그램을 지역사회 주민들이 참여할 수 있도록 개방한 것은 매우 긍정적으로 평가되었다. 다만 건전한 가정의 회복과 아울러 가정 건설을 위해 장년 중심에서 다음 세대 중심으로 보안이 필요할 것으로 평가되었다.

세 교회가 실시하는 가정사역 프로그램을 분석한 결과 첫째, 가정에 대한 성경적 가치관을 형성하도록 하는 프로그램이 부족한 것으로 사료 되었다. 이러한 결과는 프로그램이 성경 교육보다 앞서는 결과를 초래할 위험성이 내재 되어있다. 기독교 가정사역은 성경적 가치관을 형성하도록 해야 한다. 성경적 가치관에 따른 결혼관, 직업관, 경제관 등이 영향을 받아 삶의 현장에서 성경적 열매들이 나타나 효과적인 선교방안이 될 수 있다. 둘째, 믿지 않는 지역사회 주민이 함께 참여하는 프로그램과 믿는 교인들을 대상으로 하는 프로그램에 차별성이 필요한 것으로 사료 된다. 교인들을 대상으로 하는 프로그램은 성경적 원리를 더 분명하게 하고, 지역 지역주민들을 위한 프로그램에서는 하나님을 만나는 가교역할을 하는 데 초점이 맞추어져야 한다. 셋째, 가정을 개방해야 한다. 대부분 프로그램이 교회 공간에서 실시하는 프로그램으로 구성되었다. 가정사역은 가정에서 시작되어 하나님을 영화롭게 하는 삶의 현장이 드러나게 해야 한다. 목회자와 교회 지도자들부터 가정을 개방하고 성도들을 초청하여 자연스럽게 교인들이 가정을 개방하도록 해야 한다. 가정사역 현장에 믿지 않는 이들을 자연스럽게 초청하게 된다면 효과적인 선교방안이 될 수 있다. 물론 믿지 않는 지역사회 주민들을 대상으로 하는 가정사역은 다르겠지만 교인들을 대상으로 하는 가정사역에서 반드시 선행되어야 한다. 넷째, 식탁교제를 해야 한다. 예수께서도 제자들과 식탁교제를 하셨고, 세리와 죄인들을 영접하시고 식탁교제를 하셨다. 가정에서 식탁교제는 성찬식을 될 수 없지만 애찬식은 가능하다. 가정에서 시행되는 식탁교제를 통해 효과적인 선교방안이 될 수 있다.

나가는 말

지금까지 가정사역을 통한 선교방안에 대한 고찰과 같이 이정관은 "교회는 가정을 신앙으로 교육해야 하는 책임이 부여된 곳임을 가르쳐야 하는 데 그 가정사역을 다 하지 못하고 있다. 교회는 가정 자체가 세상 안의 교회라는 것을 가르쳐서 사회의 영향력을 개탄하는 대신에 가정사역이 사회문화에 영향을 미칠 수 있는 교회가 되도록 선교와 봉사에 힘쓰고 참여해야 한다"라고 주장했다.[50] 이를 위해서 한국교회는 상호보완적인 관계 속에 있는 가정을 위해 가정사역이라는 선교방안으로 진정한 기독교인의 가정이 되게 하는 목회로 돌아서야 할 것이다. 가정사역을 위한 영성 형성을 위해 부모는 먼저 선교적 영성을 위해 살기를 추구해야 한다. 아울러 교회는 가정에서 관계 형성과 발달단계에 합당한 헌신, 기도 생활, 성경 암송, 정의로운 삶, 구원의 확신, 선교사처럼 살라 등과 관련된 전 영역에서 부모의 자녀 사역에 관심을 촉구해야 한다. 가정사역의 문제에 대한 해결책은 복음에 대한 이해와 가정의 영적 분위기에 우선 좌우하기 때문에 교회가 감당해야 할 가정사역은 기초교리에 대한 교육과 생활 훈련이 필요하며 아울러 선교 훈련이 필요하다. 이와 같은 가정사역에 대한 교회의 가르침이 온전히 자리 잡게 될 때 가정은 반석 위에 굳게 세워진다.[51] 이러한 가정사역을 통한 선교방안은 자기 성장뿐만 아니라 가정 성장과 국가성장, 그리고 하나님 나라의 성장에도 위대한 영향을 끼칠 것이다. 가정사역은 단순히 가정을 유지하거나 깨어진 가정을 회복시키는 것으로 여겨서는 안 된다. 가정을 세우신 하나님을 영화롭게 하며, 성경적 가치관을 형성하고 세상에서 제자도를 드러나게 해야 한다. 그럴 때 복음이 전파되어 효과적인 선교가 될 수 있다.

---

50 이정관, "청소년 기독교 신앙교육을 위한 가정과 교회의 교육관계", 「신학과 실천」 31 (2012): 460-461.

51 신현광, "교육목회와 가정의 신앙교육에 대한 고찰", 392-394.

참고문헌

김사라형선. 『가정사역 길라잡이』. 대전: 침례신학대학교출판부, 2019.

문화체육관광부. "2020년 혼인·이혼통계". 「대한민국 정책브리핑」 2021. 3. 접속 2021. 4. 29. https://www.korea.kr/news/polic yBriefingView.do?newsId=156441779.

김수정. "[special]이혼, 풀어야 할 '전의 공식' 있다." 「매거진 한경」 2021. 3. 접속 2021. 4. 29. https://magazine.hankyung.com/money/article/202103205072c.

김태형. "현대 가정의 다양한 유형 및 이에 대한 선교적 관점". 「신학과 실천」 53 (2017): 609-631.

김한원. 『옥댓보카 신약헬라어』. 서울: 감은사, 2020.

명성훈. 『부흥뱅크』. 서울: 규장, 1999.

신현광. "교육목회와 가정의 신앙교육에 대한 고찰". 「신학과 실천」 47 (2015): 373-399.

싱가포르 한인교회. "양육·섬김: 가정사역". 「싱가포르 한인교회」 2021. 1. 접속 2021. 4. 11. http //koreanchurch.sg/family.

안희열. "초대교회의 가정교회가 헬라권 선교에 끼친 영향". 「복음과 실천」 50 (2012): 347-373.

엄예선. 『한국 교회와 가정사역』. 서울: 생명의말씀사, 2007.

이대웅. "가정사역 통한 교회성장' 직접 눈으로 보자". 「크리스챤투데이」 2008. 4. 접속 2021. 4. 19. https://www.christiantoday.co.kr/news/191396.

이성찬. "신약성서에 나타난 가정". 「성서마당」 80 (2006): 49-72.

이정관. "교회 교육과정으로서의 가정사역 실행계획". 「신학과 실천」 24 (2010): 239-267.

이정관. "청소년 기독교 신앙교육을 위한 가정과 교회의 교육관계". 「신학과 실천」 31 (2012): 457-482.

정정숙. 『성경적 가정사역』. 서울: 도서출판 베다니, 1994.

지영택. 『교회성숙을 위한 가정사역』. 전주: 전주대학교 출판부, 1997.

추부길. 『Family Ministry』. 서울: 한국가정상담연구소, 2005.

할렐루야교회. "선교와 사역: 가정사역". 「할렐루야교회」 2001. 4. 접속 2021. 4. 11. http://hcc.or.kr/share001_04_01.do.

함영주. "뉴노멀 시대 프로젝트 기반 가정예배의 원리와 방법에 대한 고찰". 「신학과 실천」 72 (2020): 517-546.

Barna, George. 『성장하는 교회의 9가지 습관』. 조계광 역. 서울: 생명의말씀사, 2001.

Brunner, Emil. *The Divine Imperative*. London: Lutter Worth Press, 1932.

Danker, Frederick W. 『신약성서 그리스어 사전』. 김한원 역. 서울: 새물결플러스, 2017.

Freedman, David. N. *Eerdmans Dictionary of the Bible*. Grand Rapids: Eerdmans, 2000.

Green, Michael. *Evangelism in the Early Church*. Grand Rapids: Eerdmans, 2004.

Kane,. J. Herbert. 『세계 선교역사』. 신서균 역. 서울: CLC, 1993.

Jones, Timothy. 『가정사역 패러다임 시프트』. 엄선문 · 박정민 역. 서울: 생명의말씀사, 2014.

Reker, George A. 『가정 상담』. 오성춘 역. 서울: 도서출판 두란노, 2002.

Sell, Charles M. 『가정사역』. 양은순 · 송헌복 역. 서울: 생명의말씀사, 1994.

Segler, Franklin M. 『목회학개론』. 이정희 역. 서울: 요단출판사, 1977.

Werner, Hazen. *Look at the Family Now*. New York: Abingdon, 1970.

Wurthwein, Ernst & Merk, Otto. 『책임』. 황현숙 역. 서울: 대한기독교서회, 1981.

제 8 장

건강한 목회자를 위한 방안

제8장
건강한 목회자를 위한 방안

들어가는 말

미국 듀크대학교(Duke University) 실천신학 교수인 윌리엄 윌리몬(William H. Willimon)은 현대 목회의 이미지를 다음과 같이 주장하였다.[1] 첫째, 매체의 대중성으로 인하여 다수의 사람들에게 한꺼번에 전도할 수 있다는 유용성을 들어 대중 매체를 활용하는 매체 거물(Media Mogul)의 이미지, 둘째, 마틴 루터 킹, 나치에 대항했던 본회퍼 등을 통한 정치 협상자(Political Negotiator) 이미지, 셋째, 육체적 질병뿐만 아니라 정신적인 스트레스로 현대인들은 여러 방면의 치유를 갈망하여 살아가기 때문에 세속적인 치료사의 돌봄과 목회 돌봄을 다르지 않다고 생각하는 치료사(Therapist) 이미지, 넷째, 교회라는 기관을 이끄는 행정 능력이 목회자에게 필요하여 사회에

---

1 William H. Willimon, 『21세기형 목회자』, 최종수 역 (일산: 한국기독교연구소, 2004), 77-99.

서 말하는 효율성과 생산성 등을 고려하기 때문에 경영자(Manager) 이미지,
다섯째, 지역사회에서 눈에 잘 띄는 흥미를 끄는 일이나 미디어 앞에서 정
의 문제에 대해 이야기하며 이런 식의 공동체를 형성하려는 일에 참여하는
상주 사회 운동가(Resident Activist) 이미지, 여섯째, 가장 전통적인 이미지로
성서 본문과 성도들의 삶의 상황 사이의 운명을 결정하는 교차로에 있는
사람으로 설교자는 자신의 설교 속에서 삶을 살아가야 하고 그런 의미에
서 일주일 동안 성도들의 삶과 함께하기 때문에 설교자의 이미지, 일곱째,
예수께서 섬기는 자로 세상에 오시어 목회의 모범을 보이시어 목회자들의
본이 되시어 섬기는 종(Servant)의 이미지를 갖고 있다.

목회자의 이미지는 전도 대상자들에게 많은 영향을 끼치기 때문에 건
강한 교회, 건강한 목회를 위해 목회자 이미지의 중요성을 간과해서는 안
됨에도 불구하고, 현재 한국 교회 목회자 이미지는 위에서 제시한 이미지
들 중 부정적인 이미지를 심어줄 수 있는 매체 거물의 이미지, 정치 협상자
이미지, 치료사 이미지, 경영자 이미지, 상주 사회 운동가 이미지로 고착
화되어 가고 있지는 않는지 우려되는 현실이다. 이와 같은 이미지가 형성
된 원인은 성장주의, 개 교회주의, 건물 중심주의, 기복 신앙주의 등으로
양적인 팽창은 가져왔으나 건강한 교회로 정착하지는 못했기 때문이다.
그 결과 이단이 출현하면 교회는 막대한 피해를 입은 사례가 발생하고 이
런 과정에서 목회자는 탈진상태에 이르게 되는 현상이 지속적으로 반복
되어 나타나고 있다. 이는 진리의 종교인 기독교가 본질에서 벗어나 이탈
하여 세속화되었기 때문에 나타나는 현상이라고 할 수 있다. 또한 21세
기 한국 교회는 회심 성장과 생물학적인 성장은 멈추고 이동성장을 통해

부익부 빈익빈 현상이 심화되고 있다. 하나님이 원하시는 목회는 건강한 목회이다. 건강한 목회를 위해서 다양한 요인이 있겠지만 목회자가 건강해야 한다. 그러나 예수 그리스도의 제자들 중에서도 스승을 은 삼십에 파는 가룟 유다가 있었고, 이 세상을 사랑하여 데살로니가로 간 데마와 갈라디아로 간 그레스게와 달마디아로 간 디도가 있듯이(딤후 4:10) 사명을 잊어버리고 진리를 향한 방향성을 잃는 등 건강하지 못한 목회자가 많은 것이 현실이다. 이러한 현실에서 저자는 건강한 목회를 위한 방안의 일환으로 건강한 목회자로 세워지는 방안의 필요성을 깨닫고 본장에서 제안하고자 한다.

1. 목회에 대한 개념

월리몬은 목회 사역을 "첫째, 목회 사역은 하나님의 활동(act of God)이다. 둘째, 목회 사역은 교회의 활동이다. 셋째, 목사가 된다는 것은 그리스도의 믿음 공동체인 교회에 유일무이한 방식으로 연계됨을 뜻한다. 넷째, 목회 사역은 지난(至難)하다"라고 주장하였다. [2]

1) 정의

미국 듀크대학교 조직신학 교수였던 토마스 오든(Thomas C. Oden, 1931

---

[2] William H. Willimon, 『21세기형 목회자』, 11-33.

~2016)은 "목회자의 다양한 활동은 하나의 중심을 가지고 있는데 그것은 곧 그리스도 안에서의 삶이다. 목회신학은 명확한 현대용어로 이 중심을 파악하고자 하며 동시에 이 중심과 관계된 모든 기능을 검토하는 것이다"라고 주장하였다.[3] 고신대학교 총장을 지낸 김병원은 "목회(pastoral)는 목자가 양을 치는 것같이, 목사가 하나님의 자녀들인 신자(信者)들을 진리로 가르치며 기르는 것을 의미한다. 즉, 단어를 글자 그대로 풀이하면 교회를 먹인다"라는 뜻이라고 주장하였다.[4] 그러므로 목회는 하나님의 부르심을 받아 교육을 받은 목회자가 중심이 되어 교회 내외의 사람들을 진리 안에서 성령의 능력을 힘입어 하나님의 말씀을 먹이고 가르치고, 돌보는 것이라고 할 수 있다.

2. 목회자의 자격

목회자는 다음과 같은 요건을 갖추어야 한다.

1) 소명 의식

종교개혁자 존 칼빈(John Calvin, 1509~1564)은 "소명 없이 교회의 공적인 직무를 받은 사람이 결코 있어서는 안 되며, 교회의 참된 봉사자로 인정받

---

3 Thomas C. Oden, 『牧會神學: 牧會의 本質』 이기춘 역 (서울: 한국신학연구소, 1987), 21.
4 김병원, 『목회학』 (서울: 개혁주의신행협회, 1991), 11.

기 위해서는 분명한 소명 의식과 그 소명에 대한 응답이 있어야 한다"라고 하였다.[5] 토마스 오든은 목회자가 목회로의 부르심을 받았다는 의식에 관하여 스스로 자문해 보는 일은 끊임없이 지속되거나 아니면 가끔 대두됨을 전제하고 만약 소명 의식이 가끔 일어나거든 서두르지 말고 좀 더 큰 확증과 계속적인 징후를 얻기 위하여 경청하기를 계속하라고 주장하며 다음과 같은 자아 검토를 위한 질문을 제시하였다.[6]

첫째, 나는 가난한 자와 소외된 자, 그리고 병든 자들을 돌보기 위하여 어느 정도까지나 나 자신을 포기할 수 있는가? 만약 필요하다면 나의 생명 자체까지도 희생적으로 드리려는 나의 의도를 얼마나 깊이 성찰하였는가?

둘째, 다른 사람의 상처를 이해하기에 얼마나 깊은 공감의 능력을 가지고 있는가? 사랑(agape)이 성장하기 시작하였는가? 이러한 자질의 증거가 부족하다면 내적 소명감이 형성된 것으로 볼 수 없다.

셋째, 나는 믿음의 공동체를 이끌어가기에 적합한 인물인가? 나는 설득력과 성실성을 가지고 그리스도교 메시지를 전달하는 방법을 배울 수 있는가? 나는 영적 훈련을 배양시키고 있는가? 나는 믿음의 공동체가 전적으로 신뢰할 수 있는 인물인가? 나는 유능한 성서 해석자가 될 수 있는가? 나는 그리스도교 전통의 지혜를 배울 의사가 있는가? 나는 지적인 현대인들에게 그리스도교 메시지를 요령있게 전달할 수 있기에 충분하도록 신앙에 대하여 조리있게 납득시킬 수 있는가? 나는 선한 양심을 가지고

---

5 John Calvin, *Institues of the Christian Religion*, Book Ⅳ, 3:10.
6 Thomas C. Oden, 『牧會神學: 牧會의 本質』, 43-45.

나의 교회 공동체에 대해 책임질 수 있고, 안수 목회에 따르는 요구사항을 준수하며, 또한 안수 서약에 충성할 수 있는가? 그러한 연후에 나는 믿음의 공동체에 의하여 환영받을 수 있기 위하여서는 어느 정도까지의 목회자질이 실제 교육과 예배에서 증명되어야 하는가 질문 할 수 있다.

하나님은 구약에서 노아(창 6:13, 14), 아브라함(창 12:1-3), 모세(출 1:1-7, 3:10, 7장), 다윗(시 22:10), 이사야(사 6:8), 예레미야(렘 1:4-10), 에스겔(겔 1:1), 다니엘(단 10:11), 아모스(암 7:16), 요나(욘 1:1-3) 등을 부르시어 사명을 감당하게 하셨다. 신약에서 예수님은 열두 명의 제자들(마 4:18-22; 막 1:16-20; 눅 5:1-11)을 택하시어 목양의 본을 보여주시며 제자를 삼으셨고, 바울(행 9:1-9)을 부르시어 이방인에게 복음을 전하는 목회자로 사명을 감당하게 하셨다. 이와 같이 목회자는 하나님께서 자신을 어떤 방법으로든지 목회자로 부르심에 대한 확신이 필요하다.

2) 사명 의식

예수께서 기도하신 후 제자들을 부르사 사도라 칭하시고, 귀신을 쫓아내며, 모든 병과 약한 것을 고치는 능력을 주시어 사명을 감당하게 하셨다(마 10:1-2; 눅 6:12-13). 바울은 사명 의식이 분명한 사도였다. 그는 이방인의 사도로 사명을 감당하는 직분을 영광스럽게 여겼으며(롬 11:13), 이방인에게 복음을 전하는 사명을 감당함에 있어 자신의 생명조차도 조금도 귀한 것으로 여기지 않았으며(행 20:24), 달려갈 길을 마치고 예비 된 면류관을 바라보았다(딤후 4:7-8). 그러나 21세기 한국 교회의 모습은 사명 의식이 결여 된 채 신학을 시작한 신학생들도 많다. 신학 교육은 학생들에게 사명을 깨닫게 하지 못하고, 사명감을 고취시키지도 못하고, 오직 신학적 이론만 주입 시키고 있는 것은 아닌지 돌아보아야 한다. 다양화된 사회, 전문화를 추구하는 사회에서 목회자는 달란트와 은사에 따른 사명의식이 분명해야 한다.

3) 영적인 측면

목회자는 하나님께서 부여하신 영적 권위를 통하여 믿음의 공동체를 리더해야 하기 때문에 영성이 전제되어야 한다. 백석대학교 선교학 교수인 이정순은 "목회자들과 교인들의 윤리성 하락으로 인한 한국 교회는 사회적 영향력을 상실하고 있으며, 더 이상 변화와 성장의 모습을 보여주지 못하고 있다"라고 주장하였다.[7] 백석대학교 실천신학 교수인 최창국도 지금까지 한국 교회가 지나치게 몰두하며 추구한 기복주의, 물질주의, 대교회 지향주의를 극복하기 위해 통전적인 기독교 영성에 대한 새로운 이해와 경험을 통해 하나님을 일상의 삶 속에서 체험하도록 돕는 영성목회가 요구된다고 주장하며, 영성과 도덕성이 분리되지 않고 일치되는 목회자를 현대인들이 요구하고 있다고 지적하였다.[8] 이러한 한국 교회에 대하여 평택대학교 실천신학 교수인 이광희는 팀 켈러(Timothy Keller)의 이론을 중심으로 목회자 영성으로 인하여 나타나는 특징인 개인적인 경건,

---

7 이정순, "헨리 나웬의 목회와 영성 이해", 「신학과 실천」 42 (2014): 553-579.
8 최창국, "교회성장과 목회 영성", 『복음주의 교회성장학』 (서울: 생명의말씀사, 2012), 124-125.

신학적 명료성, 충실한 가정생활을 중심으로 목회자의 영적인 회복을 위한 진단자료를 활용하는 방안을 제시하였다.[9] 목회자는 신학적 명료성 측면에서 목회 철학이 분명해야 하며, 사회에서 이슈가 되는 주제나 생활 속에서 일어나는 사건들에 대하여 성경적이며 명료하게 설명할 수 있는 분별력이 있어야 하며, 가정생활에서 애정을 갖고 가족들과 규칙적인 시간을 가져야 하며, 존경받는 남편과 아버지가 되도록 해야 한다.

4) 인격적인 측면

미국 남침례신학교(Southern Baptist Theological Seminary) 실천신학 교수였던

---

9 이광희, "목회자의 영성," 『복음주의 목회학』 (서울: CLC, 2009), 148-150. 첫째, 개인적인 경건이 없음을 나타내는 지표는 함께 기도하기를 제안하는 경우가 거의 없으며, 우울과 비관주의에 쉽게 빠져들며, 복음에 대한 열정과 열심을 느끼지 못하며, 하나님의 거룩하심과 위엄에 대하여 거의 말하지 않거나 기계적으로 말한다. 반면 개인적인 경건을 나타내주는 지표는 매일 기도하고 성경을 연구하는 시간을 갖으며, 자신의 삶에 나타나는 하나님의 역사하심을 간증하며, 하나님께 열납 됨을 의식하는 데서 오는 환희와 자신감이 있으며, 대화 중에 성경을 인용하되 그 말씀이 자신의 삶 속에서 어떻게 작용하는지를 예증하며 인용한다. 둘째, 신학적 명료성이 없는 것을 나타내는 지표는 생각을 바꾸거나 어떤 일에 대해 새로운 통찰력을 얻는 일이 거의 없으며, 자신에게 흥미로운 일만 남들이 짜증 낼 때까지 가르치는 등 균형이 안 잡혀 있으며, 여러 가지 주제들에 대해 말할 때 동요하거나 혼란스러워하며, 섬세하고 지적인 분별을 하지 못한다. 반면에 신학적 명료성을 나타내는 지표는 자신의 목회 철학을 구체적으로 명확하게 진술할 수 있으며, 성경의 가르침과 시사 문제나 사람들의 필요를 관련시켜 설명하며, 이혼과 자살 등 지극히 기본적인 문제들에 대한 분명한 신학적 입장을 가지고 있으며, 어떤 사람에게든지 복잡한 문제를 공정하고 명료하게 설명할 수 있다. 셋째, 충실한 가정생활 하지 못하는 지표는 공적인 자리에서 자녀들을 전혀 통제하지 않고 내버려 두며, 타인 앞에서 아내를 함부로 대하거나 아내에게서 신랄한 대접을 받거나 가정에서 성경 공부와 기도를 전혀 하지 않으며, 아내는 자신이 불행하다고 생각하여 남편의 목회에 대해 할애하는 시간에 대해 반감을 가진다. 반면에 가정생활에 충실함을 보여주는 지표는 가족 전체 또는 개개인과 함께하는 시간을 규칙적으로 가지며, 가정에 대한 애정을 표현함으로 가정이 자신에게 소중한 곳임을 드러내며, 목회자 부인은 남편의 목회에 대해 공감하고 이에 헌신하며, 목회자의 가정을 방문하는 자들이 편안함과 환대받음을 느끼게 한다.

프랭클린 지글러(Franklin M. Segler)는 목회자의 인격의 특징을 첫째, 도덕적인 정직성, 둘째, 지적인 정직성, 셋째, 영적인 열정, 넷째, 미적인 감수성이라고 주장했다.[10] 김병원은 목회자는 "첫째, 대인관계에서는 급히 분내지 아니해야 하며, 구타하지 아니하고, 둘째, 세상에 대하여는 책망할 것이 없는 자라야 하며, 아담하고, 돈을 사랑하지 아니해야 하며, 개인상의 자격으로 진실성, 경건성, 침묵성, 조화성, 인내심, 근면성, 충성심이라고 하였고, 셋째, 건강상으로는 시간을 잘 관리하여 휴식과 적당한 수면, 운동, 음식 조절, 정결한 생활, 유쾌한 마음, 정기적인 의료검진이 필요하며, 넷째, 가정상으로는 원만한 부부관계, 자녀교육, 경제생활 등이 필요하다"라고 하였다.[11]

안양대학교 기독교 교육학 교수인 신현광은 목회자의 인격적인 자질로 영적인 열정, 도덕적인 정직성, 극기와 정신적 관용, 겸손한 태도, 충성하는 생활, 건전한 판단력, 명랑성과 쾌활성, 자연스러운 행동, 심미적인 감수성이 필요하다고 주장하였다.[12] 바울은 사랑하는 믿음의 아들 디모데와 디도에게 인격적인 측면에서 다음과 같이 권면하였다. 목회자는 책망할 것이 없으며(딤전 3:2; 딛 1:6), 한 아내의 남편이 되며(딤전 3:2; 딛 1:6), 절제하며(딤전 3:2; 딛 1:8), 근신하며(딤전 3:2; 딛 1:8), 아담하며(딤전 3:2), 나그네를 잘 대접하며(딤전 3:2; 딛 1:8), 가르치기를 잘하며(딤전 3:2; 딤후 2:24), 술을 즐기지 아니하며(딤전 3:3; 딛 1:7), 구타하지 아니하며(딤전 3:3; 딛 1:7), 관용하며(딤전 3:3; 딤후 2:24), 다투지 아니하며(딤전 3:3; 딤후 2:24), 돈을 사랑하지 아니하며

---

10 Franklin M. Segler, 『목회학 개론』, 이정희 역 (서울: 요단출판사, 1996), 128.
11 김병원, 『목회학』, 70-85.
12 신현광, 『복음주의 목회학』 (서울: CLC, 2009), 130-133.

(딤전 3:3; 딛 1:7), 자기 집을 잘 다스리며(딤전 3:4; 딛 1:6), 외인에게서도 선한 증거를 얻으며(딤전 3:7), 모집한 자를 기쁘게 해야 하며(딤후 2:4), 거역하는 자를 온유함으로 징계하며(딤후 2:24), 본이 되어야 하며(딤후 4:12), 급히 분내지 아니하며(딛 1:7), 선행을 좋아하며, 의로우며, 거룩해야(딛 1:8) 등이다.

목회자는 일상 속에서 성도들과 삶을 함께 나누기 때문에 언어, 행동 등이 중요하다. 특히 겸손과 온유, 사랑이 삶 가운데서 드러나야 한다. 그러므로 건강한 목회를 위하여 목회자는 이 세상을 사랑하지 말고, 하나님을 더 사랑하고, 말씀에 순종하며 맡겨주신 양무리들에게 본이 되는 삶을 살아야 한다.

3. 건강한 목회자를 위한 방안

서울신학대학교 실천신학 교수인 박관희는 목회의 최적화 단계는 "교회 분석으로써의 목회 이미지→방문→정착→양육→훈련→사역으로, 목회자 분석으로써의 영성→리더십→예배→설교→프로그램(행정)을 말하는 일련의 메커니즘이다"라고 주장했다.[13] 그러므로 본 장에서는 건강한 목회자를 위한 방안을 다음과 같이 제시한다.

---

13 박관희, "건강한 교회에서 교회 최적화 모형의 역할 연구", 「신학과 실천」 35 (2013): 259-283.

1) 소명 의식과 사명 의식이 고취되어야 한다.

다윗은 "내가 날 때부터 주께 맡긴 바 되었고 모태에서 나올 때부터 주는 나의 하나님이 되셨나이다"(시 22:10)라며, 소명 의식이 분명하였고, 이사야는 "…여호와께서 태에서부터 나를 부르셨고 내 어머니의 복중에서부터 내 이름을 기억하셨으며, …이제 여호와께서 말씀하시나니 그는 태에서부터 나를 그의 종으로 지으신 이시오…"(시 49:1, 5)라고 고백하였으며, 예레미야는 "내가 너를 모태에 짓기 전에 너를 알았고 네가 배에서 나오기 전에 너를 성별하였고 너를 여러 나라의 선지자로 세웠노라 하시기로"(렘 1:5)라는 말씀에 순종하였으며, 바울도 "그러나 내 어머니의 태로부터 나를 택정하시고 그의 은혜로 나를 부르신 이가"(갈 1:15)라는 분명한 소명 의식을 갖고 있었다.

또한 바울은 자신의 사명을 "내가 이방인인 너희에게 말하노라 내가 이방인의 사도인 만큼 내 직분을 영광스럽게 여기노니"(롬 11:13), "이 은혜는 곧 나로 이방인을 위하여 그리스도 예수의 일꾼이 되어 하나님의 복음의 제사장 직분을 하게 하사 이방인을 제물로 드리는 것이 성령 안에서 거룩하게 되어 받으실 만하게 하려 하심이라"(롬 15:16), "베드로에게 역사하사 그를 할례자의 사도로 삼으신 이가 또한 내게 역사하사 나를 이방인의 사도로 삼으셨느니라"(갈 2:8)라고 깨닫고 이 사명을 감당함에 있어 자신의 생명까지도 조금도 귀한 것으로 여기지 아니하였다.

강서대학교 실천신학 교수인 문병하는 "하나님은 교회의 지도자들뿐만 아니라 모든 그리스도인들이 이 땅에 살아가야 할 확실한 사명을 주셨기 때문에 하나님의 백성으로서 하나님의 뜻을 알고 그를 기쁘시게 하는 삶을 살아야 하기 때문에 목회자와 그리스도인은 사명의식을 깨달아 삶의 목표를 세워 허락받은 시간 동안 하나님을 찬송하며(시 43:21), 하나님의 영광을 위하여(고전 10:31), 선한 일을 위하여 살아야 한다(엡 2:10)"라고 주장하였다.[14]

한국침례신학대학교 목회상담학 교수인 양병모는 목회자가 되려는 사람에게 있어 "목회 소명의 확증과 확인의 중요성은 첫째, 소명의 확증은 목회자로 하여금 목회 상황에서 겪는 여러 가지 어려움들을 이겨나갈 수 있게 한다. 둘째, 소명의 확증은 목회의 건강성 유지에 도움을 준다. 셋째, 소명의 확증은 목회의 효율성 향상에 도움을 준다"라고 주장하였다.[15] 그는 또한 성경에 나타난 목회 소명의 특징을 다음과 같이 주장하였다.[16] 하나님께서는 소명의 주도권을 지니신다. 비록 장래의 일이 불확실하나 소명 받은 개인이 지금 즉시 해야 할 일에 대해 하나님께서는 분명하게 말씀하신다. 소명은 개인으로 하여금 결단을 촉구한다. 소명은 당사자로 하여금 자랑스러움보다는 자신의 부족함을 느끼게 한다. 소명은 새로운 관계로의 초청인 동시에 해야 할 일에 대한 부르심이다. 하나님의 부르심은 자신과 타인에 의한 검증을 인정하고 있다. 하나님의 소명은 가끔 이미 하나님의 일에 종사하고 있는 사람을 대상으로 하여 이루어지기도 한다.

---

14 문병하, "목회사역의 활성화를 위한 셀프리더십 개발에 관한 연구", 「신학과 실천」 32 (2012): 7-28.

15 양병모, "목회자의 소명", 『복음주의 목회학』 (서울: CLC, 2009), 98-100.

16 양병모, "목회자의 소명", 『복음주의 목회학』, 113-115.

많은 경우 하나님의 소명은 다른 사람들의 필요에 대한 자각을 통하여 오기도 한다. 하나님께서는 종종 다른 사람을 시켜 소명 당사자로 하여금 소명에 성실하게 답하게 하는 경우도 있다. 하나님께서 부르심에 필요한 자원들이나 기회들을 제공하신다. 소명은 개인이 지닌 재능이나 은사에 적합하게 이루어진다. 그러므로 현대 목회자들은 하나님께서 나를 부르셨다는 내면적인 소명 의식이 먼저 분명해야 하며, 목회자, 부모, 형제 등을 통하여 외면적인 소명 의식을 검증받은 후 신학을 해야 하며, 신학의 과정을 통해 사명 의식이 보다 더 구체화되어야 하며, 사역하는 과정을 통해서도 재정립되어야 한다.

2) 영적 훈련을 지속해야 한다.

영남신학대학교 실천신학 명예교수인 황금봉은 바울 사도의 고린도 교회들에서도 들을 수 있었던 내용을 중심으로 목회 실천에서 직접적으로 다루어지지 않으면서도 성도 생활의 많은 부분에서 진행되고 있는 '영적' 체험에 관한 혼란한 상태를 첫째, 속죄론에 대한 교회의 이해가 미흡한 것이 문제가 될 수 있다. 둘째, 현대사회는 계몽주의의 영향을 받은 물질주의와 이성주의가 인간의 핵심적 내용으로 다루어지면서 모든 인간 경험을 이성적이고 논리적으로 설명할 수 있다고 주장하기까지 하는 결과로 인간의 이성으로 이해할 수 없는 성경에 등장하는 '귀신'(다른 영들)이라는 존재를 부정하게 되는 것이라고 주장하였다.[17]

---

17 황금봉, "건강한 목회현장을 위한 '다른 영들'의 축출에 대한 고찰", 「신학과 실천」 18 (2009):

영적 훈련은 목회자가 하나님과의 거룩한 교제와 성결한 삶을 통하여 의의 열매를 풍성하게 맺어 하나님께 영광과 찬송이 되기 위함이다. 바울은 영적 훈련의 필요성을 사랑하는 믿음의 아들 디모데에게 "육체의 연단은 약간의 유익이 있으나 경건은 범사에 유익하니 금생과 내생에 약속이 있느니라"(딤전 4:8)라고 주장하였으며, 에베소 교회에 보낸 편지에서는 통치자들과 권세들과 어둠의 세상 주관자들과 하늘에 있는 악의 영들을 상대하여 승리하기 위하여 주 안에서 그 힘의 능력으로 강건하여지고, 마귀의 간계를 능히 대적하기 위하여 하나님의 전신 갑주를 입으라고 하였다(엡 6:10-12). 그러므로 목회자는 지속적으로 기도와 말씀을 통한 영적 훈련을 실시해야 한다.

① 기도 훈련

예수 그리스도께서는 언제나 기도하는 삶을 사셨다. 예수 그리스도께서는 공생애 시작을 기도로 하셨고, 제자들에게 기도의 모본을 보여주셨으며, 마지막 겟세마네 동산에서 기도로 대속의 죽음을 위한 하나님의 인도하심을 받으셨다. 제자들도 120여명의 신도들과 함께 기도하기를 전혀 힘쓰다가 오순절 마가의 다락방에 임재한 성령을 체험하여 비로소 능력있는 제자로서의 삶을 시작하였다. 사도들은 기도와 말씀 전하는 일에 전념하기 위해 12명을 안수하여 세워 구제와 봉사 등을 하게 한 것을 목회자는 기억해야 한다.

호서대학교 실천신학 교수인 김병훈은 "기도란 개인을 변화시키고, 그

297-336.

룹을 새롭게 하며, 역사의 새로운 물결을 몰고 온다. 신앙의 자원으로서의 기도, 그것은 개인과 사회, 그리고 역사적 변화의 주요소였고 그래서 믿음이 있는 모든 위인의 한결같은 외침이 기도하라"였다고 주장하였다.[18] 그러나 현대 교회는 기도가 현저하게 약화 되고 있다. 새벽기도회를 하지 않는 교회들이 증가하고 있고, 문을 닫는 기도원이 속출하고 있으며, 공동체가 모여 금식기도나 회개의 기도를 하는 모습은 찾아보기 어려운 현실이 되어가고 있다. "목회는 무릎으로 한다"라는 말과 같이 쉬지 않고 기도할 때 건강한 목회자가 될 수 있다. 특히 목회자는 주님과의 일대일 관계로 교제를 위한 기도를 지속할 때 하나님 나라와 의를 위한 목회를 할 수 있다. 목회자는 다른 방해를 받지 않고 주님과 일대일 교제를 위한 기도를 위해서 조용하고 은밀한 장소와 시간을 정하고 그 시간을 지속적으로 늘려가야 한다. 목회자가 해야 할 영적 훈련을 위한 기도의 내용은 예수님과 사랑의 교제를 통하여 탐욕을 버리고, 세속화를 거부하는 내용이 되어야 한다.

② 말씀 훈련

예수 그리스도께서 제자들에게 "그러나 진리의 성령이 오시면 그가 너희를 모든 진리 가운데로 인도하시리니 그가 스스로 말하지 않고 오직 들은 것을 말하며 장래 일을 너희에게 알리시리라"(요 16:13)라고 하셨으며, 제자들을 위한 마지막 기도에서 "그들을 진리로 거룩하게 하옵소서 아버지의 말씀은 진리니이다 아버지께서 나를 세상에 보내신 것 같이 나도 그

---

18 김병훈, "기도의 본질에 관한 심층적 고찰", 「신학과 실천」 15 (2008): 181-210.

들을 세상에 보내었고 또 그들을 위하여 내가 나를 거룩하게 하오니 이는 그들도 진리로 거룩함을 얻게 하려 함이니이다"(요 17:17-19)라고 하셨다. 바울은 디모데에게 "내가 이를 때까지 읽는 것과 권하는 것과 가르치는 것에 전념하라"(딤전 4:13)라고 권면하였다.

따라서 목회자가 건강한 목회를 위해 최소한 하루에 1시간 이상 성경을 읽는 삶을 실천해야 한다고 주장하고 싶다. 물론 설교 준비를 위한 묵상과 연구에 소요 시간은 여기서 배제되어야 한다. 오직 자신의 영적인 양식과 하나님의 음성을 듣기 위해 말씀을 사랑하여 읽어야 한다. 매일의 말씀을 읽는 시간이 지속되고 그에 따른 연구가 지속될 때 건강한 목회자로 건강한 목회를 할 수 있다고 주장하고 싶다. 학사 에스라는 "… 하나님 여호와께서 주신 모세의 율법에 익숙한 학자로서 그의 하나님 여호와의 도우심을 입음으로 왕에게 구하는 것은 다 받는 자이더니 …에스라가 여호와의 율법을 연구하여 준행하며 율례와 규례를 이스라엘에게 가르치기로 결심하였었더라. …하늘의 하나님의 율법에 완전한 학자 겸 제사장"(스 7:6, 7, 12)으로 인정을 받았다. 현대 교회 목회자들이 에스라와 같은 말을 들을 수 있도록 말씀 훈련을 지속해야 한다.

③ 경건 훈련

이 시대는 "경건의 모양은 있으나 경건의 능력은 부인"하는 것과 같이 보인다(딤후 3:5). 미국의 목회자와 신학자였던 조나단 에드워즈(Jonathan Edwards, 1703~1758)는 인간의 영혼이 성결을 추구하여 거룩하신 하나님과 올바른 관계 안에 있을 때에만 참되고 성숙한 그리스도인이 된다고 믿었다. 에드워즈는 결심문 70가지를 통해 육체 가운데서 살면서도 경건한 삶을 추구하였다. 고신대학교 역사신학 교수인 양낙홍은 에드워즈의 결심문을 도덕적 관심, 영혼에 대한 관심, 헌신의 각오와 경건 생활로 대별하고 경건 생활에 대해 다음과 같이 주장하였다.[19] 첫째, 에드워즈의 결심문에 가장 자주 나타나는 세 번째 범주는 경건과 헌신에 관한 것이다. 역사상 에드워즈만큼 하나님에 대한 철저하고 완전한 헌신을 다짐했던 젊은이는 드물었을 것이다. 그는 청년 시절부터 철저히 자신을 하나님께 드리기를 원했으며 그러한 결의를 자주 갱신함으로 자신을 위해 사는 대신 오직 하나님을 위해 살려고 노력했다(42, 43번째 결심). 둘째, 에드워즈는 자신이 지구상에 살았던 사람들 중 가장 훌륭한 그리스도인이 되기를 원했다. 세상 모든 사람들이 다 타협적인 삶을 살아가더라도 자기는 하나님에 대한 지조와 신실함을 지키겠다고 결심했던 것이다(63번째 결심). 셋째, 또한 에드워즈는 기도 생활에 대한 결의도 두드러진다. 기도의 필요성과 중요성은 누구나 인정하지만 대단한 결의와 각오로 노력하지 않으면 그것도 그리 쉬운 일이 아님을 대부분의 그리스도인들이 알고 있다. 그리하여 그는 자기 평생에 기도로 하나님과 교제하고 자기의 모든 것을 하나님께 아뢰는 삶을 살기로 작정했다(65번째 결심문).

---

19 양낙홍, 『조나단 Edwards의 생애와 사상』 (서울: 부흥과개혁사, 2005), 130-140. Edwards의 도덕에 대한 관심으로는 첫째, 보복에 대한 경계심으로 복수를 위한 어떤 일도 하지 않는다. 둘째, 말조심에 대한 것으로 입으로 짓는 죄가 얼마나 심각하고 악한 것인가를 깨닫고 어떤 사람에 대해서든 그에게 불명예가 될 나쁜 말을 결코 하지 않기로 결심했다. 셋째, 시간을 아끼고 선용해야 한다는 인식이 결심문 전체에 흐르고 있다. Edwards의 영혼에 대한 관심으로는 첫째, 구원과 관련하여 하나님이 정말 자기를 사랑하시는가? 둘째, 자신의 영적 상태 혹은 구원 여부에 대한 성찰이었다.

김병원은 경건 생활을 방해하는 요소를 "첫째, 목사직을 직업시하는 것, 둘째, 자기를 잊고 남을 교도하는 데만 전력하는 것, 셋째, 자기 자신을 독특한 사람으로 자부하는 것, 넷째, 과실이 있거나 교만하고 게으른 것, 다섯째, 시기심을 갖는 것" 등이라고 주장하였다.[20] 계명대학교 기독교 교육학 교수인 최봉도는 "목회자가 자신을 먼저 훈련할 때 가르침과 배움에 있어서 역동적, 교육적 사건으로 실현되며, 인도자(enabler)가 좋은 사고의 판단(good judgement)으로 다른 이들에게 이야기와 비전(story and vision)을 심어주어 피교육자로 하여금 자신의 것으로 받아들이게 할 수 있다"라고 주장하였다.[21] 현대 목회자들이 유혹받기 쉬운 세 가지를 멀리해야 한다. 첫째, 음란죄에 대한 성경적 심각성을 목회자 자신이 먼저 깨닫고 성결한 삶을 유지해야 하며, 현대사회에 만연 되어 있는 음란죄에 대한 심판의 말씀이 강단에서 선포되어야 한다. 둘째, 물질만능주의 사회에서 성경적 경제 원리에 대한 이해를 목회자가 먼저 갖고 청빈한 삶을 추구하며, 부자에 대한 경고의 말씀을 선포해야 한다. 셋째, 대부분의 교단이 매년 총회에 많게는 수십억씩 사용하며 선거를 치르는 상황에서 명예, 부정, 탐심을 물리쳐야 한다.

감리교신학대학교 역사신학 교수인 이후정은 존 웨슬리(John Wesley)가 경건 생활을 위해 실천한 독서 방법을 다음과 같이 주장하였다.[22] 첫째, 매일 이러한 독서를 위해서 정해진 시간을 마련하고 그것을 지켜야 한다.

---

20 김병원, "기도의 본질에 관한 심층적 고찰", 86-87.

21 Bongdoh Choi, "The Pursuit of Christian Spirituality Education in Korea", *KSPTH: Theology and Praxis* 32 (2012): 607-630.

22 이후정, 『성화의 길』 (서울: 대한기독교서회, 2001), 110-111.

둘째, 독서의 방식은 순수한 의도와 오직 영혼의 유익과 선을 목적으로 하면서 간절한 기도로써 하나님의 뜻을 발견하고 그것을 실행할 결심을 달라고 하나님께 간구하라. 셋째, 성급히 대강 읽지 말고, 여유를 가지고 진지하게 충분히 주의를 기울여 읽으라. 넷째, 단지 이행의 수준에 머물러 있어서는 안 되며 우리의 심정과 정감을 불붙여 하나님에 대한 열망을 일으키도록 노력해야 한다. 다섯째, 중요한 말들을 뽑아서 기억 속에 간직함으로써 유혹이나 시험에 대하여 마치 화살통에서 화살을 꺼내듯이 사용할 수 있게 하라. 여섯째, 독서를 마칠 때는 짧게 기도하기를 독자의 마음속에 뿌려진 선한 씨앗이 영생에 이르는 열매를 맺게 해달라고 간구하라.

목회자의 개인적인 영성을 위해 예수 그리스도를 자신의 주인으로 영접하여 주재권이 분명한 삶을 살아야 하며, 성경을 사랑하여 주야로 읽고 묵상하여 육신의 소욕을 추구하던 삶을 중단하고 하나님의 음성을 듣고, 기도를 통하여 전능하신 하나님을 끊임없이 찾고 깊은 교제를 하며 거룩한 독서를 지속해야 한다. 또한 건강한 목회자가 되기 위하여 신학교육에서부터 기도, 말씀, 경건 훈련을 실시해야 한다. 바울은 "… 자족하는 마음이 있으면 경건은 큰 이익이 되느니라"(딤전 6:6)라고 했다. 목회자가 모든 분야에서 자족하는 삶을 추구하는 훈련이 필요하다. 한세대학교 실천신학 교수인 김홍근도 "재물도 독소적인 면 즉, 어두운 면과 밝은 면이 있다. 그러므로 한 개인이 성숙 하다는 것은 자신의 모든 관계와 환경에 대해 통합적으로 통찰하는 능력이 있음을 말하듯이, 재물 소유에 대해서도 어두운 면과 밝은 면을 통찰하는 것이 필요하다"라고 주장하

였다.[23]

교회에서 사역을 하기 전이나 목사 안수를 받기 전에 한국 교회 목회자들은 실제적인 기도, 말씀, 경건 훈련을 받지 못하고 있고, 오직 이론적 배경을 중심으로 한 신학 교육을 추구하고 있다. 이러한 상황은 결국 경건의 모양은 있으나 경건의 능력은 부인하는 안타까운 상황이 목회 현장에서 펼쳐질 가능성이 높아지게 한다. 그러므로 신학 교육 과정에서부터 삶과 연계되는 실제적인 경건 훈련이 실시되어야 하고, 목회자들도 반복적인 교육을 통해 경건 훈련을 지속하게 될 때 건강한 목회자로 세워질 수 있다.

3) 복음의 능력을 추구해야 한다.

은진영성아카데미 원장인 백상열은 "교회의 목회는 하나님을 섬기고 인류를 섬기신 예수 그리스도의 사역에 그 뿌리를 가진다. 즉, 예수 그리스도는 하나님을 섬기고 사람들을 섬기는 일에 있어 유일한 모범이시다. 그리고 예수 그리스도의 사역에 있어서는 그의 인격과 그의 복음이 분리되어서는 안 된다"라며 다음과 같이 주장하였다.[24] 첫째, 하나님의 아들로서 예수의 사역의 뿌리와 토대는 하나님의 뜻을 이루신 그의 기쁨에 있다. 그의 삶과 죽음을 통해 하나님과 인간의 화해를 이루신 그의 사역 안에서 그는 하나님과 일치를 이루신 하나님 자신이다. 둘째, 예수 그리스

---

23 김홍근, "돈과 재물에 대한 통합적 인식과 상호관계적인 영성", 「신학과 실천」 23 (2010): 31-61.
24 백상열, "사도적 목회영성", 「신학과 실천」 4 (2001): 71-90.

도의 사역은 하나님의 나라에 대한 선포와 가르침이다. 예수는 하나님의 나라의 사자이셨다. 그것은 하나님께서 장차 이루실 일로서 일찍이 이사야 선지자를 통해 절망 가운데 있는 그의 백성들에게 말씀하신 복된 소식이다(사 40:9, 52:7). 그 복된 소식은 하나님께서 그의 약속을 잊지 않으셨다는 것이며, 이 약속의 말씀이 이제 성취되었다고 하는 사실이다. 이 하나님의 나라는 예수의 말씀과 귀신축출 및 병자들의 치유에 관한 그의 사역에서 이미 시작되었다. 셋째, 예수께서 세상에 오신 목적은 죄로 말미암아 하나님과 멀어진 인간을 회복하여 풍성한 사람을 누리도록 하는데 있다(요 10:10).

하나님을 떠난 인간은 상처받고, 결핍되고, 불행한 사람들이다. 하나님과의 불화의 결과는 단지 영적인 것만이 아니라 삶의 모든 영역에 미쳐 있다. 인간은 하나님과 불화 관계에 있을 뿐 아니라 세계와 이웃 인간, 그리고 자기 자신 내부에서도 분열된 삶을 살고 있다. 그러나 인류의 죽음을 대신 담당하신 예수로 말미암아 인간은 모두가 그분 안에서 죄의 용서를 받았다. 하나님의 말씀이 하나님과 분리할 수 없는 것처럼 이 용서는 용서하시는 분과 분리해서 생각할 수 없다. 따라서 사죄의 복된 소식은 오직 용서하시는 하나님을 믿음으로 영접함으로써만이 이루어지는 하나님의 은혜다. 넷째, 종의 형태로 예수는 멸시받고 거절당한다. 그러나 바로 이 철저하게 고난 받는 종의 자리에서 하나님에 대한 절대적 신뢰가 이루어진다. 이 자리가 바로 십자가다. 하나님은 십자가에서 온 인류가 범죄를 심판하신다. 그러나 또한 바로 이 십자가를 통해 온 인류에 대한 하나님의 어떠하심을 드러내신다.

복음은 고린도전서 15장 3-4절 말씀과 같이 "성경대로 그리스도께서 우리 죄를 위하여 죽으시고 장사 지낸 바 되셨다가 성경대로 사흘 만에 다시 살아" 나신 것이다. 목회자는 복음의 주요 요소인 예수 그리스도의 성육신과 생애, 고난과 죽음, 부활과 재림을 균형있게 증거 하여야 한다. 바울은 "…복음은 모든 믿는 자에게 구원을 주시는 하나님의 능력이 됨이라 먼저는 유대인에게요 그리고 헬라인에게로다"(롬 1:16)라고 했으며, "십자가의 도가 멸망하는 자들에게는 미련한 것이요 구원을 받는 우리에게는 하나님의 능력이라"(고전 1:18)라고 했으며, "이 복음을 위하여 그의 능력이 역사하시는 대로 내게 주신 하나님의 은혜의 선물을 따라 내가 일꾼이 되었노라"(엡 3:7)라고 했으며, 이 복음이 가장 고상하여 자신의 자랑이 되는 모든 것을 배설물로 여긴다고 선언하였다(빌 3:8). 웨스터민스트신학대학원대학교 신약신학 교수인 최영숙도 "바울은 깨어지기 쉬운 질그릇과 같은 자였지만 하나님께서 능력을 주시어 고난 중에도 가장 가치 있는 보배인 예수 그리스도의 십자가의 죽음과 부활의 복음을 운반하는 사도로 쓰임 받았다"라고 주장하였다.[25]

목회자가 복음의 능력을 부인하거나 복음에서 이탈하려는 생각은 하지 않겠지만 양적 성장을 위한 사람 중심의 사역 혹은 기복신앙 중심의 목회 추구를 하게 되면 자연스럽게 복음의 순수성을 잃어버리고 다양한 프로그램 중심의 목회에 복음을 인용하는 수준에 이르게 될 가능성이 있는데, 현대 교회는 이미 복음에서의 이탈이 다양한 측면에서 표출되고 있다고 해도 과언이 아니다. 그러므로 목회자는 언제나 복음의 능력을 추구하는

---

[25] 최영숙, "바울의 고난과 하나님의 능력", 「신약논단」 17-2 (2010): 395-425.

방향성이 확실해야 하며, 다양한 방법을 통하여 복음의 능력을 재확인하는 노력을 게을리 해서는 안 된다. 목회자가 복음 중심의 목회를 추구하며 케리그마 설교를 강화할 때 목회자의 성숙도 추구할 수 있다.

신현광은 "목사는 교회의 전체적인 기독교 교육사역은 목회자의 영적 관심과 지침 아래 존재해야 하며, 목사는 성도들로 하여금 교회를 위하여 사역과 봉사를 하고 그리스도의 몸을 세울 수 있도록 그들을 준비시켜 주는 역할을 수행해야 한다(엡 4:12). 물론 교회의 교육사역에는 많은 사람들이 헌신하고 있기는 하지만 목사야말로 가장 중요한 교사의 위치를 차지하고 있다. 목사는 자기가 가르친 사람들이 그와 마찬가지로 남을 가르치도록 교육하고 훈련할 수 있어야 한다"라고 주장하였다.[26] 현대 목회자들은 양적 성장을 위하여 지나친 기복주의 신앙을 추구하였다. 대부분의 목회자들이 자신과 교회의 영적인 성숙을 추구하기보다는 양적 성장에 더 많은 관심을 갖고 목회를 하여 신자의 숫자는 증가하고 교회의 건물은 확장되었지만 성숙한 지도자의 부재로 인하여 목회자 자신은 물론 믿지 않는 이들과 전도 대상자들로부터 비난을 받는 상황에 이르게 되었다. 양적인 성장을 마치 영적 성숙이나 하나님의 축복으로 표현하고, 영적인 성숙을 추구하지 못하여 건강하지 못한 목회를 통해 미성숙한 신자와 교회를 양산해왔다. 교회의 영적인 미성숙은 참으로 부끄러운 일이며 주님을 맞이하기에 부끄러운 일이 아닐 수 없다. 한국 교회는 이제라도 목회자 자신과 교회의 영적인 성숙을 추구해야 한다. 목회자와

---

26 신현광, "교육목회에 있어 교사의 자질과 역할에 관한 연구", 「신학과 실천」 32 (2012): 477-514.

교회의 성숙은 비록 작은 인원이거나 좁고 낡은 건물이라고 할지라도 예수 그리스도의 제자들과 초대 교회와 같이 강력한 영적 능력을 발휘하는 목회가 되며, 성숙을 통하여 건강한 교회는 자연적으로 성장함과 더불어 많은 영향력을 끼치게 된다. 더 이상 강단에서 말로만 외치는 목회자가 아니라 삶 가운데 복음의 능력이 나타나는 목회가 되어야 한다. 이는 목회자가 복음의 삶을 실천할 때 가능하다. 목회자의 삶에서 복음의 능력이 나타날 때 섬기는 교회 공동체도 건강한 교회로 성숙해 갈 수 있다.

4) 적절한 목회 계획을 수립해야 한다.

한국침례신학대학교 실천신학 교수인 이명희는 "목회자는 교인들에게 복음 전도적 비전의 모델이 되어야 하며, 교회는 단순한 지역적인 신앙공동체가 아니라 개성 있는 교회로 교회의 정체성과 목적과 역할이 무엇인가를 정립해야 하며, 교회가 단순한 양적 성장만을 추구하기보다는 개교회의 건강과 교인들의 신앙적 성장에 관심을 가져야 한다"라고 주장하였다.[27]

부산장신대학교 실천신학 교수인 차명호는 "사람 또는 사역 자체는 목회의 수단이지 궁극적 목적이 아니기 때문에 일방적 목회 방향은 결코 온전한 목회의 열매를 맺을 수 없기 때문에 목회의 궁극적 목적인 복음 전파를 통한 신앙공동체의 완성을 위하여 사역을 통한 사람의 모음과 사람의 은사 개발을 통한 사역의 확대라는 상호보완적 관계를 지향해야 한다"

---

27 이명희, "작은 교회의 특성과 효과적인 목회", 「신학과 실천」 8 (2005): 259-294.

라고 주장하였다.[28]

하나님은 한 사람에게 모든 달란트와 은사를 주지 않고 모든 그리스
도인들에게 필요에 따라 주신다. 그러므로 목회자도 자신에게 주신 달란
트와 은사를 깨달아야 하고 교회도 각양 달란트와 은사를 받은 구성원
들이 감당할 수 있는 목회 계획을 수립해야 한다. 일부 목회자들은 특정
세미나를 다녀온 뒤 인적 물적·자원을 고려하지 않은 채 새로운 목회 계
획을 수립하여 감당할 수 없거나 자주 목회 계획을 수정하여 구성원들로
하여금 혼란을 겪게 하기도 한다. 적절한 목회 계획은 첫째, 교회의 본질
적인 기능을 회복할 수 있도록, 둘째, 교회의 비전과 목적에 맞도록, 셋째,
사도성을 드러낼 수 있도록, 넷째, 지역사회에 필요성에 맞도록, 다섯째,
교회의 인적·물적 자원을 고려하여 수립하는 것이 효과적인 방안이 될 수
있다. 목회 계획 수립에 있어 목회자의 일방적인 계획이 아닌 교회 리더들
이 함께 참여하고 모든 구성원들이 목회 계획을 공유하도록 해야 한다.
교회 리더들의 참여와 구성원들의 공유는 예산을 비롯한 인적·물적 자원
을 효과적으로 분산할 수 있도록 해야 하기 때문에 중요하다.

---

[28] 차명호, "한국 교회와 미래 목회 패러다임의 변화", 「신학과 실천」 7 (2004): 35-61.

나가는 말

워렌 워스비와 데이비드 워스비(Warren W. Wiersbe & David Wiersbe)는 목회자의 지도력 10가지를 다음과 같이 주장하였다.[29] 첫째, 지도력의 동기는 사랑, 둘째, 지도력의 본질은 봉사, 셋째, 지도력의 동기는 사랑, 넷째, 지도력의 척도는 희생, 다섯째, 지도력의 권위는 복종, 여섯째, 지도력의 목적은 하나님께 영광, 일곱째, 지도력의 도구는 말씀과 기도, 여덟째, 지도력의 특권은 성장, 아홉째, 지도력의 능력은 성령, 열째, 지도력의 모범은 예수 그리스도이시다.

황금봉은 "경건의 모양은 있어도 경건의 실체인 그 능력에서는 경험이 전혀 없으며, 항상 배우지만 끝내 진리의 지식에 이르러 갈 수 없는 무의미한 행위 실천에서 맴만 돌고 있는 목회 실천의 문제"를 지적하였다.[30] 장로회신학대학교 역사신학 교수인 박경수는 "16세기 제네바 교회의 목회자 선발과 훈련에 관한 연구"에서 한국 교회의 목회자 위기 극복을 위한 모색의 일환으로 참된 경건에 대한 지식과 과학으로 잘 준비되어서 하나님의 영광을 최고로 높이기 위해 출범한 제네바 아카데미와 목회자와 목회자 후보생들에게 중요한 훈련의 장을 제공했던 성서 연구모임을 대안으로 제시하였다.[31] 건강한 목회자가 건강한 유·무형 교회를 세울 수

---

29 Warren W. Wiersbe & David Wiersbe, 『목회자 안내서』, 한상식 역 (서울: 나침반사, 1990), 53.

30 황금봉, "건강한 목회현장을 위한 '다른 영들'의 축출에 대한 고찰", 「신학과 실천」 18 (2009): 297-336.

31 박경수, "16세기 제네바 교회의 목회자 선발과 훈련에 관한 연구: 한국 교회의 목회자 위기 극복을 위한 모색", 「장신논단」 44-2 (2012): 174-197.

있기 때문에 목회자는 건강해야 한다. 목회자가 건강하기 위해서는 본장에서 제시한 바와 같이 소명 의식을 가진 자들이 신학을 해야 하며, 신학의 과정을 통해 사명이 구체화되어야 한다. 또한 신학 교육 과정이 이론 신학에 집중된 것을 지양하고, 기본적인 기도, 말씀, 경건 훈련을 실시하여 사역의 현장에서 경건한 삶이 드러나도록 해야 한다. 또한 목회자는 십자가의 복음을 증거하고, 실천하는 삶을 통해 목회자 자신과 교회 공동체의 성숙을 추구해야 하며, 적절한 목회 계획을 수립하여 실천해야 한다. 더 나아가 이러한 노력이 목회자 개인 훈련이 아니라 16세기 제네바에서 실시되었던 것과 같이 한국 교회에서 범교단적으로 실천해야 한다. 앞으로 건강한 목회자를 위한 구체적이고 다양한 방안에 대한 연구가 지속되기를 바라며, 소고를 통해 21세기 목회자들이 건강하여 성숙한 유·무형 교회를 세울 수 있기를 소망해 본다.

참고문헌

김병원. 『목회학』. 서울: 개혁주의신행협회, 1991.

김병훈. "기도의 본질에 관한 심층적 고찰". 「신학과 실천」 15 (2008): 181-210.

김순환. "한국 교회 성장 지속을 위한 목회와 예배의 성찰과 제안". 「신학과 실천」 31 (2012): 159-182.

김한옥. "한국 교회 소그룹 목회의 실체와 발전 방향". 「신학과 실천」 12 (2007): 9-37.

김홍근. "돈과 재물에 대한 통합적 인식과 상호관계적인 영성". 「신학과 실천」 23 (2010): 31-61.

문병하. "목회사역의 활성화를 위한 셀프리더십 개발에 관한 연구". 「신학과 실천」 32 (2012): 7-28.

박경수. "16세기 제네바 교회의 목회자 선발과 훈련에 관한 연구: 한국 교회의 목회자 위기 극복을 위한 모색". 「장신논단」 44-2 (2012): 174-197.

박관희. "건강한 교회에서 교회 최적화 모형의 역할 연구". 「신학과 실천」 35 (2013): 259-283.

박봉수. 『교육목회의 이해』. 서울: 에듀민, 2004.

백상열. "사도적 목회영성". 「신학과 실천」 4 (2001): 71-90.

신현광. 『교육목회와 교회성장』. 서울: 민영출판사, 1997.

신현광. "목회자의 자질". 『복음주의 목회학』. 서울: CLC, 2009.

신현광. "교육목회에 있어 교사의 자질과 역할에 관한 연구". 「신학과 실천」 32 (2012): 477-514.

양낙흥. 『조나단 Edwards의 생애와 사상』. 서울: 부흥과개혁사, 2005.

양병모. "목회자의 소명". 『복음주의 목회학』. 서울: CLC, 2009.

이광희. "목회자의 영성". 『복음주의 목회학』. 서울: CLC, 2009.

이명희. "작은 교회의 특성과 효과적인 목회". 「신학과 실천」 8 (2005): 259-294.

이정순. "헨리 나웬의 목회와 영성 이해". 「신학과 실천」 42 (2014): 553-579.

이후정. 『성화의 길』. 서울: 대한기독교서회, 2001.

전택부. 『한국 교회발전사』. 서울: 대한기독교출판사. 2001.

정해원. 『21세기 목회의 새바람 교육목회』. 서울: 예루살렘. 2000.

차명호. "한국 교회와 미래 목회 패러다임의 변화". 「신학과 실천」 7 (2004): 35-61.

최영숙. "바울의 고난과 하나님의 능력". 「신약논단」 17-2 (2010): 395-425.

최창국. "교회성장과 목회 영성". 『복음주의 교회성장학』. 서울: 생명의말씀사. 2012.

황금봉. "건강한 목회현장을 위한 '다른 영들'의 축출에 대한 고찰". 「신학과 실천」 18 (2009): 297-336.

Calvin John, Institues of the Christian. Religion, Book IV.

Choi, Bongdoh. "The Pursuit of Christian Spirituality Education in Korea", *KSPTH: Theology and Praxis 32* (2012/09): 607-630.

Oden, Thomas C. 『牧會神學: 牧會의 本質』. 이기춘 역. 서울: 한국신학연구소, 1987.

Segler, Franklin M. 『목회학 개론』. 이정희 역. 서울: 요단출판사, 1996.

Wiersbe, Warren W. & Wiersbe, David. 『목회자 안내서』. 한상식 역. 서울: 나침반사, 1990.

Willimon, William H. 『21세기형 목회자』. 최종수 역. 일산 : 한국기독교연구소, 2004.

포스트 팬데믹 시대, 목회와 선교

·**초판 1쇄 발행** 2022년 4월 12일

·**지은이** 민장배 이수환
·**펴낸이** 민상기
·**편집장** 이숙희
·**펴낸곳** 도서출판 드림북
·**인쇄소** 예림인쇄 **제책** 예림바운딩
·**총판** 하늘유통(031-947-7777)

·**등록번호** 제 65 호 **등록일자** 2002. 11. 25.
·경기도 양주시 광적면 부흥로 847, 양주테크노시티 220호
·Tel (031)829-7722, Fax(031)829-7723